学研の図鑑 LIVE
人気列車で行こう！ 日本縦断の旅

この図鑑のDVDでは、
たくさんの列車に乗って、
日本縦断の旅にでかけます。
どんな列車が出てくるでしょうか。
さぁ、出発進行！

DVDの名場面

案内役の豊岡さん親子

日本縦断の旅は九州地方からスタートです

0系新幹線をイメージしたかわいい車両、鉄道ホビートレイン

コンピュータがすべてのカーブを記憶している高性能車両、特急スーパーあずさ

はやぶさに乗って、北海道へ！

お気に入りの列車はでてくるかな…？

DVDについては、2〜7ページでも紹介しています。

スマートフォンで見てみよう！

「見てみよう」のマークがあるページから、鉄道の動画が見られるよ。
おうちの人がスマートフォンをもっていたら、おうちの人といっしょに見てみよう！

おうちの方へ

① アプリをダウンロードしてください

「Google Play（Play ストア）」・「App Store」で、ARAPPLI（アラプリ）を検索し、ダウンロードしてください。

▲これが「ARAPPLI（アラプリ）」のアイコンです。

② スキャンしてください

ARAPPLI（アラプリ）を起動し、「見てみよう」のマークがあるページ全体を、スマートフォンを縦にして画面いっぱいにスキャンしてください。

▲このマークがめじるし！

↓ページ全体が入るようにスキャンしてください。

ページをスキャンすると、「見てみよう」マークの横に書かれている動画が再生されます。複数の動画が見られるページでは、スキャンして再生する動画をえらんでください。

※再生開始後は、スマートフォンを横向きにしていただくと、より大きい画面でご覧になれます。

動画がひとつの場合

▲スキャン後に動画が再生されます。

動画が複数の場合

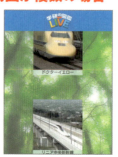

◀スキャン後に表示される画像をタップして再生して下さい。

※「ARAPPLI（アラプリ）」はiOS7,8以降のiPhone、Android OS4.0以降のスマートフォン専用となります。
※タブレット端末動作保証外です。
※Android™端末では、お客様のスマートフォンでの他のアプリの利用状況、メモリーの利用状況等によりアプリが正常に作動しない場合がございます。
また、アプリのバージョンアップにより、仕様が変更になる場合があります。詳しい解決法は、http://www.arappli.com/faq/private をご覧下さい。
※Android™はGoogle Inc.の商標です。
※iPhone®は、Apple Inc.の商標です。 ※iPhone®商標は、アイホン株式会社のライセンスに基づき使用されています。
※記載されている会社名及び商品名/サービス名は、各社の商標または登録商標です。

動画をうまく再生するには

- かざすページが暗すぎたり、明るすぎると動画が表示しにくい場合があります。照明などで調節してください。
- かざすページに光が反射していたり、影がかぶっていたりするとうまく再生されません。
- 複数のアプリを同時に使用していると、うまく再生されない場合があります。ご確認ください。
- 電波状況の良いところでご利用ください。
- うまく再生できない場合は、一度画面からページをはずして、再度かざし直すとうまく再生できる場合があります。

使用後は、すぐにアラプリを終了してください。立ち上がったままの状態だと、バッテリーを消費します。

スマートフォンがない場合は

Web上でも、動画を公開しています。パソコンから下記URLにアクセスしてください。

＜動画公開ページ＞　http://zukan.gakken.jp/live/movie/

現在のサービスは、2021年11月27日までです。その後は、「学研の図鑑LIVE」のホームページをご覧ください。

＜学研の図鑑LIVEホームページ＞　http://zukan.gakken.jp/live/

学研の図鑑 LIVE 鉄道

[監修]
海老原美宜男
交通ジャーナリスト

出発、進行!

　日本には、南から北まで、たくさんの列車が走っています。列車に乗ることで、わたしたちは、日本中のいろいろなところへ行くことができます。ふだん使う通勤列車のほかにも、新幹線や特急列車のような高速で走る列車や、景色や料理を楽しみながら旅ができる観光列車など、いろいろな列車があります。特急列車や観光列車に乗って、日本縦断の旅に出てみましょう。

九州地方

登場する列車
指宿のたまて箱／はやとの風／
しんぺい／SL人吉／
さくら・つばめ／
ゆふいんの森／ソニック

指宿のたまて箱
（→P.47）

DVDも見よう
DVDでは、たくさんの列車に乗って、合計6600kmの日本縦断の旅をします。ぜひ楽しんでください。

ソニック（→P.45）

ゆふいんの森（→P.46）

中国・四国・近畿地方

登場する列車
みずほ／しおかぜ／宇和海／鉄道ホビートレイン／南風／やくも／スーパーまつかぜ／スーパーはくと／くろしお

くろしお（→P.55）

南風（→P.50）

スーパーまつかぜ（→P.52）

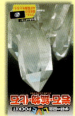

小田急ロマンスカーVSE (→P.148)

しらさぎ (→P.54)

東海・関東・北陸地方

登場する列車
ワイドビュー南紀／しらさぎ／かがやき／
ワイドビューしなの／スーパーあずさ／
さざなみ／わかしお／しおさい／ひたち／
スーパービュー踊り子／小田急ロマンスカー／
とき

スーパービュー踊り子 (→P.57)

東北・北海道地方

登場する列車
SLばんえつ物語／とれいゆつばさ／
リゾートみのり／こまち／リゾートしらかみ／
はやぶさ／スーパー北斗／旭山動物園号／
スーパー宗谷

SLばんえつ物語 (→P.191)

リゾートしらかみ (→P.62)

スーパー北斗 (→P.65)

学研の図鑑LIVE 鉄道 もくじ

スマートフォンで見てみよう！ ── 1ページの左
DVD関連ページ
出発、進行！ ── 2
この図鑑の見方と使い方 ── 10
鉄道用語集 ── 11

表紙：E5系はやぶさ
うら表紙：E235系
背表紙：923形ドクターイエロー
総扉：883系ソニック

車両図鑑

JR特急など ── 42
JR九州 ── 44
JR四国 ── 50
JR西日本 ── 52
JR東海 ── 56
JR東日本 ── 57
JR北海道 ── 64

鉄道入門 ── 12
電車 ── 12
気動車、路面電車 ── 14
ハイブリッド気動車、新交通システム ── 15
蒸気機関車、電気機関車 ── 16
ディーゼル機関車 ── 17
モノレール、ケーブルカー ── 18
車両記号 ── 19

JR普通車両など ── 67
JR九州 ── 68
JR四国 ── 70
JR西日本 ── 72
JR東海 ── 78
JR東日本 ── 80
JR北海道 ── 88

新幹線 ── 20
九州新幹線 ── 22
東海道・山陽新幹線① ── 24
東海道・山陽新幹線② ── 26
上越新幹線 ── 28
北陸新幹線 ── 29
東北・北海道新幹線 ── 30
山形新幹線 ── 32
秋田新幹線 ── 33
おもしろ新幹線・歴代の新幹線 ── 34
線路の安全を守る新幹線 ── 38
未来の新幹線 ── 39

JR以外の車両 ── 94

機関車など ── 184
電気機関車など ── 186
ディーゼル機関車 ── 188
蒸気機関車 ── 189
貨物列車・貨車 ── 192

阪神9000系

C12形 蒸気機関車

E6系

埼玉新都市交通2020系　　摩耶ケーブル

長崎電気軌道3000形

鉄道のしくみ ―― 200
- 運輸司令所 ―― 200
- 駅の安全設備 ―― 201
- 運転士、車掌 ―― 202
- 信号機 ―― 204
- 線路・踏切 ―― 206
- 架線・パンタグラフ ―― 208
- 車両の整備 ―― 210
- 保線作業 ―― 212
- 鉄道橋とトンネル ―― 214

鉄道はじめて図鑑 ―― 222

さくいん ―― 234

スマートフォンで見てみよう！

「見てみよう」マークがあるページでは、スマートフォンで、走る列車や、洗車のようなふだん見られないようすなど、いろいろな動画が楽しめます。

キハE131形

EH500形

くらべてみよう

鉄道に関するいろいろなものをくらべてみよう！
- ノーズの長さ ―― 40
- ICカード ―― 90
- 車内シート ―― 180

LIVE情報

鉄道にもっとくわしくなれる、おもしろ情報がいっぱい！
- もっと知りたい新幹線 ―― 36
- 秘境駅 ―― 79
- いろいろな駅 ―― 92
- 「駅弁」大集合 ―― 182
- いろいろな鉄道のなかま ―― 194
- 世界の鉄道(高速鉄道) ―― 196
- 世界の鉄道(いろいろな列車) ―― 198
- 鉄道標識図鑑 ―― 205
- 時刻表とダイヤグラム ―― 209
- これからの鉄道 ―― 215
- 地下鉄 ―― 216
- 鉄道いろいろ日本一 ―― 218
- たずねてみたい！保存鉄道・鉄道遺産 ―― 228
- 鉄道博物館 ―― 230
- リニア・鉄道館 ―― 231
- 京都鉄道博物館 ―― 232
- 九州鉄道記念館 ―― 233

この図鑑の見方と使い方

この図鑑では、電車、気動車（ディーゼルカー）、機関車、モノレール、路面電車、ケーブルカーなどの鉄道車両を、約700種類紹介しています。また、鉄道のしくみについての紹介や、豆ちしきものっています。

車両図鑑の見方

※データは2016年10月までのものです。

車両図鑑のページでは、たくさんの車両の情報が、種類、会社別にのっています。大きくJRと私鉄に分け、その中で運用されている路線や区間が南の車両から順に紹介しています。

所属している会社をJRと私鉄で大きく分けています。機関車はまとめて紹介しています。

見た目が同じでも、運用区間や編成などで名前がかわるものは紹介しています。

形式 ●783系 ハウステンボス 愛称（ないものもあります）

◆電車（交流）　◆JR九州　◆博多～ハウステンボス　◆4両　◆130km　◆ステンレス　◆783系は1988年に「有明」としてデビューしました。「ハウステンボス」は、長崎県のテーマパークへ行く人を運ぶ列車で、カラフルなデザインも人気のひみつです。

■ 車両情報の見方

- ◆ **動力**：何を動力にして走るかを示します。
- ◆ **所属**：その車両がどの鉄道会社に所属しているかを示します。
- ◆ **軸配置（蒸気機関車のみ）**：先輪、動輪、従輪の配置を示します。
- ◆ **愛称やおもな運用**：車両の愛称、おもに走っている路線や区間を示します。
- ◆ **基本編成**：基本的に何両編成で運用されるかを示します。
- ◆ **最高速度（時速）**：最高で時速何kmで走れるかを示します。
- ◆ **車体の材質**：車体が何でできているかを示します。

（電気機関車・ディーゼル機関車の場合）
- ◆ **出力**：機関車の牽引力を示します。
- ◆ **運用開始**：運用されはじめたのがいつかを示します。
- ◆ **特徴**：その車両の特徴を示します。

■ **豆ちしき**
知って得する情報を紹介しています。

■ **コラム**
テーマにそって鉄道にもっとくわしくなれる情報を紹介しています。

■ **発見**
その車両についてのさらにくわしい情報を紹介しています。

「さくいん」で調べてみよう

さがしている車両があるときはp.234～の「さくいん」を使うと便利です。さくいんでは、車両や鉄道に関する用語を、数字順、五十音順に分けて並べてあります。車両の名前や形式が分かっていれば、どちらからでもさがすことができます。

例：「N700系 のぞみ」の場合

形式▶「N700系」からなら… 数字順に並んでいるので「700」のところを見てください。

名前▶「のぞみ」からなら… 五十音順に並んでいるので「のぞみ」のところを見てください。

のように、形式からでも名前からでもさがすことができます。

DVDも見てみよう

付属のDVDでは、たくさんの列車で日本縦断の旅をします。ぜひ楽しんでください。

スマートフォンで動画を楽しもう

「見てみよう」マークのあるページでは、スマートフォンアプリで動画を見ることができます。使い方は1ページの左で説明しています。

鉄道用語集

図鑑の中で使われている、鉄道に関するおもな用語を紹介します。

用語	意味
編成	列車を運行する際の、車両の組み合わせです。車両が1両だと1両編成、6両の車両がつながっていると6両編成といいます。
国鉄	「日本国有鉄道」を略した呼び方です。1949年に発足し、国が行う鉄道事業を管理していましたが、1987年に分割・民営化され、JR各社になりました。
JR	国鉄（日本国有鉄道）が分割・民営化されて発足した鉄道会社のグループです。旅客鉄道を運行している会社としては、JR北海道、JR東日本、JR東海、JR西日本、JR四国、JR九州があります。
公営交通	地方公共団体が運営する交通機関のことです。
私鉄	「民鉄」とも呼ばれます。JRと地方公共団体をのぞいた民間企業が経営する鉄道のことです。
第三セクター鉄道	「三セク」とも呼ばれます。国や地方公共団体と民間企業が合同で経営する鉄道会社です。
在来線	JRの路線で、新幹線以外の路線のことです。
上り列車・下り列車	鉄道の路線には起点と終点が定められており、列車がどちらに向かって運行するかによって呼びかたがかわります。起点から終点にむかうのが下り列車、終点から起点にむかうのが上り列車です。
単線・複線・三複線	上り列車と下り列車の両方が走る線路を「単線」、上り列車用と下り列車用の線路が2本あると「複線」といいます。複線が2組あると「複々線」、3組あると「三複線」となります。
ワンマン運転	列車に運転士だけが乗車して運転することです。この場合車掌は乗車しません。
相互直通運転	別々の鉄道会社が、お互いに相手の路線に列車を乗り入れて運行することです。
電化	車両の動力を電気にすることです。電化には電流の種類によって「直流電化」と「交流電化」があります。（→p.13）
車体傾斜式車両	カーブを通過する際に車体を傾けることで、ふつうの車両よりもスピードを速くしつつ、乗り心地もよくした車両です。自然振り子式や空気ばね式など、いくつかの車体傾斜のシステムがあります。
貫通扉	先頭車両同士が連結している車両と車両の間を行き来するためのドアです。このように先頭車両の前面に貫通扉がついている車両は「貫通型」とよばれます。
台車	車輪がついていて、車両の重さをささえながら線路に沿って車両を走らせる装置です。モーターなどがついていて車両を走らせる動台車と、モーターなどの動力をもたない付随台車があります。
ロングシート・クロスシート	線路に平行に設置された座席がロングシートです。一人分のくぼみがあるものなどもあります。クロスシートはおもに二人がけの座席で、向かい合わせのボックス席などもあります。ロングシートとクロスシートを組み合わせた配置は、セミクロスシートといいます。
グリーン車・グランクラス	座席が普通席より広く、設備も豪華なのがグリーン車です。使うには、グリーン車用の料金がかかります。グランクラスは、グリーン車よりもさらに豪華な設備をそなえます。
ジョイフルトレイン	お座敷席やサロンがある、景色を楽しめるような席の配置になっている、などの特別な内装や外観をしている列車です。団体用や、観光用の列車として使われます。
ハイデッカー・ダブルデッカー	床が高い位置にあり、高いところから景色を楽しめる車両がハイデッカーです。ダブルデッカーは2階建て車両のことです。
スイッチバック	急勾配を上り下りする際、ジグザグにつくられた線路を、進行方向をかえて折り返しながら進んでいく方法です。
ループ線	山などの急勾配を上り下りする際、山の周りにらせん状につくられた線路にそって、回りながら高さをかせぐ方法です。
‰(パーミル)	勾配の単位です。1‰は1000m進んで1m上る勾配です。

鉄道入門

車両の種類

車両には、電車だけではなく気動車や機関車など、いろいろな種類があります。ここでは、車両の種類とそのしくみを紹介します。

信号炎管
非常事態が起きた際に赤い火炎で近づいてくる車両に停止信号を出します。

電車

車両のうち、電気を動力源にするものが「電車」です。パンタグラフなどの集電装置で架線から電気を取り入れ、それを動力にして走ります。ここではE235系を例にして、そのしくみを紹介します。

パンタグラフ（集電装置）

パンタグラフ
架線から電気を取り入れる装置です。いくつかの種類があります（→p.208）

乗降口

車外スピーカー

空調装置

車側灯
自動ドアが開いている間、点灯します。非常用や故障を知らせるものなどもあります。

インバータ装置
モーターに流れる電圧を調節する制御装置です。取り入れた直流の電気の電圧や周波数を交流の電気に変換し、少ない電気で効率よくモーターを動かします。

電動台車
モーター（主電動機）がついた台車です。モーターは電気で動き、車両を走らせます。

電気の流れ

電気は変電所（→p.208）から架線を通って流れてきて、パンタグラフで電車に取り入れられます。その後、インバータ装置で適切な電圧や周波数に変換されます。変換された電気によって電動台車のモーターが動き、車両が走ります。車輪を回した電気は、レールから変電所へ戻っていきます。

行先表示器
目的地を示します。

列車無線アンテナ
乗務員が無線で運転指令所や駅と連絡を取るためのアンテナです。

尾灯
最後部の車両が点灯させるランプです。後ろの車両に、前にいることを伝えます。

前照灯
夜間やトンネル内など、周囲が暗い時に点灯させ、車両の存在を知らせます。

運転席
車両を運転するための運転台があります。

▲ E235系の尾灯。行先表示の左右が赤く点灯します。

電化方式

鉄道の動力を電気にすることを「電化」といいます。電化された路線には、流れる方向や電圧が常に一定の「直流」の電気が流れる「直流電化」区間と、流れの方向が変化し、電圧を変えられる「交流」の電気が流れる「交流電化」の区間があります。東京や大阪などの都市部や、初期に電化された路線の多くでは直流が、大量の電気を使う新幹線や国鉄時代の後期に電化された路線では、高電圧の電気を効率よく送れる交流が採用されています。車両には直流区間を走る「直流電車」、交流区間を走る「交流電車」そして両方を走れる「交直両用電車」があります。

デッドセクション

直流電化区間と交流電化区間のさかい目には電気の流れていない「デッドセクション」とよばれる区間があります。交直両用電車はこの区間を通過する間に直流・交流の電気回路を切りかえます。

ブレーキ制御装置
行先表示器
乗務員乗降口

付随台車
モーターがついていない台車です。

静止形インバータ(SIV)
架線から取り入れた電気の電圧を変換する補助電源装置です。変換された電気は、空調装置などの機器の電源として使用されます。

情報管理制御装置
車両に設置されているさまざまな機器を管理するコンピュータシステムです。E235系のシステムは最新のものです。

連結器
車両どうしをつなぐ装置です。密着連結器や自動連結器などの種類があります。E235系は密着連結器を使っています。

ブレーキのしくみ

電車のブレーキにはいくつか種類がありますが、現在は「回生ブレーキ」というブレーキが多くの電車で使われています。モーターを動力源ではなく発電機として使うことで、その回転を遅くするしくみです。発電された電気は架線に返され（回生）、ほかの電車の動力として使われます。

密着連結器
突き出た部分を押しつけあうと、しっかりとかみ合います。

自動連結器
連結器を軽く押しつけあうと自動で連結します。

鉄道入門 ❷

気動車（ディーゼルカー）

電気ではなく軽油を動力源にする車両です。ディーゼルエンジンで動き、架線の無い非電化区間に使用されます。電気を使わないので、パンタグラフはついていません。床下にはディーゼルエンジンのほか、発電機や燃料タンク、ブレーキ関連の機器などがあります。

▶キハ25形

冷房装置

乗降口

付随台車

乗務員乗降口

ディーゼルエンジン
軽油を燃料にして動力を生み出すエンジンです。

変速機
ディーゼルエンジンで発生した動力を調節し、推進軸に伝える装置です。

動台車
推進軸とつながっていて、ディーゼルエンジンで発生した動力で車両を走らせます。

信号炎管

行先表示器

前照灯
ライトなどの電力はディーゼルエンジンで発電します。

連結器

尾灯

気動車が走るしくみ

軽油を燃料としてディーゼルエンジンが動き、動力を発生させます。その動力が変速機で調節され、推進軸を通して動台車の車軸に伝わり、車輪が回ります。

路面電車

路面電車は、おもに道路に敷かれたレールの上を走る電車です。架線からパンタグラフで電気を取り入れ、動力源にします。自動車の普及でバスや地下鉄に切りかえられていき、現在ではあまり残っていません。しかし、省エネルギーで公害がないという特ちょうが見直され、復活を検討する地域が増えてきています。

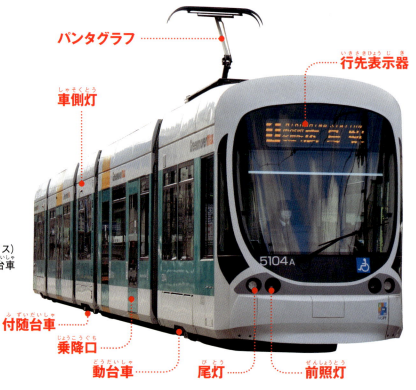

▶広島電鉄5100形（グリーンムーバーマックス）
5車体を3つの台車で動かします。前後の台車が動台車で、中間の台車が付随台車です。

パンタグラフ

行先表示器

車側灯

付随台車

乗降口

動台車

尾灯

前照灯

行先表示器

排気管
排気ガスを出します。

無線アンテナ

乗務員用乗降口

乗降口

逆転機
動台車についている、車両の進む向きを切りかえる装置です。

推進軸
動台車と変速機をつなぐ軸です。ディーゼルエンジンが生み出し、変速機で調節された動力を車軸に伝えます。

ディーゼルエンジン

付随台車
推進軸とつながっていない台車です。

ハイブリッド気動車

電気で動くモーターとディーゼルエンジンの両方を利用して走ります。気動車とくらべ騒音が出にくい、排気ガスが少ない、エネルギーの効率が良いなどの特ちょうがあります。エンジンを発電だけに使い、発電した電気を蓄電池にたくわえて、その電気でモーターを回す「シリーズ方式」、エンジンとモーターを併用する「パラレル方式」、エンジンの動力を振り分ける「スプリット方式」があります。

尾灯

信号炎管

無線アンテナ

バッテリー

冷房装置

床下装置
エンジンやブレーキ制御装置などの機器が床下にあります。

連結器　前照灯

▲ HB-E300系
「シリーズ方式」のハイブリッド気動車です。

新交通システム

案内軌条のある新しい交通機関です。日本では、専用の走行路をゴムタイヤで走るタイプが一般的です。コンピューターによって運行が管理されており、無人運転を行っている路線もあります。ここではゆりかもめを例に紹介します。

前部標識
進行方向を白い点灯で示します。最後部の車両では左右に赤い尾灯が点灯します。

連結器

案内軌条（ガイドウェイ）
走行路を走れるように車両をみちびきます。

▼ゆりかもめ7300系

集電装置
電車線から電気を取り入れます。

走行輪
ゴムタイヤでできていて、静かに走行することができます。パンクしても大丈夫なように、中に金属の車輪が入っています。

案内軌条（ガイドウェイ）

前照灯

電車線
車両が取り入れる電気が流れています。

鉄道入門 ❸

蒸気機関車

蒸気機関車は、水をふっとうさせた時に発生する水蒸気の力を利用して走る機関車です。日本では明治時代から長い間活躍していましたが、電気機関車やディーゼル機関車と交代していきました。現在は、いくつかの路線で観光用として運行しています。

▼8620形
SL人吉として運行しています。

煙突
使いおわった蒸気や、石炭を燃やして出た煙を外に出します。

前照灯

車両記号

除煙板
走行中、前からの空気の流れを上向きにすることで、煙突から出る煙が上に流れるようにします。

蒸気だめ
ボイラーで発生した蒸気を集めてためておく場所です。たまった蒸気はシリンダーへ送られます。

砂箱
坂道などで動輪がからまわりしないようにまく、すべり止めの砂が入っています。

煙室・煙室ドア
火室からきた熱い空気を集める場所です。円形のドアがついていて、整備の時などには開いて中に入れます。

連結器

先輪
動輪より前にある車輪です。動輪より後ろにある車輪は従輪といいます。

シリンダー（内部にピストン）
蒸気の圧力で内部にある「ピストン」を前後に動かし、動力を動輪に伝えます。

主連棒
シリンダー内部のピストンの前後運動を回転運動にかえ、その動力を動輪に伝えます。

電気機関車

電気で動く機関車です。パンタグラフで取り入れた電気の電圧や周波数を、車体内部の変換装置で変換し、動力にします。電化区間によって、直流・交流それぞれを走る「直流電気機関車」と「交流電気機関車」があるほか、直流・交流どちらも走れる交直両用のものがあります。主に貨車を引っぱるのに使われます。2両の機関車をつなげたような見た目のものもあります。

▲EF210形
直流電化区間を走る直流電気機関車です。

パンタグラフ

前照灯

尾灯

連結器

▼EH500形
交直両用で、2両つながったような見た目です。

パンタグラフ
架線から電気を取り入れます。電圧が低い直流電化区間を走るときはふたつ、交流電化区間を走るときはひとつを上げます。

乗降口

台車
電気で動くモーターがついています。

火室
燃料の石炭を燃やすところです。運転室から石炭をくべられるようになっています。

▲ C57形蒸気機関車の運転室

▲タンク式機関車
炭水車ではなく、機関車本体に石炭と水をつんでいる蒸気機関車です。炭水車につんでいるものは「テンダー式」といいます。

ボイラー
蒸気をつくる機関で、蒸気機関車の大部分をしめます。

安全弁
ボイラーの中の蒸気の圧力が高くなりすぎたとき、蒸気をにがします。

運転室
機関士（機関車の運転士）と機関助士（機関車でボイラーの火をあつかう人）が乗り、火室の管理や蒸気の圧力の調整などを行い、車両を運転します。

炭水車
上に火室でつかう石炭を、下にボイラー用の水が入った水そうをつんだ車両です。石炭は機関助士がシャベルですくってくる必要がありますが、水は自動的にボイラーに送られるようになっています。

動輪
動力をうけて回転し、車両を走らせる車輪です。

連結棒
主連棒から伝わる動力を後ろの車輪に伝えます。

蒸気機関車のしくみ
火室で石炭を燃やすと、ボイラー内の水がふっとうし、蒸気になります。蒸気の力でピストンが動き、その動力が主連棒によって動輪に伝わります。

ディーゼル機関車

ディーゼルエンジンで動く機関車です。ディーゼルエンジンを発電に使い、その電気でモーターを回して走る「電気式」と、エンジンで生み出された動力を内部の「液体変速機」で調整し動輪に伝える「液体式」があります。架線が無い非電化区間を走ることができます。

▼ DF200形　電気式のディーゼル機関車です。

前照灯

尾灯

台車

乗降口

連結器

モーターカー

モーターカーは、車両自体が動力をもつ小型の車両です。おもに鉄道の保守や点検などの作業に使われています。よく似た機械に、貨車を駅構内で移動させるスイッチャーがあります。

鉄道入門

鉄道入門 ❹

モノレール

モノレールは1本のレールで走る車両です。高いところを走り、必要な面積も小さいので、道路や線路の多い都市部に向いています。また、建設費が安いという特ちょうもあります。「跨座式」と「懸垂式」があり、どちらも車輪にはゴムタイヤがついていて、騒音が出にくくなっています。

懸垂式
レールにぶら下がって走ります。車輪には、走るための車輪と、ガイドウェイと接する案内車輪があります。

- 乗降口
- 尾灯
- 前照灯
- 連結器
- 箱型軌道桁：箱型の道で、中にレール、電車線、ガイドウェイなどがあります。

跨座式
レールをまたぐようにして走ります。車輪には、走るための車輪と、車両を安定させるため、レールをはさみこむようにしてついている安定車輪があります。

- 連結器
- 前照灯
- レール
- 尾灯
- 冷房装置
- 乗降口
- 電車線：車両に送る電気が流れています。

ケーブルカー

ケーブルカーは山の急な斜面を上ることができ、観光地でよく運行されています。急斜面を上るため、車両は斜面にあわせてななめになっており、中の座席は階段状です。多くが2台の車両で運行されており、車両は1本のケーブルの両端につながり、山上からつられています。

◀伊豆箱根鉄道の箱根十国峠ケーブルカー

ケーブルカーのしくみ
山上の駅のモーターがケーブルを巻き上げることで引き上げられ、動きます。片方の車両が引き上げられているとき、もう片方の車両はふもとの駅に向かって斜面を下ります。そのため、上る車両と下る車両は必ずすれちがうことになります。

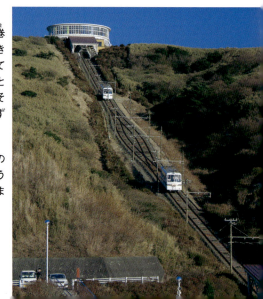

▶箱根十国峠ケーブルカーのようす。片方は山上に、もう片方はふもとに向かっています。

- ケーブル

車両記号

鉄道車両を見ると、「モハ」や「キハ」などの片仮名のあとに数字が書いてあります。これは「車両記号」といい、その車両がどんな車両なのかを表す名前です。ここではおもなJRの名前の付け方を例に車両記号の意味を紹介します。

電車・気動車・客車

モハ E234-1
①　②③④⑤　⑥

① 機能・等級・設備

機能　ク…運転台がある　モ…モーターがある　サ…運転台もモーター(動力)もない　キ…気動車

等級　イ…特別な車両(ななつ星in九州など)　ロ…グリーン車　ハ…普通車

設備　シ…食堂車　ネ…寝台車　ユ…郵便車　ニ…荷物車　エ…救援車　ル…配給車　ヤ…職用車

重さ(客車のみ)　コ…22.5t未満　ホ…22.5t以上27.5t未満　ナ…27.5t以上32.5t未満　オ…32.5t以上37.5t未満
　　　　　　　　　ス…37.5t以上42.5t未満　マ…42.5t以上47.5t未満　カ…47.5t以上　(※tは、トンです。)

車両によって、記号を組み合わせます。

例：**クロハ** 運転台があり、グリーン席と普通席がある　**モハネ** モーターがある普通寝台車(B寝台車)　**オシ** 重さ32.5t以上37.5t未満の食堂車

② JR東日本の新しい車両にはEがついています。East(東)の意味です。

③ 動力
(電　車) 1〜3…直流　　4〜6…交直流　　7〜8…交流
(気動車) 1〜2…ディーゼルエンジン (JR東海の気動車には❸はありません)

④ 車両の用途
(電　車) 0〜3…通勤、近郊形　4…事業用　5〜8…特急、急行形　9…試作車
(気動車) 0〜2…通勤・近距離形　5〜7…急行形　8…特急形　9…試作車

⑤ 設計番号
設計が新しいほど数字が大きくなる傾向があります。

国鉄の気動車の場合の④〜⑤　エンジンの種類と運転台の形式

●(十の位)エンジンの種類
　1〜4…液体式エンジンが1台　　5…液体式エンジンが2台
　6〜7…大出力エンジン　　　　　8…特急用エンジン
　9………試作車用エンジン

●(一の位)運転台の種類
　0〜4…両運転台
　5〜9…片運転台

⑥ 製造番号　車両がつくられた順番です。

電車

気動車

蒸気機関車

C 58 239
①　②　③

① 動軸の数
B…2　C…3　D…4
E…5　F…6　H…8

② 石炭・水の運び方
10〜49…タンク式
50〜99…テンダー式

③ 製造番号　車両がつくられた順番です。

※8620形の蒸気機関車は上のルールとはちがいます。

電気機関車

EF 210-7
①②　③　④

① 動力
E…電気

② 動軸の数(蒸気機関車の❶と同じ)

③ (JR)：電気方式
200番台…直流
500番台…交直流
800番台…交流

(国鉄)：電気方式と速度
10〜29…直流、最高時速85km以下
30〜49…交流と交直流、最高時速85km以下
50〜69…直流、最高時速85km以上
70〜89…交流と交直流、最高時速85km以上
90〜99…試作車

④ 製造番号　車両がつくられた順番です。

ディーゼル機関車

DF 200-118
①②　③　④

① 動力
D…ディーゼルエンジン
H…ハイブリッド

② 動軸の数(蒸気機関車の❶と同じ)

③ (JR)：エンジンの方式
200〜300…電気式

(国鉄)：速度
10〜39…最高時速85km以下
50〜89…最高時速85km以上
90〜99…試作車

④ 製造番号　車両がつくられた順番です。

新幹線

毎日たくさんの人を乗せて、速く安全に走る新幹線。新幹線は、専用の線路を時速200ｋｍ以上で走れる高速鉄道です。このほか、在来線の線路を使用する、ふつうより小さな車両が走るミニ新幹線もあります。九州から北海道まで、各地で活躍するいろいろなタイプの車両を紹介します。

見てみよう 新幹線

Ｎ700系、500系、800系、Ｅ5系 など

富士山をバックにかけぬけるN700系。東海道新幹線の区間は、一日300本以上もの新幹線が走っています。

新幹線
九州新幹線

◆所属　◆おもな路線　◆基本編成　◆最高速度（時速）　◆運用開始　◆特徴

九州新幹線

九州新幹線だけを走る「つばめ」、九州・山陽新幹線を走る「みずほ」「さくら」があります。現在の鹿児島中央から博多までの路線は、鹿児島ルートといわれています。

九州新幹線
運行区間：鹿児島中央〜博多
営業キロ：288.9km
使用車両：800系、N700系7000・8000番台
最高速度：時速260km
列車名：みずほ、さくら、つばめ

「みずほ」「さくら」で新大阪まで直通
N700系（7000・8000番台）
みずほ・さくら・つばめ
◆7000番台（JR西日本）、8000番台（JR九州）　◆九州、山陽　◆8両　◆260km（九州区間）、300km（山陽区間）　◆2011年　◆東海道・山陽新幹線のN700系よりも坂道に強く、普通車指定席は2列＋2列のゆったりしたつくりです。写真は8000番台で車体がうすい藍色です。

八代海を走るN700系8000番台。鹿児島中央〜新八代間は、7割がトンネル区間になっています。

桜島
東京駅からの営業キロは1463.8km。

熊本城

鹿児島中央 — 川内 — 出水 — 新水俣 — 新八代 — 熊本

九州新幹線の駅

ライトの形と車体側面のラインが少しちがう編成（U007〜009）は、新800系ともいいます。走りながら検査車両の役割をすることができます。

九州新幹線だけで走るパワフルな車両
800系 つばめ
◆JR九州 ◆九州 ◆6両 ◆260km ◆2004年

九州新幹線開業の年にデビューした和風の内装が個性的な車両です。車体はJR西日本の700系をベースに、6両全部にモーターをつけ、坂道に強くしました。

先頭に、編成番号やつばめのマークなどが入っています。

窓のブラインドには、九州の山桜という木材が使用されています。

座席の色や素材もいろいろなバリエーションがあります。

ドアや壁に金箔が使用されている豪華な車両もあります。

木材がたくさん使われ、車内はとても落ち着いた雰囲気です。

新玉名では、新幹線では初めてホームに駅員をおかず、車掌がホームドアの開閉や安全確認を行っています。

武雄温泉から長崎まで九州新幹線（長崎ルート）を建設中です。

博多駅

新玉名 — 新大牟田 — 筑後船小屋 — 久留米 — 新鳥栖 — 博多

青い色はすべての列車が停車する駅です。

◆所属　◆おもな路線　◆基本編成　◆最高速度（時速）　◆運用開始　◆特徴

東海道・山陽新幹線❶

博多から新大阪までが山陽新幹線、新大阪から東京までが東海道新幹線です。「のぞみ」「ひかり」「こだま」が走るほか、新大阪までは九州新幹線から「みずほ」「さくら」が直通するなど利用者が大変多い路線です。

環境に配慮して開発された
700系　のぞみ・ひかり・こだま

◆ＪＲ東海、ＪＲ西日本　◆東海道・山陽　◆16両　◆285km（山陽区間）270km（東海区間）　◆1999年　◆先頭車両のカモノハシのような形が特徴です。この形はエアロストリーム形といい、空気の流れがよく、騒音を少なくする効果があります。700系が登場する前の500系にくらべ、省電力になり車内も快適になりました。

山陽新幹線

運行区間：博多～新大阪　営業キロ：622.3km
使用車両：500系、700系、N700系、N700系7000、8000番台、700系7000番台
最高速度：時速300km
列車名：のぞみ、ひかり、こだま、みずほ、さくら

博多から博多南線でひと駅のところにある博多南駅。ＪＲ西日本の車両基地があり、新幹線で行くことができます。

博多総合車両所

厳島神社

博多ー小倉ー新下関ー厚狭ー新山口ー徳山ー新岩国ー広島ー東広島

山陽新幹線の駅

広々とした座席が人気の山陽専用車
700系7000番台　ひかり・こだま
- JR西日本　●山陽　●8両　●285km　●2000年
- 山陽新幹線区間だけで「ひかり」「こだま」として運行しています。新幹線で唯一の4人個室があり、普通車指定席は2列＋2列シートのサルーンシートで居心地のよさが特徴です。

700系をベースに山陽新幹線内の「ひかり」停車時間を短くするために開発されました。

500系の運転席のようす。窓が小さくなっています。8号車には子ども向けに運転台の模型があり、マスコンなどの操作ができます。

日本で初めて営業時速300kmを記録した
500系　こだま
- JR西日本　●山陽　●8両　●285km　●1997年　◇かつては東海道区間も16両編成の「のぞみ」として走っていましたが、現在は山陽区間を結ぶ「こだま」で走ります。先頭部が15mもあり、独特な形が人気の高い車両です。

先頭部が細長くなっているため、運転席ドアが運転席の横にはありません。

三原駅は三原城の敷地内にあります。

姫路城

三原 - 新尾道 - 福山 - 新倉敷 - 岡山 - 相生 - 姫路 - 西明石 - 新神戸 - 新大阪

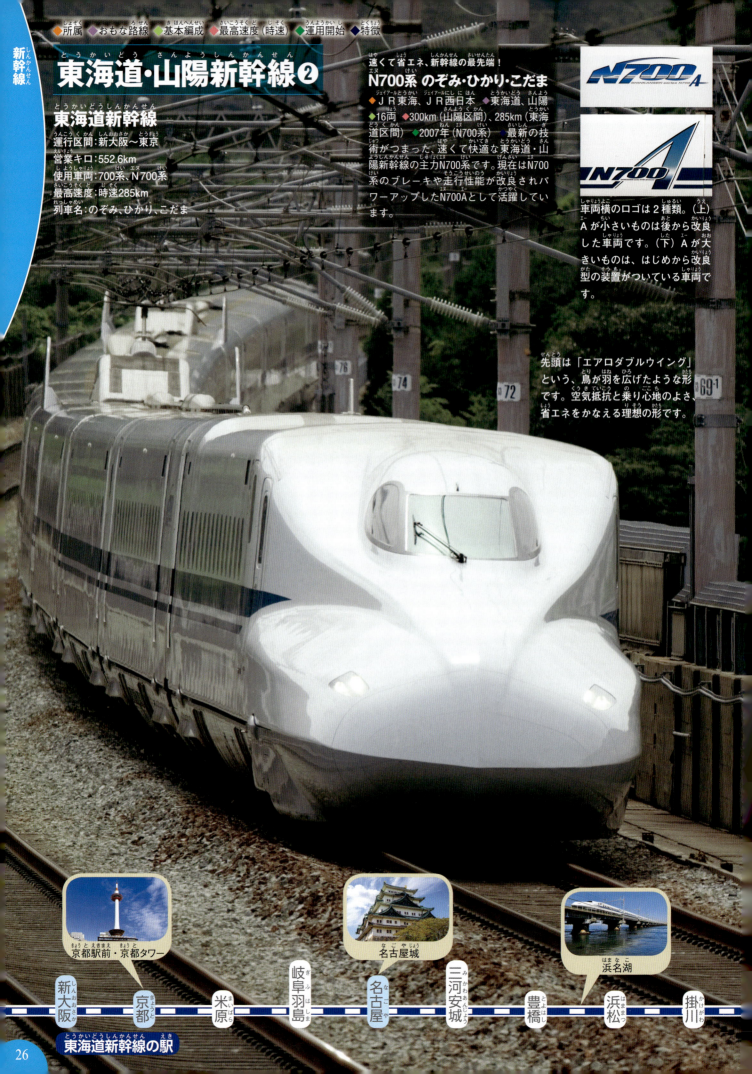

東海道・山陽新幹線❷

▶所属 ▶おもな路線 ▶基本編成 ▶最高速度（時速） ▶運用開始 ▶特徴

東海道新幹線
- 運行区間：新大阪〜東京
- 営業キロ：552.6km
- 使用車両：700系、N700系
- 最高速度：時速285km
- 列車名：のぞみ、ひかり、こだま

速くて省エネ、新幹線の最先端！
N700系 のぞみ・ひかり・こだま
▶JR東海、JR西日本 ▶東海道、山陽 ▶16両 ▶300km（山陽区間）、285km（東海道区間） ▶2007年（N700系） ▶最新の技術がつまった、速くて快適な東海道・山陽新幹線の主力N700系です。現在はN700系のブレーキや走行性能が改良されパワーアップしたN700Aとして活躍しています。

車両横のロゴは2種類。（上）Aが小さいものは後から改良した車両です。（下）Aが大きいものは、はじめから改良型の装置がついている車両です。

先頭は「エアロダブルウイング」という、鳥が羽を広げたような形です。空気抵抗と乗り心地のよさ、省エネをかなえる理想の形です。

東海道新幹線の駅
新大阪 — 京都 — 米原 — 岐阜羽島 — 名古屋 — 三河安城 — 豊橋 — 浜松 — 掛川

- 京都駅前・京都タワー
- 名古屋城
- 浜名湖

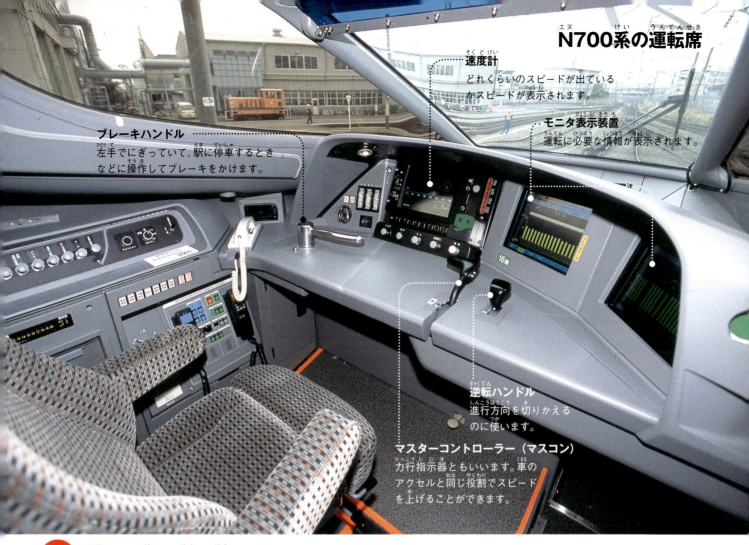

N700系の運転席

速度計
どれくらいのスピードが出ているかスピードが表示されます。

モニタ表示装置
運転に必要な情報が表示されます。

ブレーキハンドル
左手でにぎっていて、駅に停車するときなどに操作してブレーキをかけます。

逆転ハンドル
進行方向を切りかえるのに使います。

マスターコントローラー（マスコン）
力行指示器ともいいます。車のアクセルと同じ役割でスピードを上げることができます。

 発見 N700系が速く走れるひみつ

速いスピードで、しかも省エネで走ることのできる新幹線。進化したN700系のひみつを紹介します。

カーブに入る前から少し車体をかたむけて走ります。空気ばねの力で、わずか1度車体をかたむけるだけで、カーブで減速しなくても走ることができます。

ブレーキをかけるときのエネルギーで発電して電力を架線に送り、再利用します（電力回生ブレーキ）。

車両どうしをつなぐものがダンパです。ゆれを軽減し、安定した走行に役立ちます。

台車です。ブレーキディスクが改良され、非常時により速く止まれるようになりました。

車窓からの富士山

静岡県には6つも新幹線の駅があります。

小田原城と700系

東京駅0キロポスト

静岡 新富士 三島 熱海 小田原 新横浜 品川 東京

◆所属　◆おもな路線　◆基本編成　◆最高速度（時速）　◆運用開始　◆特徴

上越新幹線

東京から新潟を結ぶ上越新幹線。首都圏への通勤や通学で利用する人が多い路線のため、2階建てで輸送力のある車両が主力として活躍しています。

上越新幹線
運行区間：大宮〜新潟　　営業キロ：303.6km
使用車両：E2系、E4系（※E3系　現美新幹線）
最高速度：時速240km
列車名：Maxとき、とき、Maxたにがわ、たにがわ

全車両2階建て！　輸送力いちばんの新幹線
E4系
Maxとき・Maxたにがわ
◆JR東日本　◆上越　◆8両、16両（2編成連結）
◆240km　◆1997年　◆E4系にはラインがピンクと黄色の2タイプがあります。全車両2階建てで、連結した16両の編成では1634名を運ぶことができます。これは世界の高速鉄道の中でも1位の輸送力です。

上越や東北で活躍する
E2系　とき・たにがわ・やまびこなど
◆JR東日本　◆上越、東北、北陸　◆8両、10両　◆240km（上越区間）、275km（東北区間）　◆1997年　◆JR東日本の各路線で走ってきたE2系。上越区間は「たにがわ」「とき」、東北区間は「はやて」「やまびこ」「なすの」としてミニ新幹線とも連結します。

8両+8両の16両編成のE4系は、上りは高崎駅で8両を増結し、下り（新潟方面）では越後湯沢で切り離すことが多くあります。

東北新幹線はここで分かれる。

東京―上野―大宮―熊谷―本庄早稲田―高崎―上毛高原―越後湯沢―浦佐―長岡
高崎―安中榛名―軽井沢―佐久平―上田
越後湯沢―ガーラ湯沢

東北新幹線の駅

北陸新幹線

東京から金沢までを結ぶのが北陸新幹線です。以前は長野までの運転だったため長野新幹線と呼ばれていました。将来、金沢から福井、大阪方面へと延伸する計画があります。

北陸新幹線
- 運行区間：高崎〜金沢　営業キロ：345.5km
- 使用車両：E7系、W7系
- 最高速度：時速260km
- 列車名：かがやき、はくたか、あさま、つるぎ

雪の多い区間を走る北陸新幹線。先頭車両の下には「スノープラウ」と呼ばれる雪よけがあり、ある程度の雪は自力ではねとばして走行できます。北陸新幹線には、勾配のきつい上り坂、下り坂がありますが、パワフルにのぼり、すぐれたブレーキ性能で安定して走ります。

坂や雪にも強い北陸新幹線専用
W7系、E7系
かがやき・はくたか・つるぎ・あさま

- ◆JR西日本（W7）、JR東日本（E7）　◆北陸　◆12両
- ◆260km　◆2014年　◆JR東日本、JR西日本が共同開発しました。車体上の青色と、銅色のラインが特徴です。北陸新幹線の長野〜金沢開業に合わせてデビューしました。指定席には、グリーン車に加え、1両に18席しかないゆったりとしたグランクラスを導入しています。

金沢駅

2016年秋には、特別運行でE7系が東北新幹線の仙台から大宮経由で金沢に直通運転をしました。

上越新幹線の駅
燕三条／新潟

北陸新幹線の駅
長野／飯山／上越妙高／糸魚川／黒部宇奈月温泉／富山／新高岡／金沢

◆所属　◆おもな路線　◆基本編成　◆最高速度（時速）　◆運用開始　◆特徴

東北・北海道新幹線

東京から新青森までが東北新幹線、新青森から新函館北斗までが2016年3月に開通した北海道新幹線です。東北新幹線では、E5系、H5系をはじめ、E2系、E3系など多くの種類の車両が走っています。

東北新幹線
運行区間：東京〜新青森　営業キロ：713.7km
使用車両：E2系、E3系、E5系、E6系、H5系
最高速度：時速320km　列車名：はやぶさ、はやて、やまびこ、なすの、こまち、つばさ

以前は「こまち」としても活躍
E3系　やまびこ・なすの
◆JR東日本　◆東北　◆6両　◆275km　◆1997年
◆以前は、秋田新幹線区間で活躍していました。車体が小さいので乗り口には収納式のステップがあります。

ロングノーズの最速新幹線
E5系　はやぶさ・はやて・やまびこ・なすの
◆JR東日本　◆東北、北海道　◆10両　◆320km（東北区間）、260km（北海道区間）　◆2011年　◆「はやぶさ」として2011年にデビューしました。現在は時速320kmで走ります。グリーンの車体と先頭車両のノーズが特に長いのが特徴です。

広くて快適なグランクラスシート。E5系デビュー時には大きな話題になりました。

長いノーズは、トンネルでの騒音の軽減に役立っています。

東北新幹線の駅
東京 — 上野 — 大宮 — 小山 — 宇都宮 — 那須塩原 — 新白河 — 郡山 — 福島 — 白石蔵王 — 仙台 — 古川 — くりこま高原 — 一ノ関 — 水沢江刺

上越・北陸新幹線が分かれる
山形新幹線が分かれる

北海道新幹線

運行区間：新青森〜新函館北斗
営業キロ：148.8km　車両：E5系、H5系
最高速度：時速260km　列車名：はやぶさ、はやて

北海道らしさがいっぱいの最新型
H5系　はやぶさ・やまびこ

◆JR北海道　◆東北、北海道　◆10両　◆320km（東北区間）、260km（北海道区間）　◆2016年　◆車両の性能はE5系と同じですが、車両のラインや車内の床やドアなどの色が北海道をイメージしたものになっています。2016年の秋現在、4編成が運行しています。

（左）床のデザインは、流水をイメージ。（右）紫色のあざやかなドア。ほかに緑色のドアもあります。

2016年の開業は、「ついに北海道に新幹線が走った」と大きなニュースになりました。将来、札幌まで延伸の計画があります。

発見　E5系とH5系をくらべてみよう

E5系
マークは、鳥の「ハヤブサ」をイメージしたデザインです。
ラインはつつじをイメージしたピンク色です。

H5系
マークは、北海道を飛ぶ「シロハヤブサ」と北海道のかたちを表しています。
ラインは北海道のラベンダーなどの紫色から、あざやかなパープルになりました。

青函トンネル　新函館北斗駅

北上 — 新花巻 — 盛岡（秋田新幹線が分かれる） — いわて沼宮内 — 二戸 — 八戸 — 七戸十和田 — 新青森 — 奥津軽いまべつ — 木古内 — 新函館北斗

北海道新幹線の駅

東京駅から862.5km

◆所属 ◆おもな路線 ◆基本編成 ◆最高速度(時速) ◆運用開始 ◆特徴

山形新幹線

山形新幹線は、福島～新庄間の在来線区間を走るミニ新幹線です。車両サイズは従来の新幹線より少し小ぶりです。

山形新幹線
運行区間：福島～新庄　営業キロ：148.6km
使用車両：E3系　最高速度：時速130km(山形新幹線区間内)
列車名：つばさ、とれいゆつばさ

在来線区間を走るE3系。途中には踏切もあります。安全性を考え、最高時速は130kmまでで走行します。

パワフルなミニ新幹線
E3系　つばさ

◆JR東日本 ◆山形、東北 ◆7両 ◆130km(山形区間)、275km(東北区間) ◆1997年 ◆車体の色は、蔵王の雪、おしどりの青紫、ベニバナの赤をイメージ。在来線規格のミニ新幹線なので車内はコンパクトな2列+2列シートです。

「足湯」が話題の観光新幹線
E3系　とれいゆつばさ

◆JR東日本 ◆山形 ◆6両 ◆130km ◆2014年 ◆福島～新庄間の在来線区間を走る、おもに休日に運行する新幹線初の観光列車です。E3系を改造した車内は、たたみばりのゆったりとした座席やお座敷、売店コーナーなどくつろげる空間です。「足湯」コーナーでは温まりながら車窓の景色が楽しめます。

ミニ新幹線の「ステップ」
車体の小さなミニ新幹線では、新幹線駅のホームでドアとの間にすき間ができるため写真のような「ステップ」を出します。

※たとえば、E3系の幅は、2.95mですが、E4系の幅は、3.38mと約40cmもちがいます。

「とれいゆつばさ」のデザインは、山形の月山の緑や、最上川の青をイメージしたものです。

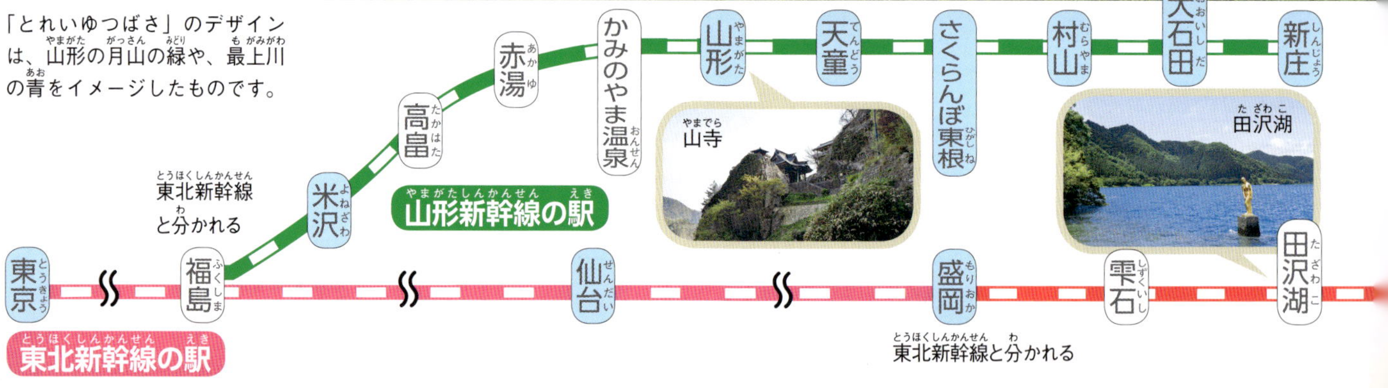

東京 — 福島 — 米沢 — 高畠 — 赤湯 — かみのやま温泉 — 山形 — 天童 — さくらんぼ東根 — 村山 — 大石田 — 新庄

山寺／田沢湖

東北新幹線の駅　　東北新幹線と分かれる　　山形新幹線の駅

東京 — 福島 — 仙台 — 盛岡 — 雫石 — 田沢湖

東北新幹線と分かれる

秋田新幹線

秋田新幹線は、盛岡～秋田の在来線を走るミニ新幹線です。

日本最速、真っ赤なミニ新幹線
E6系　こまち・はやぶさ・やまびこ・なすの

- ＪＲ東日本　●秋田、東北　●7両　●130km（秋田区間）、320km（東北区間）　●2013年　●秋田新幹線区間を「こまち」として走るミニ新幹線です。東北新幹線区間ではＨ5系、Ｅ5系と連結します。カーブも車体をかたむけながら最高速度で走ることができ、快適な乗り心地を実現しています。

秋田新幹線

運行区間：盛岡～秋田
営業キロ：127.3km　　使用車両：E6系
最高速度：時速130km（秋田新幹線区間内）
列車名：こまち

E5系などとの連結、切り離しは、盛岡駅で行います。

宇都宮～盛岡間では最高時速320kmで走ります。

大曲駅でスイッチバックをして発車します。新幹線がスイッチバックをするのはここだけです。

角館━大曲━秋田
秋田新幹線の駅

先頭車両には雪よけ（スノープラウ）があります。冬は雪が少ない日でも除雪車を走らせるなど、雪が運行に影響しないような取り組みが行われています。

33

おもしろ新幹線

新幹線の中でも特に個性的なデザインの車両を紹介します。見た目も車内の演出も楽しいものがいっぱいです。

新幹線初の観光列車
E3系とれいゆつばさ

山形新幹線の福島～新庄間を走ります。車内にはなんと「足湯」(わかし湯)があるほか、畳になったシートや、お座敷があるなどくつろげる新幹線です。

車窓の景色を楽しむことができる「足湯」。ゆれてもこぼれないように工夫されています。つくえやシートも和風です。

むかしは「食堂車」があった!

0系、100系新幹線が走っていたころ「ひかり」には本格的なレストランが連結されていてステーキやカレーを味わえました。(写真は保存されたもの)

世界最速の走る美術館
現美新幹線

上越新幹線の越後湯沢～新潟間を走るE3系の改造車。長岡の花火大会の写真が車体をあざやかにいろどります。車内は、車両ごとにいろいろなアーティストによるデザインが楽しめます。

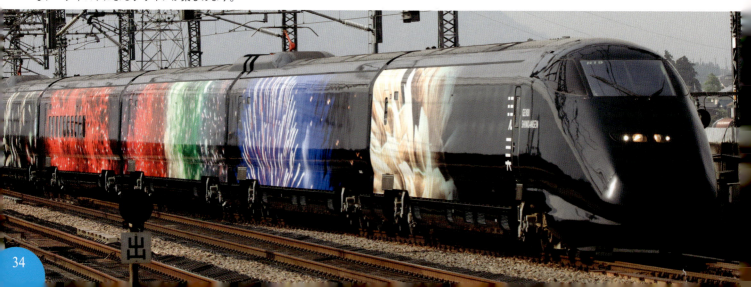

歴代の新幹線

日本初の新幹線が走ったのは1964年のこと。路線も増え、車両の性能もパワーアップして「速く安全な乗り物」として進化してきました。今では引退した車両を紹介します。

見てみよう。
歴代の新幹線

1964年～2008年
0系　ひかり・こだま
1964年に登場して東海道・山陽新幹線で「ひかり」「こだま」として活躍しました。はじめは最高時速210km、1986年には時速220kmまで出るようになりました。

1982年～2013年
200系　やまびこ・なすの・あおばなど
東北・上越新幹線の1982年開業に合わせてデビューしました。見た目は0系に似ていますが、雪に強い工夫がされていました。最高時速275kmで運行されたこともあります。

1985年～2012年
100系　ひかり・こだま
東海道・山陽新幹線に0系の後継車として登場しました。シャークノーズとよばれる先のとがった形が特徴で、2階建て車両を連結して話題になりました。

1992年～2012年
300系　のぞみ・ひかり・こだま
1992年に「のぞみ」として登場し、東京～新大阪を2時間30分、東京～博多を5時間4分と東海道・山陽新幹線のさらなるスピードアップを実現した車両です。

1992年～2010年
400系　つばさ・なすの
1992年山形新幹線の開業に合わせて登場した日本初のミニ新幹線用の車両です。200系、E4系などを併結して最高時速240kmで走りました。

1994年～2012年
E1系　Maxやまびこ・Maxときなど
1994年にデビューした全車両2階建ての新幹線。2階席には3＋3列の座席もあり、上越・東北新幹線で通勤客を多く運びました。この後継が上越新幹線を走るE4系です。

豆ちしき　初代新幹線0系の「ひかり」は、開業時は東京～新大阪間を約4時間で走りました。(現在は、「のぞみ」が2時間22分)

LIVE情報 もっと知りたい新幹線

新幹線の車両のいろいろな工夫や、ちょっと意外なひみつなどを紹介します。

E6系とE5系

どの新幹線にも連結器がある
新幹線の先頭部分には連結器が入っています。E5系とE6系などのように連結して走る新幹線だけでなく、東海道・山陽新幹線にも故障した時などのために連結器があります。

新幹線の騒音対策いろいろ
新幹線の振動や風を切る音などは騒音になります。線路に防音壁をつくったり、車両の形を変えて抵抗を減らしたりして騒音を軽減させてきました。パンタグラフも風を切る音が騒音の原因になるため、小型化やカバーでおおうなどして対策しています。

パンタグラフカバー

新幹線はブレーキをかけて発電している
新幹線はブレーキをかけたときのエネルギーを電気に変えることができます。電気を受け取っている架線に、その電気を送り、その電気はふたたびエネルギーとして使うことができます。電力回生ブレーキといいます。

新幹線が車で運ばれる！？
工場から運ばれるときなど、新幹線が車に乗せられて道路を通るめずらしい様子を見ることができます。

時刻表にはのっていない黄色い新幹線がある
その名も「ドクターイエロー」。新幹線の設備を点検するために活躍する車両です。検査のために走るので、時刻表にはのっていません。見られたら運がいいといわれるほど人気の車両です。むかし、夜に在来線の設備などを点検していた車両を、目立つよう黄色にしたことが黄色の由来です。

雪に負けずに走る新幹線

雪が降っても安全に運行できるよういろいろな対策がされています。スプリンクラーで線路にお湯をまき、雪をとかしながら走るほか、東北・北海道・北陸新幹線などでは先頭車両に雪をかきわけるスノープラウがついています。車体の下の機械もカバーでおおわれていて雪がつかないようになっています。

冬だけ使われる駅「ガーラ湯沢」

上越新幹線のガーラ湯沢は、越後湯沢から1.8kmの引き込み線にある駅です。駅がスキー場に直結していて毎年冬の時期だけ使用します。E2系の荷物置き場は冬にはスキー板立てになります。

スプリンクラー

ガーラ湯沢駅

E2系の荷物置場

たった300円で新幹線に乗車できる区間がある

博多～博多南間は、300円で乗ることができます。博多南駅には山陽新幹線の車両基地があり、その回送線に乗車することができます。

駅は博多総合車両所の中にあります。

座席の種類いろいろ

新幹線の座席には「自由席」、「普通車指定席」、「グリーン車」、「グランクラス」の4つの種類があります。料金や座席の広さ、サービスなどもちがいます。

W7系普通車

E7系グランクラス

エンブレムを見てみよう

車体には車両ごとにいろいろなマークがあります。

N700系

700系

800系
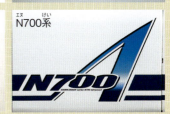
N700系
E2系

E6系

E3系

E4系

E3系

W7系

いろいろな新幹線

線路の安全を守る新幹線

新幹線が安全に走ることができるように、検査を行うのが検測車。ドクターイエローは、東海道・山陽新幹線、イーストアイは東北、北陸、上越新幹線などを走って線路や架線の検査をします。

新幹線のお医者さん
923形ドクターイエロー

700系をベースにした7両編成で、正式名称は「新幹線電気軌道総合試験車」。約10日に1度、新幹線と同じ最高時速270〜285kmで走り、レールのゆがみや架線の減り具合、信号や電力などをチェックします。新幹線が安全に速く走るためにはかかせません。

パンタグラフ — **架線**

2、6号車にあるパンタグラフで架線の状態をチェック。1秒間に1500回レーザーを当てて調べたデータは検測室に送られます。

ドクターイエローが発見したレールのゆがみは、マルチプルタイタンパーという車両が夜間のうちに1mm単位で直します。

6つのライトで前を明るく照らす

監視用カメラ

見てみよう
923形、L0系

ミニ新幹線の検査もこなす
E926形イーストアイ

北海道、東北、北陸、上越新幹線などを検測しているJR東日本のE3系をベースにした車両。山形・秋田新幹線の区間も走ることができます。最高時速は275kmで、架線やレール、信号などをチェックします。

ライト

カメラ

4号車　　923形ドクターイエロー　　5号車

未来の新幹線

最新の技術が結集した未来の新幹線、超電導リニアで走る『リニア中央新幹線』。なんと時速500kmもの速さで走ることができる夢のような新幹線です。現在、品川～名古屋間で建設工事が始まっています。

新幹線の約2倍のスピードで走る
リニア中央新幹線

JR東海が開発したL0系です。山梨リニア実験線での走行を重ね、2015年には有人走行による世界最高時速603kmを記録しました。線路のかわりに、専用のガイドウェイを走ります。車両についた超電導磁石と、地上のコイルとの間に起きる磁力を利用して進みます。磁石の「N極」「S極」がお互いに引き合ったり、反発しあったりする力が車両を浮上させ前進させる力になるのです。

（浮上コイル／推進コイル／超電導磁石／ガイドウェイ）

リニアで浮いて進むしくみ

前進するしくみ

ガイドウェイの「推進コイル」に電気を流すと、磁界（N極・S極）が発生し、車両の「超電導磁石」との間で引き合う力と反発する力ができます。この力で前進します。

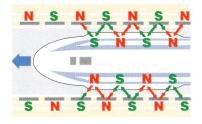

浮くしくみ

車両の「超電導磁石」が高速で通過すると、かべの両側の「浮上コイル」に電流が流れます。すると、磁石の反発で「超電導磁石」を押し上げる力、引き上げる力がはたらいて浮き上がります。また、車両がずれないように常に中央に戻しながら進みます。

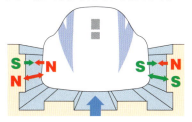

リニア中央新幹線では、速く走り抜けられる直線区間を多くするため、区間の半分以上がトンネルになるといわれています。山梨県立リニア見学センターからは、超電導リニアの走行試験を間近で見ることができます。

実現すれば東京～大阪間が約1時間に

リニア中央新幹線は、2027年に品川～名古屋間の開業を目指しています。開業すれば品川～名古屋間は40分で結ばれ、将来は大阪まで延伸します。

6号車　7号車

車両図鑑（JR特急など）

車両図鑑では、鉄道会社を大きくJRとその他の会社に分け、車両の規格や特徴などを紹介しています。

この章では、JRの特急やジョイフルトレインなどに使用される車両を、原則JRの各会社ごとに並べています。JRは、1987年に日本国有鉄道（国鉄）が分割・民営化されたときに発足した鉄道会社で、旅客鉄道会社6社、貨物鉄道会社1社などの総称です。

魅力的な列車が勢揃い！
JR九州
- 正式名称／九州旅客鉄道株式会社
- 営業キロ／2273.0km
- 軌間／1435mm／1067mm
- 電化方式／直流／交流／非電化
- 特徴／地域密着をモットーに、デザインや居住性にすぐれた車両を次々と開発。「ななつ星in九州」をはじめ魅力的な観光列車もたくさんあります。コーポレートカラーは赤。

4県がまとまったコンパクトなJR
JR四国
- 正式名称／四国旅客鉄道株式会社
- 営業キロ／855.2km
- 軌間／1067mm
- 電化方式／直流／非電化
- 特徴／JRの中でいちばん規模が小さく、非電化路線が多くを占めます。JR西日本とサービスを共通化するなど連係しています。コーポレートカラーは水色。

国鉄車両も健在！　鉄道文化を育む
JR西日本
- 正式名称／西日本旅客鉄道株式会社
- 営業キロ／5007.1km
- 軌間／1435mm／1067mm
- 電化方式／直流／交流／非電化
- 特徴／西日本から北陸までをカバー。地方の路線も多く、古い車両でも大切に使い続ける会社です。蒸気機関車の保存にも熱心です。コーポレートカラーは青。

ビジネスに徹する都会派JR
JR東海
- 正式名称／東海旅客鉄道株式会社
- 営業キロ／1970.8km
- 軌間／1435mm／1067mm
- 電化方式／直流／交流／非電化
- 特徴／東海道新幹線を運営する、日本でもトップクラスの優良企業です。車両やサービスの統一を進めるなど、輸送効率を重視しています。コーポレートカラーはオレンジ。

新幹線から蒸気機関車まであらゆる列車が走る
JR東日本
- 正式名称／東日本旅客鉄道株式会社
- 営業キロ／7458.2km
- 軌間／1435mm／1067mm
- 電化方式／直流／交流／非電化
- 特徴／最大の路線網を誇る、JRグループ最大の会社。同じ設計の電車が私鉄でも走るなど、日本の鉄道を代表する存在でもあります。コーポレートカラーは緑。

苦難を乗り越え、新しい時代へ向かう
JR北海道
- 正式名称／北海道旅客鉄道株式会社
- 営業キロ／2568.7km
- 軌間／1435mm／1067mm
- 電化方式／交流／非電化
- 特徴／人口が少ない北海道で奮闘しています。北海道新幹線も開業し、新しい時代を迎えつつありますが、ローカル線は岐路に立たされています。コーポレートカラーは萌黄。

◆動力　◆所属　◆おもな運用　◆基本編成　◆最高速度（時速）　◆車体の材質　◆運用開始　◆特徴

JR九州

車両図鑑（JR特急など）

見てみよう
・885系かもめ

885系特急かもめ

JRの新型特急用車両第1号「ハイパーサルーン」
783系 ハウステンボス
◆電車（交流）　◆JR九州　◆博多〜ハウステンボス　◆4両　◆130km　◆ステンレス　◆783系は1988年に「有明」としてデビューしました。「ハウステンボス」は、長崎県のテーマパークへ行く人を運ぶ列車で、カラフルなデザインも人気のひみつです。

「ハウステンボス」とも連結できる
783系（貫通型）みどり
◆電車（交流）　◆JR九州　◆博多〜佐世保　◆4・5・8両　◆130km　◆ステンレス　◆中間車に運転台を後からつけた改造車で、「ハウステンボス」に連結して走ることができます。特急の名前にあわせて、緑色に塗られています。

いちばん長い距離を走る在来線特急
783系 にちりんシーガイア
◆電車（交流）　◆JR九州　◆博多〜宮崎空港　◆5両　◆130km　◆ステンレス　◆前面に大きな窓があり、いちばん前の座席なら運転士の気分を味わえます。博多から宮崎空港まで6時間近くかけて走ります。

お相撲さんのしこ名が特急名に！
787系 かいおう
◆電車（交流）　◆JR九州　◆直方〜博多　◆6両　◆130km　◆普通鋼　◆福岡県出身の元大関、魁皇の名前をとった、めずらしい愛称の特急。783系で運行する列車もあります。

783系特急ひゅうが

787系
1992年から九州新幹線が開業するまで、在来線の「つばめ」として走っていた787系。DXグリーン席やグリーン個室もあります。

高速ビジネス特急
きらめき
◆電車（交流）　◆JR九州　◆門司港・小倉〜博多　◆6・7・12両　◆福岡や北九州の会社につとめる人に人気の特急列車。

宮崎県をかけぬける
ひゅうが
◆電車（交流）　◆JR九州　◆延岡〜宮崎・宮崎空港　◆4・6両　◆宮崎県内の町を結ぶ特急列車です。

鹿児島本線の歴史とともに走る
787系 有明
◆電車（交流）　◆JR九州　◆博多・吉塚〜長洲　◆6・7両　◆130km　◆普通鋼　◆「有明」は「つばめ」の先輩にあたる歴史ある列車。有明海に沿って走ることから名づけられました。

南国を走る、かくれた人気特急
787系 きりしま
◆電車（交流）　◆JR九州　◆宮崎〜国分・鹿児島中央・都城　◆4両　◆130km　◆普通鋼　◆九州の南を走る特急列車。鹿児島中央駅で九州新幹線に接続するので便利です。

豆ちしき　783系は国鉄民営化後初の特急用電車として登場しました。車両の中央に乗降用の扉とデッキがあります。

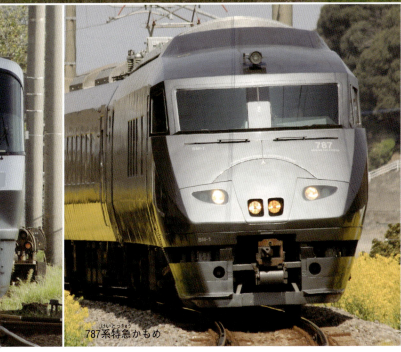

787系特急かもめ

883系特急ソニック

楽しさいっぱい、ワンダーランドエクスプレス
883系 ソニック
◆電車（交流） ◆JR九州 ◆博多〜大分・佐伯・柳ケ浦 ◆7両 ◆130km ◆ステンレス ◆1994年（「にちりん」） ◆車体をかたむけて、カーブも速く走れる「ふりこ式車両」。「ワンダーランドエクスプレス」と呼ばれ、テーマパークのようなシートが楽しい電車です。

飛行機を思わせるスマートな「白いかもめ」
885系 かもめ
◆電車（交流） ◆JR九州 ◆博多〜長崎・佐賀 ◆6両 ◆130km ◆アルミ ◆2000年 ◆まるで飛行機かロボットのような、白くかっこいいデザインが人気です。シートは革製で、グリーン車とまちがえたかと思うほど豪華です。

カッコよさはナンバーワン！
885系 ソニック
◆電車（交流） ◆JR九州 ◆博多〜大分・佐伯 ◆6両 ◆130km ◆アルミ ◆2000年 ◆一部の車両は「かもめ」とはライトのデザインがちがい、ちょっとタレ目になりました。くらべてみましょう。

豆ちしき 883系のグリーン車は革張りで電動リクライニングシートを備えています。

車両図鑑（JR特急など）

◆動力　◆所属　◆おもな運用　◆基本編成　◆最高速度（時速）　◆車体の材質　◆運用開始　◆特徴

JR九州

キハ72系ゆふいんの森

高い位置から見晴らしばつぐん
キハ71系 ゆふいんの森
- ◆気動車 ◆JR九州 ◆博多〜由布院・別府
- ◆4両 ◆120km ◆普通鋼 ◆1989年改造 ◆急行用のキハ58とキハ65を改造した、JR九州自慢の観光列車です。床が高いハイデッカー車で、景色がよく見えます。窓の周りが金色なのが目印です。

由布岳をバックにさっそうと走る
キハ72系 ゆふいんの森
- ◆気動車 ◆JR九州 ◆博多〜由布院・別府
- ◆5両 ◆120km ◆普通鋼 ◆1999年 ◆「ゆふいんの森」の人気を受けて、新しくつくられた車両です。展望席からのながめがばつぐん。2015年に1両増えました。

きれいな海岸線に沿って走る
キハ125形 400番台 海幸山幸
- ◆気動車 ◆JR九州 ◆宮崎〜南郷 ◆2両
- ◆95km ◆普通鋼 ◆2009年改造 ◆台風の被害によって廃止されてしまった、高千穂鉄道の車両を改造した観光特急です。車内には宮崎の木がたくさん使われています。

豆ちしき　ゆふいんの森には、ビュッフェやサロンスペースも設けられています。

◀ 列車のルート
人吉から来た列車は、大畑駅に到着すると進行方向を変えて引上線へ。再び進行方向を変え、ループ線をまわって吉松方面に向かいます。

ループ＆スイッチバック

肥薩線の人吉〜吉松間は急勾配が続く山岳路線です。大畑駅付近ではらせん状のループ線と、2度折り返すスイッチバックで高度をかせぎます。

真っ赤なボディがいかにも九州らしい
キハ185系 ゆふ
◆気動車 ◆JR九州 ◆博多〜別府・大分 ◆3両 ◆110km ◆ステンレス ◆もともとは、四国の特急用車両としてつくられた車両で、1992年に九州にやって来ました。温泉で有名な由布院や別府へ行く特急です。

九州のまんなかをかけぬける
キハ185系 九州横断特急
◆気動車 ◆JR九州 ◆別府〜熊本 ◆2両 ◆110km ◆ステンレス ◆九州のまんなかを豊肥本線経由で横断する特急列車。特急ですが車掌が乗っていない時もあり、そのときは「ワンマン」と表示されています。＊熊本地震の影響で、別府〜阿蘇間で運行しています。

浦島太郎の気分を味わえる!?
キハ47形など 指宿のたまて箱
◆気動車 ◆JR九州 ◆鹿児島中央〜指宿 ◆2両 ◆95km ◆普通鋼 ◆2011年改造 ◆通勤用ディーゼルカーを改造した、日本でいちばん南を走る観光特急。浦島太郎の昔話をテーマにし、ドアが開くと「たまて箱」を開けたように煙（実はミスト）が出ます。

豆ちしき　もともとキハ185系には半室グリーン車のキロハ186形がありましたが、九州に来てからグリーン席をはずしました。

◆動力　◆所属　◆おもな運用　◆基本編成　◆最高速度（時速）　◆車体の材質　◆運用開始　◆特徴

JR九州

・77系ななつ星in九州

車両図鑑（JR特急など）

九州のきれいな景色をたっぷり
キハ140形 いさぶろう・しんぺい
◆気動車　◆JR九州　◆熊本・人吉～吉松　◆2・3両　◆95km　◆普通鋼　◆2004年改造　◆国鉄型のキハ40形を改造した観光列車です。ぐるっと一周して山をこえる大畑ループなど、とても景色のよい路線を走ります。乗車券と指定席券で乗れます。

真っ黒な車体がかっこいい
キハ147形 はやとの風
◆気動車　◆JR九州　◆吉松～鹿児島中央　◆2両　◆95km　◆普通鋼　◆2004年改造　◆普通列車用のキハ47形を改造し、パワーアップした観光特急。明治時代に開通した肥薩線を走り、鹿児島本線では桜島がよく見える海沿いのきれいな景色も楽しめます。

天草へ向かう観光特急
キハ185系 1000番台 A列車で行こう
◆気動車　◆JR九州　◆熊本～三角　◆2両　◆110km　◆ステンレス　◆2011年改造　◆「九州横断特急」用の車両を改造した天草へ向かう観光特急です。昔、ポルトガルから天草に伝わった文化をテーマにしており、オリジナルのお酒が大人に人気です。

阿蘇山の雄大な景色を楽しもう
キハ183系 1000番台 あそぼーい！
◆気動車　◆JR九州　◆熊本～宮地　◆4両　◆120km　◆普通鋼　◆2011年改造　◆「オランダ村特急」、「ゆふいんの森II世」、「ゆふDX」など、何度も改造された車両。今は親子でいっしょに楽しめる観光特急になっています。

うつくしい車内でスイーツのフルコースを
キロシ47形 或る列車
◆気動車　◆JR九州　◆2両　◆95km　◆普通鋼　◆2015年改造　◆明治時代にアメリカから九州にきたものの、ほとんど使われず消えてしまったまぼろしの車両をイメージした観光列車。由布岳がよく見える久大本線や海がきれいな大村線を走っています。

超高級ホテルのような豪華列車
77系 ななつ星in九州
◆客車　◆JR九州　◆7両　◆110km　◆アルミ合金　◆2013年　◆高級ホテルのような車両で九州を4日で一周する超豪華クルーズトレイン。2日と4日のコースがあり、どちらも大人気。機関車はDF200形をベースに「ななつ星in九州」用に設計したもの。

◀ななつ星in九州
7両編成にスイートルームが14室というぜいたくな列車。1号車はラウンジカーで、ピアノの生演奏も楽しめます。7号車の最後尾はDXスイートAタイプで、大きな窓から景色を楽しめます。

九州の観光列車の車内

JR九州には、列車の旅を楽しみたくなるような魅力的な車両がたくさんあります。デザートを味わったり、親子で座るのにちょうどよかったり、さまざまな旅を楽しめます。

▲「いさぶろう・しんぺい」の車内
　木をたくさん使った車内。列車の愛称は、肥薩線をつくった時の工事責任者と鉄道院総裁（大臣）の名前からとられています。

▲「はやとの風」の車内
　スピードはあまり出ませんが、のんびりと旅を楽しめる特急列車。景色がよく見えるように窓を向いた座席もあります。

▲「A列車で行こう」の車内
　大人のふんいきがただよう車内。もちろんジュースも売っています。「A列車」の「A」は、天草のA。

▲「あそぼーい！」の車内
　かわいいマスコット、くろちゃんがおむかえ。親子で座れるシートや木のボールのプールなど、車内でいっぱい遊べます。

▲「或る列車」の車内
　2両編成の車内はヨーロッパの豪華列車のようなふんいきで、個室もあります。季節ごとに工夫したケーキやおかしのフルコースが食べられます。

▲「ななつ星in九州」の車内
　列車とは思えないゴージャスな個室。人間国宝の方がつくった調度品も使われています。個室は全部で14室あり、1本の列車には30人しか乗れません。

豆ちしき　肥薩線の矢岳付近は、篠ノ井線姨捨、根室本線狩勝峠とともに日本三大車窓のひとつに数えられています。

◆動力 ◆所属 ◆おもな運用 ◆基本編成 ◆最高速度(時速) ◆車体の材質 ◆運用開始 ◆特徴

JR四国

・8600系いしづち

蒸気機関車をイメージした新しいデザイン
8600系 いしづち
◆電車(直流) ◆JR四国 ◆高松〜松山 ◆2・3両 ◆130km ◆ステンレス ◆2014年 ◆先頭の黒くて丸いデザインは蒸気機関車をイメージ。「レトロフューチャー」をテーマにした、JR四国の最新特急電車。2015年から本格的に運行がはじまりました。

▶貫通型

8000系
試作車は時速160km運転にも成功した、四国ではじめての特急用電車。カーブでも速く走れるよう、車体をかたむける「振り子式車両」です。

定期券でも乗れる通勤用特急
ミッドナイトEXP松山・モーニングEXP松山
◆電車(直流) ◆JR四国 ◆新居浜〜松山 ◆3両 ◆松山周辺の通勤客に人気の特急列車です。一部指定席があります。

四国の鉄道に新しい風をふきこんだ
8000系 しおかぜ
◆電車(直流) ◆JR四国 ◆岡山〜松山 ◆5両 ◆130km ◆ステンレス ◆1992年 ◆2004年にグリーン車、指定席のシートのグレードアップなど、リニューアル工事が行われました。貫通扉のある先頭車両もあります。

2000系
線路のカーブをコンピューターが記憶し、いちばんよい姿勢で走行できる機能を世界ではじめて取り入れました。

土佐くろしお鉄道に乗り入れ
あしずり
◆気動車 ◆JR四国 ◆高知〜中村など ◆2両 ◆高知駅で南風やしまんとに接続し、窪川から土佐くろしお鉄道に乗り入れます。

全席自由席で気軽に乗れる
ミッドナイトEXP高松・モーニングEXP高松
◆気動車 ◆JR四国 ◆伊予西条〜高松 ◆5両 ◆朝夕の通勤によく利用されている特急列車。全線電化区間ですが、ディーゼルカーです。

きれいな大歩危峡を疾走する
2000系 南風
◆気動車 ◆JR四国 ◆岡山〜高知・中村・宿毛 ◆3・4両 ◆120km ◆ステンレス ◆1989年 ◆1972年に「しおかぜ」とともに誕生した、四国で最初の特急列車です。

南風といっしょに走る
2000系(貫通型) しまんと
◆気動車 ◆JR四国 ◆高松〜高知・中村 ◆2・3両 ◆120km ◆ステンレス ◆高松発着で、南風と連結して運行される特急列車です。

鳴門海峡のうずから名づけられた
N2000系 うずしお
◆気動車 ◆JR四国 ◆岡山・高松〜徳島 ◆2・3両 ◆130km ◆ステンレス ◆1995年 ◆2000系のエンジンを新しくして、時速130kmで走れるようにしたディーゼルカー。高松と徳島を約1時間で結ぶ便利な列車です。

四国を代表する山から命名
キハ185系 剣山
◆気動車 ◆JR四国 ◆徳島〜阿波池田 ◆2・4両 ◆110km ◆ステンレス ◆急行だけだった四国の列車をスピードアップするために登場した気動車。「剣山」は吉野川にそって走る特急で、週末には「ゆうゆうアンパンマンカー」が連結されることもあります。

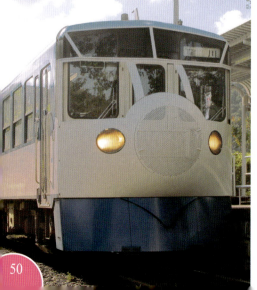

◀キハ32形 鉄道ホビートレイン

▶土讃線を走る2000系特急あしずり

「いしづち」「しおかぜ」から接続する
2000系(貫通型) 宇和海
◆気動車 ◆JR四国 ◆松山〜宇和島 ◆3・5・6両 ◆120km ◆ステンレス ◆愛媛県の西部を走っている特急列車。2000系の試作タイプ、TSE（Trans Shikoku Experimental＝四国横断実験車両）も使われています。

徳島県を走るローカル特急
キハ185系 むろと
◆気動車 ◆JR四国 ◆徳島〜牟岐・海部 ◆2両 ◆110km ◆ステンレス ◆むろとは1999年に誕生した特急です。牟岐〜海部は普通列車として運転されます。

発車したと思ったらもう終点
キハ185系 ホームエクスプレス阿南
◆気動車 ◆JR四国 ◆徳島〜阿南 ◆2両 ◆110km ◆ステンレス ◆日本でいちばん短い距離(24.5km)を約30分で走る特急列車です。

ゆっくり走る新幹線
キハ32形 鉄道ホビートレイン
◆気動車 ◆JR四国 ◆窪川・近永〜宇和島 ◆1両 ◆95km ◆普通鋼 ◆2014年改造 ◆「予土線三兄弟」の末っ子。とびきり自然が多いローカル線、予土線を走る、初代新幹線0系の形をした車両です。車内には鉄道模型がいっぱい。

おもちゃに囲まれながら旅をしよう
キハ32形 海洋堂ホビートレイン
◆気動車 ◆JR四国 ◆窪川・江川崎〜宇和島 ◆1両 ◆95km ◆普通鋼 ◆2011年改造 ◆海洋堂のフィギュアがたくさん展示されている「予土線三兄弟」の次男。車内に四万十川にいるというカッパの人形があり、写真をとれます。

「最後の清流」四万十川をのんびりと
キハ54形＋トラ45000形 しまんトロッコ
◆気動車＋貨車改造 ◆JR四国 ◆窪川〜宇和島 ◆2両 ◆75km ◆2013年改造 ◆「予土線三兄弟」の長男。貨車を改造したトロッコで、日本一きれいといわれる四万十川に沿って走ります。

瀬戸内海をながめながらレトロな旅を楽しむ
キハ47形 伊予灘ものがたり
◆気動車 ◆JR四国 ◆松山〜伊予大洲・八幡浜 ◆2両 ◆95km ◆普通鋼 ◆2014年改造 ◆通勤用気動車を改造。音楽をかなでながら走る、ムード満点の列車です。瀬戸内海の景色や夕日をながめながら、おいしい食事を味わえます。

豆ちしき 新幹線の父と呼ばれる十河信二氏が愛媛県出身ということもあって、新幹線型の鉄道ホビートレインが誕生しました。

◆動力　◆所属　◆おもな運用　◆基本編成　◆最高速度（時速）　◆車体の材質　◆運用開始　◆特徴

JR西日本

車両図鑑（JR特急など）

見てみよう
・285系サンライズ瀬戸・出雲
・キハ187系スーパーおき

シティホテルのように快適な寝台電車
285系 サンライズ瀬戸・出雲
◆電車（直流）　◆JR西日本・東海　◆東京～高松・出雲市　◆各7両　◆130km　◆普通鋼　◆1998年　◆毎日運行している寝台特急はこれだけ。「サンライズ瀬戸」と「サンライズ出雲」が連結して東京駅を出発し、岡山駅で分割します。

発見
最後の寝台特急、サンライズ瀬戸・出雲
東京～岡山間は併結して、14両で走ります。

▲A寝台個室
住宅メーカーがデザインした車内は、住みやすい家のようなぬくもりがあります。

◀ノビノビ座席
横になれますが、寝台料金のいらない席です。毛布がついています。

カーブの多い路線でスピードにいどんだ車両
381系 やくも
◆電車（直流）　◆JR西日本　◆岡山～出雲市　◆4両　◆120km　◆アルミ合金　◆381系は1973年に初登場。カーブを高速で走りぬけるために、車体を内側にかたむける、世界初のふりこ式車両。カーブが多い中国山地の伯備線で力を発揮しています。

前方の景色を楽しめるグリーン車
381系 やくも
◆電車（直流）　◆JR西日本　◆岡山～出雲市　◆4両　◆120km　◆1994年に登場した、「スーパーやくも」用パノラマグリーン車。運転席のすぐ後ろにシートがあり、いちばん前の座席からは前方の景色がよく見えます。

キハ187系
山陰方面を高速化するために2001年に登場したふりこ式車両で、時速130kmに対応した車両もあります。

鳥取と島根を結ぶ
スーパーまつかぜ
◆気動車　◆JR西日本　◆鳥取～米子・益田　◆2・4両　◆昔、山陰本線で活躍した「まつかぜ」の愛称が復活した特急列車。

山陰本線をかけぬけるロングラン特急
スーパーおき
◆気動車　◆JR西日本　◆米子・鳥取～新山口　◆2両　◆鳥取から山口まで、山陰地方を走りぬける、ロングラン特急。

角ばった顔の高速特急
キハ187系 500番台 スーパーいなば
◆気動車　◆JR西日本　◆岡山～鳥取　◆2両　◆130km対応　◆ステンレス　◆智頭急行を経由する高速特急です。

◀285系特急サンライズ瀬戸・出雲

キハ187系特急スーパーおき

高速化したはまかぜ
キハ189系 はまかぜ
◆気動車 ◆ＪＲ西日本 ◆大阪〜浜坂・香住・鳥取 ◆3両 ◆130km ◆ステンレス ◆2010年
◆旧型特急車両のキハ181系や、キハ47形などの走行性能に合わせることもできる万能選手。カニが有名な地域に行くので、冬は臨時列車も出ます。

日本の美と伝統を表現した観光列車
キハ48形 花嫁のれん
◆気動車 ◆ＪＲ西日本 ◆金沢〜和倉温泉 ◆2両 ◆95km ◆普通鋼 ◆2015年改造 ◆北陸地方の伝統的な工芸品をイメージした和風の観光列車です。歴史のある北陸の料理店が作ったきれいな弁当も食べられます。

「走る美術館」に乗ってチューリップの里へ
キハ40形 べるもんた
◆気動車 ◆ＪＲ西日本 ◆高岡〜城端・氷見 ◆1両 ◆95km ◆普通鋼 ◆2015年改造 ◆1両だけの小さな列車ですが、北陸地方の工芸作品がならび、まるで走る美術館のよう。正式には「ベル・モンターニュ・エ・メール」といいます。

窓のすぐ下は青くかがやく瀬戸内海！
キハ47形 瀬戸内マリンビュー
◆気動車 ◆ＪＲ西日本 ◆広島〜三原 ◆2両 ◆95km ◆普通鋼 ◆2005年改造 ◆瀬戸内海がいちばんきれいに見えるといわれる呉線を走る観光列車。指定席には海側を向いたソファ席があるなど、景色をたっぷり楽しめます。

30年以上走り続ける、なにわのジョイフルトレイン
14系 サロンカーなにわ
◆客車 ◆ＪＲ西日本 ◆7両 ◆普通鋼 ◆1983年改造 ◆全国にたくさんある観光列車の元祖ともいえる列車です。おもに団体列車に使われており、全車両がグリーン車。両はしは展望室になっています。

神秘的な三段スイッチバックを体験しよう
12系 奥出雲おろち
◆客車 ◆ＪＲ西日本 ◆出雲市・木次〜備後落合 ◆2両 ◆普通鋼 ◆1998年改造 ◆急行用の客車を改造したトロッコタイプの観光列車。2度折り返す三段スイッチバックで急な坂をのぼります。山の上からはばつぐんの風景が見られます。

豆ちしき　振り子車両は、カーブで車体をかたむけることができるので、スピードをあまり落とさず走れます。381系は自然振り子式。

◆動力　◆所属　◆おもな運用　◆基本編成　◆最高速度（時速）　◆車体の材質　◆運用開始　◆特徴

JR西日本

・683系サンダーバード

東海道新幹線とコンビを組む北陸特急
681系（貫通型）しらさぎ
◆電車（交直流）　◆JR西日本　◆名古屋・米原〜金沢　◆6両　◆130km　◆普通鋼　◆北陸新幹線が開業するまで、ほくほく線（北越急行）で在来線でいちばん速い時速160km運転を行っていた車両です。側面にオレンジのラインが追加されました。1992年に登場。

堂々と走る北陸本線の主役
683系（貫通型）サンダーバード
◆電車（交直流）　◆JR西日本　◆大阪〜金沢など　◆9両　◆130km　◆アルミ合金　◆車両を連結したときに行き来できるようになる貫通型。3両と6両の編成を連結して9両で運行しています。

大阪側と金沢側ではちがう顔
683系
◆電車（交直流）　◆JR西日本　◆大阪〜金沢など　◆「非貫通型」の683系の多くはグリーン車で、金沢側に連結されています。「サンダーバード」用の車両には青いラインが入っています。

683系
681系、683系は「非貫通型」と「貫通型」の2種類の先頭車があります。「貫通型」には、車両を行き来できる扉があります。2001年に登場しました。

サンダーバードの弟分
ダイナスター
◆電車（交直流）　◆JR西日本　◆福井〜金沢　◆3・6両　◆130km　◆アルミ合金　◆英語の「ダイナソー（恐竜）」と「スター（星）」を組み合わせた名前の特急です。

残業したお父さんの強い味方
おやすみエクスプレス
◆電車（交流）　◆JR西日本　◆金沢〜福井　◆3両　◆遅くまで仕事をした人が帰るときに利用する、平日の夜だけ走る特急です。

能登半島を走るレジャー特急
能登かがり火
◆電車（交直流）　◆JR西日本　◆金沢〜和倉温泉　◆3・6両　◆金沢で「サンダーバード」や「しらさぎ」から接続して、能登半島を走っています。

琵琶湖の南をかけぬける
びわこエクスプレス
◆電車（交直流）　◆JR西日本　◆大阪〜草津・米原　◆9両　◆東海道本線だけを走る数少ない特急列車で、滋賀県から大阪方面に通勤している人に人気です。

金沢までらくらく通勤特急
681系 おはようエクスプレス
◆電車（交直流）　◆JR西日本　◆福井〜金沢　◆3両　◆130km　◆普通鋼　◆福井から金沢へ通勤している人のために、平日だけ走る特急です。683系も使われます。

先頭車両の連結
6両と3両の編成を連結する場合、貫通型同士を連結すると、車内で行き来ができます。

▼683系特急能登かがり火

◀ キハ81系時代の
特急くろしお

イルカをイメージしたレジャー特急
283系 くろしお
◆電車（直流） ◆ＪＲ西日本 ◆新大阪〜新宮
◆6両 ◆130km ◆普通鋼 ◆1996年 ◆展望席をそなえた先頭車両はイルカをイメージした流線型。カーブに合わせてコンピューターが車体をかたむける制御式ふりこ車両です。愛称はオーシャンアロー。

▲87系 気動車 TWILIGHT EXPRESS 瑞風

287系
ＪＲ西日本の標準型特急電車。ふりこ装置はそなえていませんが、高性能で速い車両です。2010年に登場しました。

観光にもビジネスにも
きのさき
◆電車（直流） ◆ＪＲ西日本 ◆京都〜福知山・城崎温泉など ◆4・7両 ◆山陰本線だけを走ります。観光やビジネスでも人気。

一度は乗りたいレジャートレイン
はしだて
◆電車（直流） ◆ＪＲ西日本 ◆京都〜天橋立・豊岡 ◆4両 ◆京都丹後鉄道に乗り入れる電車特急。京都丹後鉄道KTR8000形を使う列車もあります。

ふりこ装置がなくても速く走れる新型特急
287系 くろしお
◆電車（直流） ◆ＪＲ西日本 ◆新大阪・京都〜新宮・白浜・和歌山 ◆6両 ◆130km ◆アルミ ◆南紀側の先頭車は半室がグリーン車。車体側面のラインはオーシャンブルーです。

港町・舞鶴へ向かうミニ特急
287系 まいづる
◆電車（直流） ◆ＪＲ西日本 ◆京都〜東舞鶴 ◆3両 ◆130km ◆アルミ ◆綾部まで「きのさき」や「はしだて」に連結されて港町の舞鶴へ向かいます。

関西の空のげんかんへ直行する
281系 はるか
◆電車（直流） ◆ＪＲ西日本 ◆京都・草津・米原〜関西空港 ◆6・9両 ◆130km ◆普通鋼 ◆1994年 ◆関西国際空港のオープンと同時にデビューした特急電車です。関西地方のさまざまな都市と関西国際空港を結び、南海電鉄の「ラピート」と競争しています。

北陸から紀伊半島へ活躍の場を移す
289系（非貫通型）くろしお
◆電車（直流） ◆ＪＲ西日本 ◆新大阪〜白浜・紀伊田辺 ◆6両 ◆130km ◆アルミ ◆2015年改造 ◆「しらさぎ」に使われていた683系を改造した、直流用電車です。装置の一部を使えないようにしただけなので、見た目は683系とほとんど同じです。

大阪と北近畿をつなぐ、かくれた人気列車
289系 こうのとり
◆電車（直流） ◆ＪＲ西日本 ◆新大阪〜福知山・豊岡・城崎温泉 ◆3・4・7両 ◆130km ◆アルミ ◆2015年改造 ◆国の特別天然記念物であるコウノトリから名づけられた特急です。大阪と兵庫県北部の都市を結んでおり、城崎温泉などを訪れる観光客にも人気です。

豆ちしき　くろしおは、かつて紀伊半島に沿って天王寺から名古屋まで走る気動車特急でした。

◆動力　◆所属　◆おもな運用　◆基本編成　◆最高速度（時速）　◆車体の材質　◆運用開始　◆特徴

JR東海・JR東日本

木曽川に沿って険しい渓谷を走りぬける
383系（ワイドビュー）しなの
◆電車（直流）　◆JR東海　◆名古屋～長野
◆6両　◆130km　◆ステンレス　◆1994年　◆カーブが多い中央本線を走るため、カーブを高速に走れる「ふりこ装置」をそなえています。窓が大きく、景色がよく見えるので、「ワイドビュー」という愛称がついています。

JR東海有数の車窓風景をたっぷりと
383系（非貫通型）（ワイドビュー）しなの
◆電車（直流）　◆JR東海　◆名古屋～長野
◆6両　◆130km　◆ステンレス　◆1994年　◆長野側の先頭車はグリーン車で、運転席ごしに前方の景色を楽しめるパノラマタイプの流線型デザイン。

富士山を間近に見られるミニ特急
373系（ワイドビュー）ふじかわ
◆電車（直流）　◆JR東海　◆静岡～甲府　◆3両　◆120km　◆ステンレス　◆1995年　◆東海地方のサービスをよくするために登場した特急用電車で、通勤ライナーなどにも使われます。富士山の近くを通る身延線を走り、晴れた日は富士山がよく見えます。

山奥の秘境を走る
373系（ワイドビュー）伊那路
◆電車（直流）　◆JR東海　◆豊橋～飯田　◆3両　◆120km　◆ステンレス　◆1995年　◆飯田線を走る特急。車両の端にはテーブルのついたボックスタイプのセミコンパートメント席があります。この席はすべて指定席です。

パワフルなエンジンで北アルプス山麓へ
キハ85系（ワイドビュー）ひだ
◆気動車　◆JR東海　◆名古屋・大阪～高山・飛騨古川・富山　◆4・7両　◆120km　◆1989年　◆電車が走れない非電化区間をスピードアップするために登場した、強力なエンジンをもつ特急用気動車です。飛騨川に沿って絶景区間を走ります。

車窓を楽しむならグリーン車
キハ85系（非貫通型）（ワイドビュー）ひだ
◆気動車　◆JR東海　◆名古屋～富山　◆3・6・7両　◆120km　◆ステンレス　◆1989年　◆一部の列車は、高山・富山側の先頭車がパノラマタイプのグリーン車で、前方の景色を楽しめます。通常の座席も窓が大きく、ながめが抜群。

紀伊半島の東側を走り海と山両方を楽しめる
キハ85系（非貫通型）（ワイドビュー）南紀
◆気動車　◆JR東海　◆名古屋～新宮・紀伊勝浦　◆4両　◆120km　◆ステンレス　◆名古屋から紀伊半島の南端をめざすJR東海の特急列車で、山の景色と海沿いの景色を両方楽しめます。アメリカ・カミンズ社の強力なエンジンを搭載。

E001系▼TRAIN SUITE 四季島

勝沼や八ヶ岳などきれいな景色がたっぷり
E257系(0番台) あずさ
◆電車(直流) ◆JR東日本 ◆新宿・東京・千葉〜松本・南小谷 ◆9・11両 ◆130km ◆アルミ合金 ◆2001年 ◆中央本線の特急を新しくするために開発された電車です。車体には八ヶ岳や南アルプスなど、沿線のさまざまな景色がデザインされています。

武田信玄の里に向かって峠を越える
E257系(0番台) かいじ
◆電車(直流) ◆JR東日本 ◆新宿・東京〜甲府・竜王 ◆9・11両 ◆130km ◆アルミ合金 ◆2001年 ◆中央本線の特急のうち、停車駅が多く、おもに甲府まで行く特急です。

中央本線のカーブを知りつくしたスピード派
E351系 スーパーあずさ
◆電車(直流) ◆JR東日本 ◆新宿・東京〜松本 ◆12両 ◆130km ◆普通鋼 ◆1993年 ◆すべてのカーブを覚えていて、コンピューターが姿勢を制御する「制御つき自然ふりこ装置」をそなえています。中央線でいちばん高性能な特急として活躍。

最新技術で最高の乗り心地を実現
E353系 スーパーあずさ
◆電車(直流) ◆JR東日本 ◆新宿〜松本 ◆12両 ◆130km ◆アルミ ◆2017年 ◆ゆれを吸収して乗り心地もよくした「空気ばね式車体傾斜装置」をはじめてそなえた最新型特急電車で、スマートなデザインです。

レトロでじょうぶな185系が今も現役
185系 踊り子
◆電車(直流) ◆JR東日本 ◆東京〜伊豆急下田・修善寺 ◆5・10・15両 ◆110km ◆普通鋼 ◆国鉄時代(1981年)に登場したベテラン特急用電車。普通列車などにも使えるようにしたため、特急用なのに窓が開くめずらしい車両です。

伊豆半島を訪れる観光客に大人気の251系スーパービュー踊り子。東京側先頭車の1階は、子ども向けプレイルームになっています。

プレイルームもある首都圏のリゾート特急
251系 スーパービュー踊り子
◆電車(直流) ◆JR東日本 ◆新宿・池袋・東京〜伊豆急下田 ◆10両 ◆120km ◆普通鋼 ◆1990年 ◆ダブルデッカー(2階建て)のグリーン車と、床が高く天井まで広がる大きな窓から景色を楽しめるハイデッカーの両方をそなえるリゾート特急。

新登場！伊豆の景色と味をまんきつしよう
651系 伊豆クレイル
◆電車(交直流) ◆JR東日本 ◆小田原〜伊豆急下田 ◆4両 ◆130km ◆普通鋼 ◆2016年改造 ◆651系を改造した観光列車。海側を向いたカウンター席もあり、伊豆の景色とおいしい食事を楽しめます。

豆ちしき　空気ばね式車体傾斜装置は、新幹線N700系などにも搭載されています。

車両図鑑（JR特急など）

◆動力 ◆所属 ◆おもな運用 ◆基本編成 ◆最高速度（時速） ◆車体の材質 ◆運用開始 ◆特徴

JR東日本

見てみよう
・253系日光・きぬがわ
・259系成田エクスプレス

生まれ変わった初代成田エクスプレス
253系 1000番台 日光
◆電車（直流） ◆JR東日本 ◆新宿〜東武日光 ◆6両 ◆120km ◆普通鋼 ◆2011年改造
◆「成田エクスプレス」専用車両として使われていた253系を改造した特急列車。栗橋駅で、かつてはライバルだった東武鉄道に乗り入れて日光へ向かいます。

新宿と温泉街を直結！
253系 1000番台 きぬがわ
◆電車（直流） ◆JR東日本 ◆新宿〜鬼怒川温泉 ◆6両 ◆120km ◆普通鋼 ◆2011年改造
◆「日光」と同様、東北本線栗橋駅から東武鉄道に乗り入れる鬼怒川温泉行きの特急です。

醤油と魚の町へ
255系 しおさい
◆電車（直流） ◆JR東日本 ◆東京〜銚子 ◆9両 ◆130km ◆普通鋼 ◆「BOSO VIEW EXPRESS（ぼうそう・ビュー・エクスプレス）」の愛称をもつ特急用車両。しおさいは、1975年に誕生した銚子と東京を結ぶ特急です。

東京から近くて旅情あふれる外房へ
E257系 500番台 わかしお
◆電車（直流） ◆JR東日本 ◆東京〜上総一ノ宮・勝浦・安房鴨川 ◆5・10両 ◆130km ◆アルミ合金 ◆2004年 ◆500番台は千葉県を走る特急のための車両。「わかしお」は外房線を走る特急で、海と菜の花をイメージしたデザインになっています。

高速バスとたたかう通勤向け特急
E257系 500番台 さざなみ
◆電車（直流） ◆JR東日本 ◆東京〜君津 ◆5・10両 ◆130km ◆アルミ合金 ◆2004年
◆内房線を朝夕に走る、おもに千葉から東京へ通勤する人が利用する特急です。週末などには臨時特急が館山まで走ります。

世界中の人を乗せる国際派特急
E259系 成田エクスプレス
◆電車（直流） ◆JR東日本 ◆大船・横浜・高尾・新宿・池袋・大宮〜成田空港 ◆6・12両 ◆130km ◆アルミ合金 ◆2009年 ◆東京周辺の主要な駅と成田空港を結んでいます。飛行機を利用する人に便利なよう、スーツケースを置く場所があります。

豆ちしき　成田エクスプレスは、N'EX（ネックス）と略されることもあります。途中の駅で分割、併結する列車もあります。

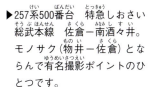

▲253系1000番台　特急きぬがわ
写真は東武日光線　板荷－下小代

▶257系500番台　特急しおさい
総武本線　佐倉－南酒々井。モノサク（物井－佐倉）とならんで有名撮影ポイントのひとつです。

必ず座れる、仕事帰りのパパのための特急
651系 1000番台 スワローあかぎ
◆電車（交直流）　◆JR東日本　◆上野・新宿～本庄・高崎・前橋　◆7両　◆130km　◆普通鋼　◆2014年改造　◆651系を改造。全車両指定席ですが、必ず座れる「スワローサービス」を利用できる、通勤客に人気の特急です。平日運転。

東京と群馬を結ぶ
651系 1000番台 あかぎ
◆電車（交直流）　◆JR東日本　◆上野・新宿～高崎・前橋　◆7両　◆130km　◆普通鋼　◆2014年改造　◆群馬県と東京を結ぶ特急列車で自由席を連結しています。おもに休日の運転です。

草津温泉へ向かう手軽な特急
651系 1000番台 草津
◆電車（交直流）　◆JR東日本　◆上野～長野原草津口　◆7両　◆130km　◆普通鋼　◆2014年改造　◆群馬県にある草津温泉へのアクセス特急です。651系の改造時に、オレンジのラインが追加されました。

◆動力　◆所属　◆おもな運用　◆基本編成　◆最高速度（時速）　◆車体の材質　◆運用開始　◆特徴

JR東日本

・E657系ひたち・ときわ

オール2階建てA寝台、究極の寝台列車
E26系 カシオペア
◆客車　◆JR東日本　◆12両　◆110km　◆ステンレス　◆1999年　◆全車2階建てA寝台の豪華寝台特急です。客室のゆれをおさえる最新の技術を備えていて、乗り心地ばつぐん。現在はツアー列車として使われています。

発見　カシオペアスイート
E26系カシオペアの、上野側のはしには1室だけ展望スイートルームがあります。部屋にはトイレやシャワーもあり、高級ホテル並みの設備です。ソファにすわって、風景をたっぷり楽しめます。

▲展望スイートルームの室内

常磐線から羽越本線へお引っ越し
E653系 1000番台 いなほ
◆電車（交直流）　◆JR東日本　◆新潟～酒田・秋田　◆7両　◆120km　◆アルミ合金　◆2013年改造　◆日本海の夕日をイメージした黄色いデザインがあざやか。グリーン車は前の座席との間がとても広く、飛行機のファーストクラスのようです。

北陸新幹線とタッグを組む新潟特急
E653系 1100番台 しらゆき
◆電車（交直流）　◆JR東日本　◆新井・上越妙高～新潟　◆4両　◆120km　◆アルミ合金　◆2013年改造　◆北陸新幹線の開業と同時にデビューした特急です。新潟県の日本海に面した町を結んでいます。

常磐線を次から次へとかけぬける
E657系 ひたち
◆電車（交直流）　◆JR東日本　◆品川・上野～いわき　◆10両　◆130km　◆アルミ　◆2011年　◆常磐線の主力特急。車体側面のピンクのラインは、水戸の梅をイメージ。各席にコンセントを備えるなど、ビジネスにも観光にも便利な列車です。

「ひたち」とともに常磐線をささえる
E657系 ときわ
◆電車（交直流）　◆JR東日本　◆品川・上野～勝田・高萩・いわき　◆10両　◆130km　◆アルミ　◆2011年　◆「ひたち」よりも多くの駅にとまり、たくさんの本数が運行されている特急です。

天皇陛下も乗車される極上のジョイフルトレイン
E655系 和（なごみ）
◆電車（交直流）　◆JR東日本　◆5両　◆130km　◆アルミ合金　◆2007年　◆ふだんはツアー客のための、全車ハイグレード車両の豪華な列車です。ジョイフルトレインとして走っています。

お召し列車
天皇、皇后、皇太子が乗車する列車をお召し列車といいます。E655系が使われることもあります。新幹線の場合は、何編成かお召し列車として使われるものがあります。

◀E655系お召し列車
特別車両を1両連結して6両編成で運行し、先頭車両に菊の紋と国旗がつけられます。

豆ちしき　ツアー列車となったカシオペアは時刻表には掲載されていませんが、旅行会社を通じて乗車できます。

▶485系 きらきらうえつ

キッズスペースもある手軽なリゾートトレイン
485系 リゾートやまどり
◆電車（交直流）◆JR東日本 ◆大宮〜長野原草津口 ◆6両 ◆120km ◆普通鋼 ◆2011年改造 ◆大きい窓や展望スペースから、群馬県の自然風景を楽しめるリゾート列車。4号車には親子で遊べるキッズスペースもあります。

日本海の荒波を間近に見られる観光列車
485系 きらきらうえつ
◆電車（交直流）◆JR東日本 ◆新潟〜酒田 ◆4両 ◆120km ◆普通鋼 ◆2001年改造 ◆日本海の迫力ある景色をたっぷりながめられるリゾート列車。純和風のきらきらラウンジでは、沿線の駅弁や飲み物を買ってくつろぐことができます。

1両ごとに色がちがう長野のジョイフルトレイン
485系 いろどり（彩）
◆電車（交直流）◆JR東日本 ◆6両 ◆120km ◆普通鋼 ◆2006年改造 ◆国鉄時代から活躍してきた485系を改造したツアー専用のジョイフルトレイン。ユーモラスな表情が楽しい電車です。

常磐線を中心に運行されている和風ジョイフルトレイン
485系 リゾートエクスプレス「ゆう」
◆電車（交直流）◆JR東日本 ◆6両 ◆120km ◆普通鋼 ◆1991年改造 ◆ディスコ風のイベントフロアをそなえたジョイフルトレイン。1998年にお座敷タイプに改造され、団体列車やツアー列車として使われています。

世界遺産の平泉へつれていってくれる
485系 ジパング
◆電車（交直流）◆JR東日本 ◆盛岡〜一ノ関 ◆4両 ◆120km ◆普通鋼 ◆2012年改造 ◆岩手県の観光キャンペーンに合わせて登場した観光列車。窓側を向いたベンチシートからも風景を楽しめます。デッキでは世界文化遺産平泉の映像を楽しめます。

福島のフルーツとお茶を楽しめる高原列車
719系 フルーティアふくしま
◆電車（交流）◆JR東日本 ◆郡山〜会津若松 ◆2両 ◆110km ◆ステンレス ◆2015年改造 ◆福島のおいしいくだものを使ったスイーツを楽しめる観光列車。普通列車用の719系を改造（700番台）し、会津地方の山をながめながら旅を楽しめます。

東北地方でいちばん高性能な特急車両
E751系 つがる
◆電車（交流）◆JR東日本 ◆秋田〜青森 ◆4両 ◆130km ◆アルミ合金 ◆2000年 ◆スーパーはつかりやスーパー白鳥として使われていた車両を改良しました。リンゴなど東北地方の季節をイメージしたカラフルなデザインがすてきな電車です。

豆ちしき E751系は寒冷地用として設計されたため、ライトなどにも雪対策がされ、暖房も強化されています。

◆動力 ◆所属 ◆おもな運用 ◆基本編成 ◆最高速度（時速） ◆車体の材質 ◆運用開始 ◆特徴

JR東日本

列車の中に森がある？ 最新式の車両
HB-E300系 リゾートしらかみ（橅）
◆HB気動車 ◆JR東日本 ◆秋田〜弘前・青森 ◆4両 ◆100km ◆ステンレス ◆2016年
◆ディーゼルエンジンと、バッテリーを組み合わせたハイブリッドカー。車内には秋田や青森の木材がふんだんに使われ、大自然を感じながら日本海の絶景を楽しめます。

美しい池を列車で表現
HB-E300系 リゾートしらかみ（青池）
◆HB気動車 ◆JR東日本 ◆秋田〜弘前・青森 ◆4両 ◆100km ◆ステンレス ◆2010年
◆はじめてハイブリッド気動車を使った五能線の観光列車。明るいふんいきの車内で、個室風のボックス席ではお座敷のように足をのばしてくつろげます。

リゾートしらかみ三兄弟の末っ子
キハ48形 リゾートしらかみ（くまげら）
◆気動車 ◆JR東日本 ◆秋田〜弘前・青森 ◆4両 ◆95km ◆普通鋼 ◆2006年改造 ◆停車駅のホームでバスケットボールをしたり、津軽三味線の演奏を楽しんだりと、乗っているだけでさまざまな観光を楽しめる人気のリゾート列車です。

姨捨からの景色はいちどは見てみよう
HB-E300系 リゾートビューふるさと
◆HB気動車 ◆JR東日本 ◆長野〜南小谷 ◆2両 ◆100km ◆ステンレス ◆篠ノ井線や大糸線など長野県を中心に活躍している、ハイブリッド気動車の観光列車。姨捨駅付近では日本三大車窓といわれる絶景を楽しめます。

下北半島の海沿いを走る
HB-E300系 リゾートあすなろ
◆HB気動車 ◆JR東日本 ◆八戸〜大湊 ◆2両 ◆100km ◆ステンレス ◆2010年 ◆下北半島の大湊線を走る観光列車です。有害なガスをほとんど出さないハイブリッド気動車で、津軽線や釜石線で運行されることもあります。

列車の中にキッチンがあるグルメトレイン
キハ110系 TOHOKU EMOTION
◆気動車 ◆JR東日本 ◆八戸〜久慈 ◆3両 ◆100km ◆普通鋼 ◆2013年改造 ◆おもに八戸線を走り、太平洋をながめながら車内で東北地方のおいしい料理を味わえるツアー専用列車。車内にキッチンがあり、目の前で調理をする様子が見られます。

リゾートしらかみ　五能線も夕日の美しい路線として有名です。

田舎のおばあちゃんの家へ遊びにきたみたい
キハ110系 おいこっと
◆気動車 ◆JR東日本 ◆長野〜十日町 ◆2両 ◆100km ◆普通鋼 ◆2015年改造 ◆おもに飯山線を走る観光列車。いなかのおばあちゃんの家に遊びにきたような、日本人のこころのふる里がテーマの列車です。千曲川に沿ってのんびりと走ります。

HB-E300系 リゾートしらかみ（橅）
2016年に新造されました。景色のよい五能線を走ります。

新潟の地酒を楽しむ大人の列車
キハ40・48形 越乃 Shu*Kura
◆気動車 ◆ＪＲ東日本 ◆上越妙高〜十日町
◆3両 ◆95km ◆普通鋼 ◆2014年改造 ◆新潟のお酒や料理を味わいながら旅を楽しめる、大人の観光列車です。上越妙高駅で北陸新幹線に接続し、気軽に新潟の旅をまんきつできます。

紅葉や温泉をたっぷり楽しもう
キハ48形 リゾートみのり
◆気動車 ◆ＪＲ東日本 ◆仙台〜新庄 ◆3両
◆95km ◆普通鋼 ◆2008年改造 ◆おもに陸羽東線を走り、稲穂、温泉、紅葉など沿線の魅力を表現した列車です。国鉄型のキハ48形を改造した車両ですが、まったく古さを感じさせません。

気軽に乗れる絶景列車で三陸へ
キハ48形 リゾートうみねこ
◆気動車 ◆ＪＲ東日本 ◆八戸〜久慈 ◆3両
◆95km ◆普通鋼 ◆2011年改造 ◆1・3号車のシートは海に向かって回転でき、太平洋の雄大な景色を楽しめます。自由席もあり、手軽に乗ることができる観光列車です。

夏と冬でスタイルが変わる変身トレイン
キハ48形 びゅうコースター風っこ
◆気動車 ◆ＪＲ東日本 ◆2両 ◆95km ◆普通鋼 ◆2000年改造 ◆仙台地方で活躍する、オープンタイプのトロッコ型観光列車です。夏は窓をはずし、さわやかな風を感じながら旅を楽しめます。

キハ48形 リゾートうみねこ

豆ちしき リゾートしらかみは、1997年の秋田新幹線の開業とともに誕生しました。前身は1990年誕生のノスタルジックビュートレインです。

◆動力　◆所属　◆おもな運用　◆基本編成　◆最高速度（時速）　◆車体の材質　◆運用開始　◆特徴

JR北海道

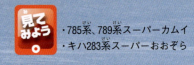
・785系、789系スーパーカムイ
・キハ283系スーパーおおぞら

引退が近づく室蘭本線の主役
785系 すずらん
◆電車（交流）　◆JR北海道　◆室蘭・東室蘭～札幌　◆5両　◆120km　◆ステンレス　◆JR

北海道の主力として活躍してきた特急電車。北海道新幹線の開業によってスーパー白鳥に使われていた789系が札幌に来ることになり、785系は引退予定。

札幌と旭川を結ぶ重要な列車
789系 1000番台 スーパーカムイ
◆電車（交流）　◆JR北海道　◆札幌～旭川　◆5両　◆130km　◆ステンレス　◆2007年　◆札幌～旭川間を1時間25分で結ぶJR北海道の看板特急。2016年3月までは札幌駅から快速「エアポート」となって新千歳空港駅まで乗り入れていました。

流氷で有名な道東の町へ
キハ183系 オホーツク
◆気動車　◆JR北海道　◆札幌～網走　◆4両　◆110km　◆普通鋼　◆国鉄時代に登場し、北海道の特急列車の主役として活躍した高性能ディーゼルカー。デビューしたころに近いデザインの車両です。

北を目指す歴史ある特急
キハ183系 サロベツ
◆気動車　◆JR北海道　◆札幌～稚内　◆3両　◆120km　◆普通鋼　◆最北端の駅である稚内へ向かう特急列車です。国鉄時代の車両ですが、今でも北国の人々の生活を支えて走っています。普通車のみで、増結して4～6両編成になることも。

函館と札幌をつなぐ
キハ183系 北斗
◆気動車　◆JR北海道　◆函館～札幌　◆6・7両　◆120km　◆普通鋼　◆ハイデッカーとよばれる、床の高いグリーン車を連結しており景色がよく見えます。

豆ちしき　785系や789系などの指定席はuシートといい、自由席のシートより広くなっています。

◀ 大沼の湖畔を走るキハ281系特急スーパー北斗

最北端の駅に向かう高速気動車
キハ261系 スーパー宗谷
◆気動車 ◆ＪＲ北海道 ◆札幌〜稚内 ◆4両
◆120km ◆ステンレス ◆2000年 ◆宗谷本線をスピードアップするために開発された車両で、カーブを高速で走る車体傾斜装置をそなえています。革張りの豪華なグリーン車やカラフルな普通車が人気です。

北海道らしい景色を楽しめる
キハ261系(1000番台) スーパーとかち
◆気動車 ◆ＪＲ北海道 ◆札幌〜帯広 ◆5両
◆120km ◆ステンレス ◆ドアのオレンジ色のアクセントが目印。車体傾斜装置は使用していません。

気動車特急として初の時速130km運転を実現
キハ281系 スーパー北斗
◆気動車 ◆ＪＲ北海道 ◆函館〜札幌 ◆7両
◆120km ◆ステンレス ◆1992年 ◆現在の最高速度は120kmですが、ふりこ装置でカーブを高速でかけぬける俊足特急です。内浦湾や有珠山など雄大な景色も人気です。

道東へ向かう人気列車
キハ283系 スーパーおおぞら
◆気動車 ◆ＪＲ北海道 ◆札幌〜釧路 ◆6・7両 ◆110km ◆ステンレス ◆1995年 ◆キハ281系を改良した車両で、カーブをより高速で走れます。現在は札幌と釧路を結ぶ「スーパーおおぞら」専用の車両となりました。

キハ183系
特急オホーツク

キハ261系1000番台スーパー北斗

◆動力 ◆所属 ◆おもな運用 ◆基本編成 ◆最高速度（時速） ◆車体の材質 ◆運用開始 ◆特徴

JR北海道

・富良野・美瑛ノロッコ号

ニセコの山をながめながら旅を楽しむ
キハ183系 ニセコエクスプレス
◆気動車 ◆JR北海道 ◆函館〜札幌 ◆3両 ◆120km ◆普通鋼 ◆1988年 ◆JR北海道が新しく製造したリゾートトレイン第1号。床が通常の車両よりも20センチ高く、見晴らしと乗り心地のバランスがよい車両。おもに函館本線の臨時特急に使われています。

見晴らしのよいドームカーが大人気
キハ183系 クリスタルエクスプレス
◆気動車 ◆JR北海道 ◆4両 ◆120km ◆普通鋼 ◆1989年 ◆動物が衝突するなど事故が多かったため、今は展望席は使われていません。天井まで窓が広がったハイデッカータイプの「ドームカー」が人気です。

まるで走る展望台！
キハ183系 ノースレインボーエクスプレス
◆気動車 ◆JR北海道 ◆5両 ◆120km ◆普通鋼 ◆1992年 ◆ピンク、オレンジ、モスグリーンなど色ちがいのラインが特徴のリゾート列車。すべての車両がハイデッカータイプで、天井まで広がった連続窓からのながめはまるで展望台のようです。

動物たちと遊びながら、本物の動物園へ
キハ183系 旭山動物園号
◆気動車 ◆JR北海道 ◆札幌〜旭川 ◆5両 ◆120km ◆普通鋼 ◆2007年改造 ◆旭川の旭山動物園の動物たちがえがかれた特急列車です。元旭山動物園飼育係で絵本作家のあべ弘士さんが、「動物のすみか」をテーマに表現しました。

 車内も動物園！
カバのボールプールやキリンの大きさが実感できる記念撮影ボードなど、車内にも動物がいっぱい！ 動物たちのぬいぐるみをシートにしたハグハグチェアは車両ごとにいろいろな動物に出会えます。

どこまでも広がる湿原の中をゆっくりと
510形 くしろ湿原ノロッコ
◆客車 ◆JR北海道 ◆釧路〜塘路 ◆5両 ◆普通鋼 ◆1998年改造 ◆はてしなく広がる釧路湿原を走るトロッコ列車。オープンタイプの指定席車には、6人がけのボックス席と2人がけのベンチ席があり、風を感じながら釧路湿原の大自然を体感できます。

釧路湿原を走るノロッコ号

美術作品のように美しい丘をながめながら走る
510形 富良野・美瑛ノロッコ
◆客車 ◆JR北海道 ◆美瑛・旭川〜富良野 ◆4両 ◆普通鋼 ◆1998年改造 ◆ラベンダーが咲きみだれる富良野と美瑛の丘をのんびり走るトロッコ列車です。毎年6月から10月まで運行され、期間中には臨時駅の「ラベンダー畑駅」が登場します。

車両図鑑
（JR普通車両など）

この章では、JRの普通列車などに使用される車両を、原則JRの各会社ごとに紹介しています。

◆動力　◆所属　◆おもな運用　◆基本編成　◆最高速度(時速)　◆車体の材質　◆運用開始　◆特徴

JR九州

バッテリーで走る新しい時代の電車登場！
819系 DENCHA
- ◆交流(蓄電池)　◆JR九州　◆筑豊　◆2両
- ◆120km　◆アルミ合金　◆2016年　◆817系がベース。電化区間走行時にバッテリーに充電。非電化区間ではバッテリーで走ります。2016年秋から筑豊本線(若松線)若松〜折尾間で運行を開始しました。

国鉄時代からがんばる通勤電車の名車
103系 1500番台
- ◆電車(直流)　◆JR九州　◆筑肥　◆3両
- ◆100km　◆普通鋼　◆山手線など全国で活躍した103系の最終生産タイプ。長い間、福岡市営地下鉄と直通運転を行っていましたが、今は3両編成が筑肥線筑前前原より西で活躍しています。

九州の鉄道の近代化を支えた
713系 サンシャイン
- ◆電車(交流)　◆JR九州　◆日豊、宮崎空港
- ◆2両　◆100km　◆普通鋼　◆客車や気動車が多かった九州の普通列車を電車化するために、国鉄時代につくられた車両です。もともとは長崎で使われていましたが、今は宮崎空港線で活躍しています。

JRになってすぐにデビューした電車
811系
- ◆電車(交流)　◆JR九州　◆鹿児島、長崎、日豊　◆4両　◆120km　◆ステンレス　◆1989年
- ◆JRがスタートしてすぐに登場した通勤電車。国鉄のイメージを変え、九州の鉄道に新しい風を吹きこみました。今も福岡や佐賀など幅広い地域で使用されています。

水戸岡デザインの普通電車第1号
813系
- ◆電車(交流)　◆JR九州　◆鹿児島、長崎、日豊など　◆3両　◆120km　◆ステンレス　◆1994年　◆博多を中心に、さまざまな路線で活躍する車両です。JR九州の車両をたくさんデザインしている水戸岡鋭治氏が手がけた最初の普通列車用車両でもあります。

熊本や大分で活躍するワンマン電車
815系
- ◆電車(交流)　◆JR九州　◆鹿児島、日豊、豊肥　◆2両　◆120km　◆アルミ合金　◆1999年
- ◆車掌が乗務しないワンマン列車に対応した車両として登場しました。シングルアームタイプのパンタグラフがついており、省エネ性能もすぐれています。

21世紀らしい技術がたくさんつまった電車
817系
- ◆電車(交流)　◆JR九州　◆鹿児島、筑豊、篠栗、日豊、長崎ほか　◆2・3両　◆120km　◆アルミ合金　◆2001年　◆篠栗線と筑豊本線(福北ゆたか線)をはじめ、九州各地で活躍する電車です。特急用車両並みの技術で普通列車のレベルを超えた高性能電車となりました。

地下鉄に乗り入れるスマートなデザイン
303系
- ◆電車(直流)　◆JR九州　◆筑肥、福岡市営地下鉄　◆6両　◆85km　◆ステンレス　◆1999年
- ◆福岡市営地下鉄に乗り入れる電車です。シングルアームのパンタグラフなど815系と共通する部分が多く、地下鉄を走るのにトイレがついている、めずらしい電車。

すっきりしたデザインの新・地下鉄乗り入れ電車
305系
- ◆電車(直流)　◆JR九州　◆筑肥、福岡市営地下鉄　◆6両　◆85km　◆アルミ　◆2015年
- ◆筑肥線の103系1500番台が古くなったので、新しく開発された電車。地下鉄区間内では発車から停車まで自動で動いてくれるATO(自動運転装置)を使用できます。

豆ちしき　819系DENCHAは、DUAL ENERGY CHARGEのことです。今後は福北ゆたか線に直通運転する予定です。

● いろいろなつり革

30年以上走りつづけるロングセラー
415系 1500番台
◆電車（交直流） ◆JR九州 ◆鹿児島、日豊、筑豊ほか ◆4両 ◆100km ◆ステンレス ◆1986年 ◆JRスタート直前に登場した415系電車の改良版。軽くて丈夫なステンレス車体など新しい技術が使われていますが、古い車両とも連結できるようになっています。

工夫してつくられたローカル線用気動車
キハ31形
◆気動車 ◆JR九州 ◆筑豊、後藤寺、日田彦山、三角ほか ◆1両 ◆95km ◆ステンレス ◆JRスタートの直前に、ローカル線に残っていた古い車両をとりかえるために開発された気動車。古くなった車両の部品の再利用も行っています。

キハ200形にも負けないハイパワー
キハ66系 シーサイドライナー
◆気動車 ◆JR九州 ◆長崎、佐世保、大村 ◆2両 ◆95km ◆普通鋼 ◆国鉄時代（1975年）に急行列車にも使えるパワフルな気動車として登場しました。今はキハ200形などとともに大村線の「シーサイドライナー」として走っています。

片運転台タイプで2両単位で運行
キハ200形
◆気動車 ◆JR九州 ◆日豊、指宿枕崎、豊肥、久大 ◆2両 ◆110km ◆普通鋼 ◆1991年 ◆キハ200形は2両単位でつかわれる片運転台タイプの気動車です。指宿枕崎線では、黄色の車両が走っています。

佐世保と長崎を直結する快速列車
キハ200形・キハ220形 シーサイドライナー
◆気動車 ◆JR九州 ◆長崎、佐世保、大村 ◆2両 ◆110km ◆普通鋼 ◆1994年 ◆大村湾に沿って走る大村線で、快速「シーサイドライナー」として使われています。両運転台タイプのキハ220形もあります。

バリエーション豊かな快速用気動車
キハ220形 200番台
◆気動車 ◆JR九州 ◆豊肥、久大、日豊 ◆1両 ◆110km ◆普通鋼 ◆1997年 ◆九州のローカル線で活躍する快速列車用の気動車です。キハ220形は1両で運転できる両運転台タイプで、200番台は行先表示器が大きくなっています。

九州の山のなかを走るハイパワータイプ
キハ147形 九州色
◆気動車 ◆JR九州 ◆日田彦山、久大、日豊、指宿枕崎、肥薩、吉都 ◆2両 ◆95km ◆普通鋼 ◆九州の各地で活躍しています。キハ40系のエンジンをパワーのあるものに交換したタイプです。

各地で活躍するNDCのJR九州版
キハ125形
◆気動車 ◆JR九州 ◆唐津、筑肥、豊肥、久大、日田彦山 ◆1両 ◆95km ◆普通鋼 ◆1993年 ◆唐津線や日田彦山線など、おもに北九州のローカル線で使われています。NDCシリーズの車両は全国の鉄道を走っているのでくらべてみましょう。

NDCシリーズ

新潟トランシスという車両メーカーが製造している標準型気動車です。車両の長さや座席タイプ、扉などにいくつものバリエーションがあるので、路線の特徴にあった車両がつくれること、部品も共通で使えることなどから、JRをはじめ、全国の路線で活躍しています。

豆ちしき キハ125形と同タイプの気動車が島原鉄道や松浦鉄道、肥薩おれんじ鉄道、くま川鉄道などで走っています。

◆動力　◆所属　◆おもな運用　◆基本編成　◆最高速度（時速）　◆車体の材質　◆運用開始　◆特徴

JR四国

最新の走行性能を低コストで
7200系
◆電車（直流）　◆JR四国　◆予讃、土讃　◆2両　◆110km　◆ステンレス　◆2016年改造　◆高松周辺で活躍している121系電車をリニューアルした車両です。車体は121系と同じですが、台車（車輪）などに最新の技術が使われています。

東日本から来たカラフルな電車
113系
◆電車（直流）　◆JR四国　◆予讃、土讃、瀬戸大橋、宇野　◆4両　◆100km　◆普通鋼　◆1999年にJR東日本からゆずってもらった車両で、ピンクやブルーなどカラフルな色と四角い標識灯、そしてヘッドマークのような行先表示器が特徴です。

四国に電車時代をもたらした画期的な形式
121系
◆電車（直流）　◆JR四国　◆予讃、土讃　◆2両　◆100km　◆ステンレス　◆1987年　◆JRがスタートする直前にデビューした電車です。4人がけのボックスシートと、ドアの横にロングシートがあるセミクロスシートですが、トイレはついていません。

ロボットのような表情で瀬戸大橋をわたる
5000系
◆電車（直流）　◆JR四国　◆予讃、瀬戸大橋、宇野　◆3両　◆130km　◆ステンレス　◆2003年　◆瀬戸大橋線を走る快速「マリンライナー」用の車両としてデビューしました。高松側の先頭車両が2階建てで、2階が瀬戸内海の景色を楽しめるグリーン車になっています。

瀬戸大橋をわたるために生まれた電車
6000系
◆電車（直流）　◆JR四国　◆予讃、土讃　◆3両　◆110km　◆ステンレス　◆1995年　◆瀬戸大橋線専用として登場した電車で、415系1500番台や213系などによく似ています。現在は、土讃線や予讃線で走っています。

運転席の大きな窓が特徴
7000系
◆電車（直流）　◆JR四国　◆予讃、土讃　◆1両　◆110km　◆ステンレス　◆1990年　◆予讃線、伊予北条～伊予市間の電化にあわせて登場した電車で、1両で運転できる両運転台タイプの車両です。車両のデザインは1000型気動車とよく似ています。

通勤通学客に便利なようにつくられた気動車
1000型
◆気動車　◆JR四国　◆土讃、高徳、徳島、牟岐　◆1両　◆110km　◆ステンレス　◆1990年　◆JR四国のローカル線向けにデビューした気動車です。ドアが片側に3つありますが、真ん中の扉だけ左右に開く両開き扉なのがユニークです。

最新型と連結できる改造タイプ
1200型
◆気動車　◆JR四国　◆高徳、徳島、牟岐　◆1両　◆110km　◆ステンレス　◆2006年　◆最新の1500型気動車と連結して運転できるよう、1000型を改造したタイプです。トイレや、乗客がボタンを押してドアを開けられる半自動ドアもつきました。

省エネをさらに進めた四国東部の主力車両
1500型
◆気動車　◆JR四国　◆高徳、徳島、牟岐　◆1両　◆110km　◆ステンレス　◆2006年　◆JR四国の最新型気動車で、小型で軽く、燃料を効率よく使える新型エンジンをのせています。1両から4両まで、いろいろな編成で運転できます。

豆ちしき　5000系の高松側先頭車両の乗務員室のすぐ後ろの4席は、1階ですがグリーン席です。パノラマ席とよばれ、前面の眺望も楽しめます。

予讃線　下灘駅

使い勝手のよい小柄な気動車
キハ32形
- ◆気動車 ◆JR四国 ◆予讃、内子、土讃、予土 ◆1両 ◆95km ◆普通鋼 ◆1987年 ◆JR四国が誕生するのとほぼ同時にデビューした気動車です。長さが16mとかなり小さく、おもにローカル線で活躍しています。

バスの部品も使った長持ちしている車両
キハ54形 0番台
- ◆気動車 ◆JR四国 ◆予讃、内子 ◆1両 ◆95km ◆ステンレス ◆1987年 ◆キハ32形と同じころにデビューした車両ですが、ひとまわり大きくなっています。扉はバス用の折り戸タイプを使用しています。

元特急用車両が普通列車になった
キハ185系 3100番台
- ◆気動車 ◆JR四国 ◆予讃、内子 ◆2両 ◆110km ◆ステンレス ◆キハ185系特急用気動車を改造して、普通列車に使っている車両です。シートは特急時代のものを使っているので、少しお得な気分になれる車両です。

速くはないけど壊れず確実に走る気動車
キハ40形 四国色
- ◆気動車 ◆JR四国 ◆高徳、徳島、鳴門、牟岐 ◆1両 ◆95km ◆普通鋼 ◆国鉄時代に製造された丈夫な車体ですが、パワーがなく、山の路線ではスピードが出ません。これはJR四国の水色にぬられたタイプです。

青春の下灘駅

予讃線の下灘駅は、ホームがひとつの小さな無人駅ですが、青春18きっぷのポスターに3度も登場した、鉄道ファンにはとても有名な駅です。瀬戸内海が目の前にあり、夕日の美しい駅としても知られています。

▶観光列車の伊予灘ものがたりも停車し、多くの人が撮影を楽しみます。

豆ちしき　キハ185系3100番台は、特急時代にはなかった行先表示器を前面に追加しています。

◆動力 ◆所属 ◆おもな運用 ◆基本編成 ◆最高速度(時速) ◆車体の材質 ◆運用開始 ◆特徴

JR西日本

車両図鑑(JR普通車両など)

北陸地方の主役ともいえる通勤電車
521系
◆電車(交直流) ◆JR西日本 ◆北陸、湖西 ◆2両 ◆120km ◆ステンレス ◆2006年 ◆山陽

本線などを走る223系や225系をもとに製造された車両。北陸新幹線の開業によって、一部の車両がIRいしかわ鉄道やあいの風とやま鉄道にゆずられました。

マリンライナーから引退しても岡山でまだまだ活躍
213系
◆電車(直流) ◆JR西日本 ◆山陽、伯備、宇野、赤穂 ◆2・3両 ◆110km ◆ステンレス ◆1987年 ◆快速列車用の車両で、初代マリンライナーとしても活躍しました。扉は片側に2か所、転換クロスシートをそなえています。現在は岡山周辺で使われています。

京阪、阪神、阪急と並走する新快速
221系
◆電車(直流) ◆JR西日本 ◆東海道、山陽、関西など ◆4・6・8両 ◆120km ◆普通鋼 ◆1989年 ◆JRがスタートしてすぐに新快速用として登場した電車。私鉄との競争が激しい区間を走るので、特急用車両に近い転換クロスシートをそなえています。

アーバンネットワーク最大のグループの元祖
223系 0番台
◆電車(直流) ◆JR西日本 ◆阪和、関西空港など ◆4両 ◆120km ◆ステンレス ◆1994年
◆「アーバンネットワーク」用の主力車両です。1994年に開業した関西国際空港行きの列車用にデビューしました。2列+1列の3列シートとなっています。

東海道・山陽本線をさっそうと走る
223系 1000番台
◆電車(直流) ◆JR西日本 ◆東海道、山陽など ◆4・8両 ◆130km ◆ステンレス ◆1995年
◆東海道・山陽本線をスピードアップするために登場した車両です。京阪神の私鉄車両に対抗するため、座席を2列+2列に増やしました。

バリアフリーの設備が充実
223系 2000番台
◆電車(直流) ◆JR西日本 ◆東海道、山陽など ◆4・6・8両 ◆130km ◆ステンレス ◆1999年 ◆新快速をすべて223系にするために、たくさん製造されたグループです。車いすスペースなど身体が不自由な人のための設備も増えています。

改良をかさねて関西空港にもどってきた
223系 2500番台
◆電車(直流) ◆JR西日本 ◆阪和、関西空港など ◆4両 ◆120km ◆ステンレス ◆1999年
◆阪和線・関西空港線の223系を増やすために、2000番台をベースにして車内設備を0番台と同じにしたタイプです。

ワンマン運転に対応した福知山線用
223系 5500番台
◆電車(直流) ◆JR西日本 ◆福知山、山陰、舞鶴 ◆2両 ◆120km ◆ステンレス ◆2008年
◆福知山線用のタイプで、車掌がいないワンマン運転に対応しています。車体には、これまでよりも燃えにくい材料を使っています。

新快速用車両の最新型
225系 0番台
◆電車(直流) ◆JR西日本 ◆東海道、山陽、阪和など ◆4・8両 ◆130km ◆ステンレス ◆2010年 ◆223系の次世代型としてデビューした、新快速用の最新型車両。車内設備は223系2000番台などとほぼ同じですが、ゆれをよりおさえるようになっています。

豆ちしき 223系は1994年から2008年まで、900両以上製造されました。

アーバンネットワークの中心、大阪駅
2011年に、ななめの大屋根が特徴的な大阪ステーションシティが完成しました。

アーバンネットワーク

かつてＪＲ西日本が大阪駅を中心に、近郊区間をまとめて呼んでいた愛称で、現在でも使われることがあります。ＪＲ西日本は、私鉄が発達した京阪神地区で乗客を獲得するために、いろいろな施策を行いました。そのひとつが路線に愛称をつけることで、東海道本線を、区間によって琵琶湖線、京都線、神戸線と呼んでいます。

発見 転落防止幌

227系や一部の225系などの先頭部には、両側に囲いのようなプレートがついています。これは、先頭車同士が連結する際にできるすき間に、ホームから人が転落しないようにつけられたものです。

関西空港へ急ぐ快速用電車
225系 5000番台

- ◆電車(直流) ◆ＪＲ西日本 ◆阪和、関西空港、大阪環状、紀勢 ◆4両 ◆130km ◆ステンレス ◆2010年 ◆阪和線・関西空港線向けに2列+1列の配置としたタイプ。紀州路快速や区間快速など、快速列車に使われています。

オレンジのアクセントが目印の福知山線用
225系 6000番台

- ◆電車(直流) ◆ＪＲ西日本 ◆福知山 ◆4・6両 ◆120km ◆ステンレス ◆2012年 ◆福知山線用のタイプで、最高速度を時速120kmにおさえ、221系などほかの電車と走行性能を同じにしてあります。オレンジのラインが目印。

広島エリア専用の「レッドウイング」
227系

- ◆電車(直流) ◆ＪＲ西日本 ◆山陽、呉、可部 ◆2・3両 ◆110km ◆ステンレス ◆2014年 ◆広島エリア用の新型電車。車体のデザインや性能は225系とよく似ており、広島県の木であるもみじなどをイメージした赤いカラーリングがほどこされています。

豆ちしき 227系の行先表示器にはイラストも表示できます。2016年にはカープ坊やも登場しました。

◆動力 ◆所属 ◆おもな運用 ◆基本編成 ◆最高速度（時速） ◆車体の材質 ◆運用開始 ◆特徴

JR西日本

大切に使われてきた国鉄時代の名車
103系
◆電車（直流） ◆JR西日本 ◆大阪環状、桜島、関西 ◆8両 ◆100km ◆普通鋼 ◆1963年に登場した、東京の中央線などでもおなじみだった「国電」型車両です。大阪環状線などで使われるオレンジ色のタイプは、運転台の位置が高くなっています。

関西の広い範囲で使われている歴史ある電車
103系
◆電車（直流） ◆JR西日本 ◆関西、おおさか東、奈良、大阪環状 ◆4・6両 ◆100km ◆普通鋼 ◆関西線などで使われているウグイス（黄緑）色のタイプは早い時期につくられたもので、運転台の位置が低くなっています。

50年も走り続けてきた通勤電車の基本形
103系
◆電車（直流） ◆JR西日本 ◆阪和、羽衣支線 ◆3・4・6両 ◆100km ◆普通鋼 ◆阪和線で使われているスカイブルーの車両。山陽本線の和田岬支線でも同じ色の103系が走っています。関西の103系は扉の横に戸袋窓がないのが特徴です。

あかね色がきれいな改造車
103系 3500番台
◆電車（直流） ◆JR西日本 ◆播但 ◆2両 ◆100km ◆普通鋼 ◆播但線の電車は真っ赤にぬられています。もともとは中間車だったのを、後から運転台をつけたもので、上部のライトの形などが他の103系とちがいます。

ローカル線の近代化を進めた
105系 和歌山地域色
◆電車（直流） ◆JR西日本 ◆和歌山、桜井、紀勢 ◆2両 ◆100km ◆普通鋼 ◆1980年代、各地のローカル線に残っていた古い電車をとりかえるためにつくられた電車です。和歌山線の、扉が4つある車両は103系を改造したものです。

パンダのようなユーモラスな表情
105系 広島地域色
◆電車（直流） ◆JR西日本 ◆山陽、可部、呉、福塩 ◆2両 ◆100km ◆普通鋼 ◆1981年 ◆中国地方の105系。おもに広島周辺で活躍しています。JR西日本の車両は、1色にぬられているものが増えています。

いよいよ引退が近い元祖・省エネ電車
201系 オレンジバーミリオン
◆電車（直流） ◆JR西日本 ◆大阪環状、桜島、関西 ◆8両 ◆100km ◆普通鋼 ◆1979年に中央線に登場。ブレーキのまさつでできた電気を再利用する省エネ電車。大阪環状線を走っていますが、323系の登場によって引退が近づいています。

車両を大切に使い続けるJR西日本らしい車両
201系 関西線色
◆電車（直流） ◆JR西日本 ◆関西、おおさか東 ◆6両 ◆100km ◆普通鋼 ◆運転台の黒い部分は左右で形がちがい、かっこいいと評判になりました。うぐいす色の電車は、関西線を中心に走っています。

大きな窓が特徴の、最後の国鉄型通勤電車
205系 1000番台
◆電車（直流） ◆JR西日本 ◆阪和 ◆4両 ◆110km ◆ステンレス ◆1988年 ◆山手線などでもおなじみだった205系。1000番台は運転席の窓が大きくなり、運転しやすくなりました。

豆ちしき 103系の製造数は3000両以上。日本でもっともたくさんつくられた形式です。

103系3550番台　加古川線　社町－滝野

JR西日本初の通勤型電車
207系
◆電車（直流）　◆JR西日本　◆東海道、山陽など　◆3・4・7両　◆120km　◆ステンレス　◆1991年　◆JR西日本が最初につくった通勤電車です。12年間で484両がつくられ、今も東海道・山陽本線の各駅停車などを中心にたくさんの路線で使われています。

各駅停車や区間快速として活躍
321系
◆電車（直流）　◆JR西日本　◆東海道、山陽　◆7両　◆120km　◆ステンレス　◆2005年　◆モーターをのせる車両を増やすかわりに、1両にのせるモーターの数を減らし、重さのバランスをよくするなど、新しいアイデアがもりこまれた通勤電車です。

大阪環状線にいよいよ登場！
323系
◆電車（直流）　◆JR西日本　◆大阪環状　◆8両　◆100km　◆ステンレス　◆2016年　◆大阪環状線の新型車両。シートを広くしたり、両端の仕切りをななめにするなど、座っている人も立っている人も快適に乗車できる工夫がたくさんされています。

豆ちしき　大阪環状線では103系、201系（ともに4扉車）を323系（3扉車）に置きかえると、ホームドアが設置される予定です。

JR西日本

◆動力　◆所属　◆おもな運用　◆基本編成　◆最高速度（時速）　◆車体の材質　◆運用開始　◆特徴

1両で走れるローカル線向け電車
125系
◆電車（直流）　◆JR西日本　◆小浜、加古川　◆1両　◆120km　◆ステンレス　◆2002年　◆小浜線の電化に合わせてデビューした、1両の両側に運転台がついたタイプの通勤電車。223系2000番台を、1両でも走れるようにつくり直した車両です。

荷物車を改造したかわいい電車
123系
◆電車（直流）　◆JR西日本　◆宇部、小野田、山陽　◆1両　◆100km　◆普通鋼　◆1986年　◆荷物を運ぶ電車を、人が乗る車両に改造した電車です。1両だけで走れるので、乗客があまり多くない区間で使われています。105系と連結して走ることもできます。

ついに最後の1本となった東海道の湘南色
113系 湘南色
◆電車（直流）　◆JR西日本　◆東海道、湖西、草津　◆4両　◆110km　◆普通鋼　◆1963年にデビューしたときから使われてきた、オレンジとグリーンの湘南色。JR西日本の113系では、1本だけがこの色のまま走っており、ファンに人気があります。

あざやかな黄色がきれいな中国地方の113系
113系 中国地域色
◆電車（直流）　◆JR西日本　◆山陽、宇野、呉、可部　◆4両　◆100km　◆普通鋼　◆国鉄時代の主力電車として50年以上活躍してきた通勤電車です。新型車両と交代して引退する車両が増えるなか、岡山や広島では今も多くの車両が走っています。

伝統を感じさせる京都カラー
113系 京都地域色
◆電車（直流）　◆JR西日本　◆東海道、湖西、草津　◆4両　◆110km　◆普通鋼　◆関西地方の113系は、ほとんどがグリーン1色にぬられています。通常の113系よりも速い、時速110kmで走れるよう改良されています。

113系とそっくりな改良車
115系
◆電車（直流）　◆JR西日本　◆山陽、伯備など　◆3・4両　◆100km　◆普通鋼　◆113系のブレーキを改良したり、冬などにドアを手動で開けしめできるようにした電車。引退する車両が増えており、JR西日本では岡山県や山口県などで走っています。

中間車を改造したユーモラスな表情
115系
◆電車（直流）　◆JR西日本　◆山陽、伯備、赤穂、宇野、呉　◆3両　◆100km　◆普通鋼　◆長編成での運用を短編成で本数を増やしていつでも乗れる運用にかえるため、運転席がついた車両がたくさん必要になり、後から改造された車両です。

大手私鉄にも負けず大活躍
117系
◆電車（直流）　◆JR西日本　◆湖西、草津　◆6・8両　◆110km　◆普通鋼　◆1979年　◆私鉄と競争が激しい京阪神の新快速用電車として登場した車両。2人がけの転換クロスシートをそなえ、速さとサービスを誇りました。これはデビュー当時のカラーです。

団体専用車両もある元祖新快速
117系
◆電車（直流）　◆JR西日本　◆湖西、草津　◆6・8両　◆110km　◆普通鋼　◆1979年　◆223系などの大先輩にあたる車両です。京都地区の117系は、多くの車両がグリーン1色にぬられています。

豆ちしき　115系のタイフォン（警笛）は前照灯の内側にありますが、たてに二分されたふたがついていることが多いです。

117系快速サンライナー ラッシュ時に岡山〜福山間などを走っています。

南国にふさわしいあざやかなブルー
117系
- ◆電車（直流） ◆ＪＲ西日本 ◆和歌山、紀勢 ◆4両 ◆110km ◆普通鋼 ◆1979年 ◆運転席の窓が車体の側面まで広がったパノラミックウインドウは、運転しやすいと評判でした。和歌山を走る117系はあざやかなブルーが目印。

さまざまなバリエーションがあるＪＲ西日本の「ＮＤＣ」
キハ120形
- ◆気動車 ◆ＪＲ西日本 ◆関西、高山など ◆1両 ◆95km ◆ステンレス・普通鋼 ◆1991年 ◆ＪＲ西日本のさまざまなローカル線で活躍している小型の気動車。路線ごとにカラーや性能がちがいます。この車両は関西本線亀山〜加茂間で使われている0番台。

スピードアップに貢献した快速用気動車
キハ126形
- ◆気動車 ◆ＪＲ西日本 ◆山陰、境 ◆2両 ◆100km ◆ステンレス ◆2000年 ◆山陰本線の快速列車用につくられた気動車で、古い車両がのんびり走っていた山陰本線のイメージを変えました。車両の両側に運転台がついたキハ121形もあります。

姫新線のイメージを変えた主役
キハ122形
- ◆気動車 ◆ＪＲ西日本 ◆姫新 ◆1両 ◆100km ◆ステンレス ◆2009年 ◆姫路と新見をむすぶ姫新線のスピードアップのためにデビューした気動車です。最高速度は85kmから100kmにアップしました。

最後の昼行急行列車としても使われた
キハ47形 津山色
- ◆気動車 ◆ＪＲ西日本 ◆津山、吉備 ◆2両 ◆95km ◆普通鋼 ◆岡山と津山を結ぶ津山線で活躍しているタイプ。昼間走る最後の急行列車だった「つやま」もこのタイプの車両を使っていました。快速ことぶきとしても使われます。

ムードたっぷり、中国地方のローカル列車
キハ47形 広島色
- ◆気動車 ◆ＪＲ西日本 ◆芸備、山口、山陰、若徳 ◆2両 ◆95km ◆普通鋼 ◆芸備線や山口線で走っているタイプです。山口線には蒸気機関車がひく列車も走っています。

> 豆ちしき　キハ122形は両運転台。同じ設計で片運転台、2両編成用の車両はキハ127形です。

◆動力 ◆所属 ◆おもな運用 ◆基本編成 ◆最高速度（時速） ◆車体の材質 ◆運用開始 ◆特徴

JR東海

なつかしい湘南色を今も見られる
213系 5000番台
- ◆電車（直流） ◆JR東海 ◆飯田、中央 ◆2両
- ◆110km ◆ステンレス ◆1989年 ◆213系のうちJR東海が所有している車両です。他の会社の213系とくらべて、パンタグラフやエアコンの性能がちがいます。

東海地方の普通列車をグレードアップ
311系
- ◆電車（直流） ◆JR東海 ◆東海道、武豊 ◆4両 ◆120km ◆ステンレス ◆1989年 ◆名古屋鉄道に対抗して東海道本線の新快速用につくられました。転換クロスシートをそなえ、乗り心地がとてもよくなりました。現在は各駅停車を中心に使われています。

さまざまな路線で活躍するJR東海の主役
313系
- ◆電車（直流） ◆JR東海 ◆東海道、中央など ◆2・3・4・6両 ◆120km ◆ステンレス ◆1999年 ◆東海地方のさまざまな列車に使われている、JR東海の主力車両です。新幹線700系の技術を取り入れ、乗り心地のよい車両です。

元セントラルライナー用のグレードアップ車
313系 8500番台
- ◆電車（直流） ◆JR東海 ◆中央 ◆3両
- ◆130km ◆ステンレス ◆1999年 ◆中央本線で運行されていた「セントラルライナー」用につくられた車両で、より特急電車に近いシートをそなえています。現在は中央本線の快速などに使われています。

電車との共通化をとことん突きつめた標準型気動車
キハ25形
- ◆気動車 ◆JR東海 ◆紀勢、高山など ◆2両
- ◆110km ◆ステンレス ◆2011年 ◆313系からパンタグラフとライトをなくしただけのようなデザインで、車内も313系にそっくり。転換クロスシートの0番台と、ロングシートの1000番台・1500番台があります。

快速「みえ」として近鉄特急と競う
キハ75形
- ◆気動車 ◆JR東海 ◆紀勢、参宮、高山ほか ◆2両 ◆120km ◆ステンレス ◆1993年 ◆名古屋～鳥羽間を走り、近鉄と競争をしている快速「みえ」用につくられた気動車です。転換クロスシートをそなえ、快適に旅をすることができます。

復活したローカル線、名松線でがんばる
キハ11形 300番台
- ◆気動車 ◆JR東海 ◆名松 ◆1両 ◆95km
- ◆ステンレス ◆1999年 ◆JR東海のスタート以来、東海地方のローカル線用動車として活躍してきた車両です。現在はほとんどが引退し、ステンレス車体の300番台が名松線でがんばっています。

313系と富士山

秘境駅

町からはなれていて行きにくい駅などを秘境駅ということがあります。これらの駅は利用者が少なく、廃止されることもあります。

北星駅（宗谷本線）
ホームから少しはなれたところに駅舎があります。

豊ケ岡駅（札沼線）
1日6往復しか列車が来ない豊ケ丘駅。この先、浦臼～新十津川間は1日1往復という日本でいちばん列車が少ない区間です。

田本駅（飯田線）
崖にはりつくようにホームがあります。道路に出るまで山道を歩かなければいけません。

小幌駅（室蘭本線）
2つのトンネルの間にある駅。利用者はほとんどいません。

小和田駅（飯田線）
ダム建設によって集落が沈み、1軒の民家だけが残った駅。車では絶対に訪れることができません。

車両図鑑（JR普通車両など）

◆動力 ◆所属 ◆おもな運用 ◆基本編成 ◆最高速度（時速） ◆車体の材質 ◆運用開始 ◆特徴

JR東日本

見てみよう。
・E235系
・東海道本線鶴見〜新子安を走る列車

ハイテク満載の次世代山手線電車
E235系
◆電車（直流） ◆JR東日本 ◆山手 ◆11両 ◆120km ◆ステンレス ◆2015年 ◆JR東日本の次世代通勤電車。コンピュータを使った最新のシステムで、電車や線路などをチェックしながら走ることができます。車内の広告はおもに液晶モニターで表示。

安全性をさらに高めた最新の通勤電車
E233系 0番台
◆電車（直流） ◆JR東日本 ◆中央、青梅、五日市 など ◆10両 ◆120km ◆ステンレス ◆2006年 ◆E231系につづく、JR東日本の標準電車です。中央線の快速用に使われ、東京駅から山梨県の大月駅まで走っています。八高線や富士急線にも乗り入れます。

名車・209系を受けついで登場
E233系 1000番台
◆電車（直流） ◆JR東日本 ◆京浜東北、根岸 ◆10両 ◆120km ◆ステンレス ◆2007年 ◆京浜東北線は正式な路線名ではなく、東北本線大宮駅と、東海道本線横浜駅を結ぶ各駅停車の愛称です。多くの電車は、横浜から根岸線に直通しています。

東京メトロに合わせた小ぶりな車体
E233系 2000番台
◆電車（直流） ◆JR東日本 ◆常磐、東京メトロ千代田、小田急 ◆10両 ◆120km ◆ステンレス ◆2009年 ◆東京メトロ千代田線との直通運転ができるタイプです。地下鉄に合わせて車体のはばが少しせまく、運転席に貫通扉をそなえています。

首都圏のさまざまな路線で活躍
E233系 3000番台
◆電車（直流） ◆JR東日本 ◆東海道、東北 など ◆10・15両 ◆120km ◆ステンレス ◆2008年 ◆さまざまな路線で活躍している中距離電車タイプ。2階建てグリーン車や、4人がけのクロスシート車もあるなどバラエティにとんでいます。

インターネットの装置もそなえた最新型
E233系 5000番台
◆電車（直流） ◆JR東日本 ◆京葉、外房、内房 ◆10両 ◆120km ◆ステンレス ◆2010年 ◆京葉線を走っているワインレッドのE233系。東京〜越中島間のトンネル区間は、成田空港への新幹線として計画されたルートを走ります。

山手線にはひとつだけ踏切があります。駒込〜田端間の第二中里踏切です。

京浜東北線とともに横浜の顔に
E233系 6000番台
◆電車（直流） ◆JR東日本 ◆横浜、根岸 ◆8両 ◆120km ◆ステンレス ◆2014年 ◆八王子と東神奈川を結ぶ横浜線用の車両です。根岸線に直通するので、京浜東北線用の運行装置もそなえています。

秋葉原駅付近　山手線や上野東京ラインの電車が並走することもあります。

埼玉県から臨海地区まで首都圏を縦断
E233系 7000番台
◆電車（直流）　◆ＪＲ東日本　◆埼京、川越、りんかい　◆10両　◆120km　◆ステンレス　◆2013年　◆埼京線は、東北本線大宮駅から、山手線を経由して大崎駅までを結ぶ路線の愛称です。大宮駅から川越線、大崎駅から東京臨海高速鉄道りんかい線に直通します。

東京の通勤電車の完成形
E231系 0番台
◆電車（直流）　◆ＪＲ東日本　◆総武、中央緩行　◆10両　◆120km　◆ステンレス　◆2000年　◆国鉄時代から使われていた通勤電車をとりかえるために開発されたＪＲ東日本自慢の電車です。209系をもとに開発され、千葉〜三鷹間でデビューしました。

1日100万人以上が利用する日本一の通勤電車
E231系 500番台
◆電車（直流）　◆ＪＲ東日本　◆山手　◆11両　◆120km　◆ステンレス　◆2002年　◆0番台から先頭のデザインがかわり、車内に液晶モニターが設置されました。かつては6扉車がありましたが、ホームドアを各駅に設置するために今では廃止されました。

総武線と地下鉄東西線を直通
E231系 800番台
◆電車（直流）　◆ＪＲ東日本　◆東西、総武　◆10両　◆120km　◆ステンレス　◆2003年　◆東京メトロ東西線に直通できるタイプ。東京メトロ用の機械や、先頭部にトンネル内でのトラブルにそなえる貫通扉があるほか、車体のはばも少し細くなっています。

クロスシートもそなえた人気の電車
E231系 近郊タイプ
◆電車（直流）　◆ＪＲ東日本　◆東海道、東北、高崎、常磐など　◆10・15両　◆120km　◆ステンレス　◆2000年　◆首都圏ではば広く活躍している近郊タイプで、北は東北本線黒磯駅や両毛線前橋駅から、南はＪＲ東海の沼津駅まで足をのばす、長距離ランナーです。

気軽に乗れる2階建てグリーン車
E231系 近郊タイプ
◆電車（直流）　◆ＪＲ東日本　◆東海道、東北、高崎、常磐など　◆2両連結されているグリーン車。2階は見晴らしがよく、1階は乗り心地がよいなどのよさがあります。特急電車のようなリクライニングシート。

豆ちしき　E235系では、優先席を増やすとともに、車いすやベビーカーなどを利用する人のためのフリースペースも各車両に設けています。

◆動力 ◆所属 ◆おもな運用 ◆基本編成 ◆最高速度（時速） ◆車体の材質 ◆運用開始 ◆特徴

JR東日本

◀大雨が降ったときに特に水がたまりやすい場所を示しています。海芝浦駅にもあります。

ユーモラスな表情が楽しい武蔵野線
205系 0番台
◆電車（直流） ◆JR東日本 ◆京葉、武蔵野 ◆8両 ◆100km ◆ステンレス ◆1985年 ◆武蔵野線用の205系は、先頭部のデザインが変わり、曲線をとりいれたやさしい顔になりました。

デビュー当時のスタイルで今も走る
205系 0番台
◆電車（直流） ◆JR東日本 ◆埼京、川越 ◆10両 ◆100km ◆ステンレス ◆1985年 ◆国鉄時代に開発され、山手線などで活躍しました。写真の電車は、埼京線で走っていたときのもので、現在はもう走っていません。

205系のイメージを大きく変えたデザイン
205系 500番台
◆電車（直流） ◆JR東日本 ◆相模 ◆4両 ◆95km ◆ステンレス ◆1991年 ◆茅ケ崎と橋本を結ぶ相模線は、電化と同時に205系がデビュー。先頭部のデザインが大きく変わり、私鉄の電車のようなイメージになりました。

工場地帯をトコトコと走る
205系 1100番台
◆電車（直流） ◆JR東日本 ◆鶴見 ◆3両 ◆100km ◆ステンレス ◆2004年 ◆都会のローカル線ともいわれる鶴見線でゆっくりと走っています。中間車を改造した車両で、「目」のように見える2つの標識灯が目立ちません。

E233系2000番台とともに千代田線へ
209系 1000番台
◆電車（直流） ◆JR東日本 ◆常磐、東京メトロ千代田 ◆10両 ◆110km ◆ステンレス ◆1999年 ◆何十年も同じ車両を使っていた国鉄時代の考え方を変えた、JR世代の通勤電車第1号。東京メトロに乗り入れるための装置をそなえています。

1本だけ走っているワインレッドの209系
209系 500番台
◆電車（直流） ◆JR東日本 ◆京葉、武蔵野 ◆10両 ◆110km ◆ステンレス ◆車体を軽くして、なるべく効率よく使えるよう工夫してあり、引退後のリサイクルまで考えて設計されています。写真は、京浜東北線から京葉線に移って活躍している車両です。

鶴見線

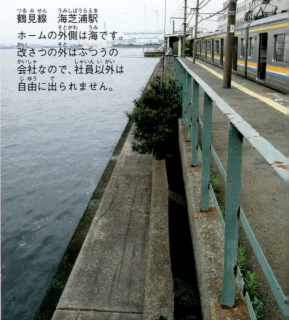

鶴見線 海芝浦駅
ホームの外側は海です。改さつの外はふつうの会社なので、社員以外は自由に出られません。

▶205系600番台
日光線で使用されている205系は4両編成。トイレと車いすスペースが設置されています。

りんかい線から移ってきた
209系 3100番台
◆電車（直流） ◆ＪＲ東日本 ◆川越、八高 ◆4両 ◆110km ◆ステンレス ◆2005年 ◆東京臨海高速鉄道りんかい線からゆずられた車両で、先頭部や車内のデザインがちがいます。川越線川越～高麗川間と八高線八王子～高麗川間で使われています。

京浜東北線を大改造
209系 2000番台
◆電車（直流） ◆ＪＲ東日本 ◆内房、外房 ◆4・6両 ◆110km ◆ステンレス ◆2009年改造
◆京浜東北線を引退した車両にトイレやクロスシートをつけ、房総半島で第二の人生を送っている車両です。外房線や内房線の主力電車として活躍しています。

急行電車の部品を活用してつくった
107系
◆電車（直流） ◆ＪＲ東日本 ◆上越、吾妻、両毛 ◆2両 ◆100km ◆普通鋼 ◆1988年 ◆国鉄時代の急行形車両である165系をベースに、車両メーカーではなくＪＲの車両基地でつくられためずらしい電車です。高崎より北の群馬県で活躍しています。

国鉄時代の姿で今もがんばる
115系 湘南色
◆電車（直流） ◆ＪＲ東日本 ◆上越、吾妻、両毛、信越 ◆3・4両 ◆100km ◆普通鋼 ◆1963年
◆113系を改良した車両で、群馬県では昔ながらの「湘南色」で今もがんばっています。先頭部のグリーンの塗装部分に丸みがあるのが、113系と見分けるポイント。

群馬県には国鉄型電車がいっぱい
211系 湘南色
◆電車（直流） ◆ＪＲ東日本 ◆高崎、両毛、上越、信越 ◆5・10両 ◆110km ◆ステンレス ◆1985年 ◆113系、115系にかわる車両として製造されました。軽くて丈夫なステンレスを使い、車両のはばも少し広くなります。湘南色の電車は、両毛線で使われています。

八ヶ岳が美しい中央東線を走る
211系 長野色
◆電車（直流） ◆ＪＲ東日本 ◆中央、篠ノ井、大糸、信越 ◆3・6両 ◆110km ◆ステンレス
◆おもに東海道本線で使われていた車両を整備して、中央本線と篠ノ井線に移って活躍している車両です。うすいブルーの塗装は長野カラーとよばれます。

豆ちしき　鶴見線の浅野駅や扇町駅の構内では猫がよく見られます。

◆動力　◆所属　◆おもな運用　◆基本編成　◆最高速度（時速）　◆車体の材質　◆運用開始　◆特徴

JR東日本

オール2階建ての通勤電車
215系
◆電車（直流）　◆JR東日本　◆湘南ライナー、ホリデー快速ビューやまなしなど　◆10両　◆120km　◆ステンレス　◆1992年　◆なるべく多くの人が座れるよう、全部の車両を2階建てにして座席を増やした車両。週末には中央本線の観光列車にも使われます。

東京湾をぐるりと一周
E217系
◆電車（直流）　◆JR東日本　◆総武、横須賀　◆11・15両　◆120km　◆ステンレス　◆1994年　◆209系をもとにつくられた、総武線快速電車・横須賀線用の通勤電車です。東京湾をぐるりと一周するように走っています。

仙台周辺の通勤輸送を担当
E721系
◆電車（交流）　◆JR東日本　◆東北、仙山など　◆2両　◆120km　◆ステンレス　◆2006年　◆仙台周辺の通勤電車として登場。2両から8両までさまざまな編成で運転でき、クロスシートをそなえているので長距離列車にも使えます。仙台空港にも乗り入れています。

日本初の交直両用通勤電車
E501系
◆電車（交直流）　◆JR東日本　◆常磐・水戸　◆5・10両　◆120km　◆ステンレス　◆1995年　◆209系をベースに、直流と交流の区間がある常磐線で使えるように設計された電車です。常磐線の主役として活躍しましたが、現在は土浦よりも北と水戸線で走っています。

速くて便利な常磐線の快速電車
E531系
◆電車（交直流）　◆JR東日本　◆常磐　◆5・10・15両　◆130km　◆ステンレス　◆2005年　◆E231系をもとに設計された、交流電化区間と直流電化区間の両方を走れる通勤電車。常磐線上野～竜田間のほか、上野東京ラインが開通後は品川駅まで乗り入れています。

雪国でがんばる209系の改良版
E127系
◆電車（直流）　◆JR東日本　◆越後、弥彦、大糸　◆2両　◆110km　◆ステンレス　◆1995年　◆新潟県や長野県で通勤通学客を運んでいる、209系をもとに設計された電車。アルプスの山々が美しい大糸線や、神社に行く人も多い弥彦線などを走っています。

新潟の新しい通勤電車
E129系
◆電車（直流）　◆JR東日本　◆信越、羽越、白新、越後、上越　◆2・4両　◆110km　◆ステンレス　◆2014年　◆新潟地方で、古くなった115系のかわりとしてデビューした最新型の通勤電車です。雪の多い地域を走るので、雪や寒さに強いつくりになっています。

新幹線の線路幅で山形新幹線とともに
719系 5000番台
◆電車（交流）　◆JR東日本　◆奥羽　◆2両　◆110km　◆ステンレス　◆1991年　◆仙台や福島の通勤電車です。5000番台は山形新幹線と同じ福島～新庄間を走っています。線路の幅や電化システムを山形新幹線に合わせたため、他の在来線は走れません。

東北の人びとの生活を支える
701系
◆電車（交流）　◆JR東日本　◆東北、仙山、常磐、奥羽、羽越、津軽　◆2・3・4両　◆110km　◆ステンレス　◆1993年　◆東北地方のさまざまな路線を走っている通勤電車です。写真の電車は秋田県の奥羽本線や羽越本線を走っています。

豆ちしき　215系は座席数が大幅に増加しましたが、乗降に時間がかかるため、車両数はあまり増えませんでした。

▲小海線（小淵沢〜甲斐小泉）を走るキハE200形

ミニ新幹線の区間を走る各駅停車
701系 5000番台

◆電車（交流） ◆JR東日本 ◆田沢湖、奥羽
◆2両 ◆110km ◆ステンレス ◆1996年 ◆秋田

新幹線の盛岡〜秋田間を走っているタイプです。車軸の幅や電化システムを新幹線に合わせてあります。山形新幹線を走るタイプもあります。

世界初の営業用ハイブリッド気動車
キハE200形

◆ハイブリッド気動車 ◆JR東日本 ◆小海
◆1両 ◆100km ◆ステンレス ◆2007年 ◆小海

線で活躍している車両です。停車中と発車する時はバッテリーの電気を使い、ある程度スピードが出るとエンジンが発電機を動かすハイブリッドシステムを使っています。

発見 日本一高い小海線

小淵沢と小諸を結ぶ小海線は、八ヶ岳の裾野を走る高原路線です。清里〜野辺山間には日本の鉄道の最高地点（標高1375m）があります。野辺山駅は1345mで日本一高いところにある駅。JRで高所にある駅のトップ10のうちトップ9が小海線の駅です（10位が富士見駅／中央線）。

「鉄道最高地点 標高1375m」とかかれた記念碑（写真右）

豆ちしき　小海線の小淵沢駅を出ると大きなカーブで方向を変えます。上の写真がそのカーブです。

◆動力 ◆所属 ◆おもな運用 ◆基本編成 ◆最高速度（時速） ◆車体の材質 ◆運用開始 ◆特徴

JR東日本

仙石東北ラインを快走
HB-210系
◆ハイブリッド車 ◆JR東日本 ◆仙石、東北 ◆2両 ◆100km ◆ステンレス ◆2015年 ◆仙石東北ラインのうち、東北本線は交流電化、仙石線は直流電化、接続線は非電化。ここを直通運転するため、ハイブリッド車が誕生しました。

日本初の蓄電池式電車
EV-E301形
◆蓄電池式電車 ◆JR東日本 ◆烏山 ◆2両 ◆100km ◆ステンレス ◆2014年 ◆ふだんは電車として走り、架線がない非電化区間ではバッテリーで走る蓄電池式電車。「ACCUM」の愛称で、栃木県の烏山線を走っています。

発見 EV-E301形充電中

烏山線で運用されているEV-E301形は、電化区間走行中と、宝積寺駅、烏山駅での停車中に、架線からパンタグラフを通じてバッテリーに充電します。非電化路線である烏山線烏山駅では、駅構内の一部に架線が設置してあり、パンタグラフを上げて充電します。

全長17mのコンパクトな軽快気動車
キハ100形 オリジナル色
◆気動車 ◆JR東日本 ◆大湊、北上、大船渡など ◆1両 ◆100km ◆普通鋼 ◆1990年 ◆車体が軽く、電車に近いスピードで走れます。キハ100形は全長17m、両運転台のタイプで、下北半島を走る大湊線などで使われています。

東日本の各地で活躍する標準車両
キハ110形 オリジナル色
◆気動車 ◆JR東日本 ◆釜石、山田など ◆1両 ◆100km ◆普通鋼 ◆1990年 ◆キハ100形よりも少し大きい、全長20mの車両です。車内はセミクロスシートのほか、ロングシートタイプや特急のようなリクライニングシートをそなえた車両もあります。

左沢線の通勤列車
キハ101形 左沢色
◆気動車 ◆JR東日本 ◆左沢 ◆1両 ◆100km ◆普通鋼 ◆1993年 ◆山形県の左沢線を走るタイプで、車内はロングシートでトイレはありません。さくらんぼなどで有名な地域を走るので「フルーツライナー」の愛称があります。

東京西部のローカル線
キハ112形
◆気動車 ◆JR東日本 ◆八高 ◆2両 ◆100km ◆普通鋼 ◆片運転台で、2両単位で走るタイプの車両です。比較的乗客が多い路線で走っています。

環境にやさしい気動車
キハE131・E132形
◆気動車 ◆JR東日本 ◆水郡 ◆2両 ◆100km ◆ステンレス ◆2006年 ◆キハ100形にかわる新しい気動車で、それまでの車両よりも環境にやさしい車両です。片運転台で、2両単位で走るタイプです。

千葉県のまんなかをのんびり走る
キハE130形 100番台
◆気動車 ◆JR東日本 ◆久留里 ◆1両 ◆100km ◆ステンレス ◆2006年 ◆房総半島の山間部に向かう久留里線で使われている車両です。両運転台で、トイレはありません。

豆ちしき　キハ110形は、秋田新幹線の工事中に特急「秋田リレー号」として使われたこともあります。

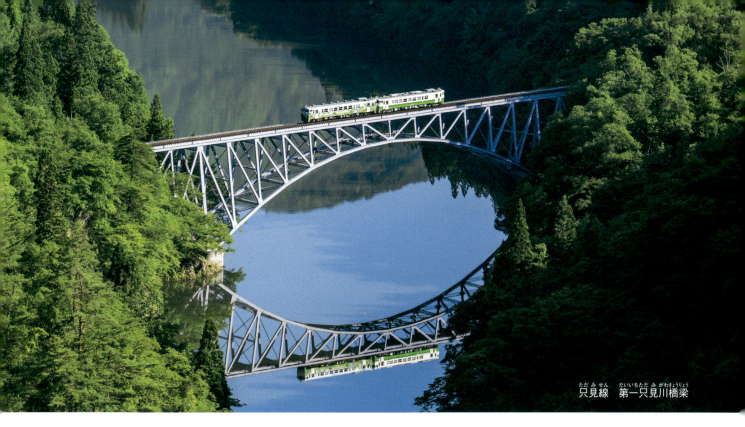

只見線 第一只見川橋梁

窓がひらく、旅情たっぷりの気動車
キハ40形 東北地域本社色
- ◆気動車 ◆JR東日本 ◆磐越西、只見 ◆1両
- ◆95km ◆普通鋼 ◆福島県の只見線などで使われているタイプです。北海道の車両と同じようにデッキがありますが、窓は大型のものが使われています。

蓄電池式電車にはまだまだ負けない
キハ40形 烏山色
- ◆気動車 ◆JR東日本 ◆烏山 ◆1両 ◆95km
- ◆普通鋼 ◆栃木県の烏山線を走っているタイプです。車内がロングシートとなっており、運行区間が短いのでトイレはありません。

混雑しても大丈夫なように客室が広い
キハ47形 新潟色
- ◆気動車 ◆JR東日本 ◆磐越西、羽越、信越
- ◆2両 ◆95km ◆普通鋼 ◆片運転台タイプで、扉が車両の中央寄りになっています。新潟県で使われているカラーで、磐越西線などで見られます。

日本海の絶景を楽しめる
キハ48形 五能線色
- ◆気動車 ◆JR東日本 ◆五能 ◆2両 ◆95km
- ◆普通鋼 ◆日本海の景色がとても美しい五能線を走っているタイプです。ローカル線らしいふんいきで、とても人気があります。

キハ40系

両運転台のキハ40形、片運転台のキハ48形、都市の近郊向けに扉が中央寄りにある片運転台のキハ47形に大きく分けられます。また、特急用車両やジョイフルトレインなどに改造された車両も多くあります。

▲キハ40形 両運転台

▲キハ47形 片運転台 扉両開き

▲キハ48形 片運転台 扉片開き

豆ちしき キハ40系気動車は1977年から5年あまりで800両以上つくられました。色や形をかえて、今も全国で多数が活躍中です。

JR北海道

◆動力　◆所属　◆おもな運用　◆基本編成　◆最高速度（時速）　◆車体の材質　◆運用開始　◆特徴

JR北海道の通勤電車のスタイルをつくった名車
721系 3000番台
◆電車（交流）◆JR北海道 ◆函館、千歳、札沼 ◆3・6両 ◆130km ◆ステンレス ◆1988年 ◆旭川から新千歳空港まで、広い範囲で活躍している通勤電車。寒い地域を走るので、暖房がにげないよう車両中央の扉部分にもかべをつくり、デッキになっています。

気動車と連結して走れるすごいやつ
731系
◆電車（交流）◆JR北海道 ◆函館、千歳 ◆3両 ◆130km ◆ステンレス ◆1996年 ◆721系をさらに省エネ化した車両で、気動車であるキハ201系と連結して運転できる電車です。非電化区間から来たキハ201系を連結して電化区間を走ります。

JR北海道の主力通勤電車
733系 3000番台
◆電車（交流）◆JR北海道 ◆函館、千歳、札沼 ◆6両 ◆120km ◆ステンレス ◆2012年 ◆車体にJR北海道のライトグリーンの帯をつけた電車。身体が不自由な人でもかんたんに乗り降りできるよう、出入り口からステップをなくしてあります。

北海道新幹線と連携プレー
733系 1000番台
◆電車（交流）◆JR北海道 ◆はこだてライナー ◆3両 ◆120km ◆ステンレス ◆2016年 ◆北海道新幹線の新函館北斗と函館を結ぶ快速列車専用の電車。函館エリアのJRでははじめて登場した電車です。全部の座席がロングシートとなっています。

アルミ合金を使った実験的な電車
735系
◆電車（交流）◆JR北海道 ◆函館、千歳、札沼 ◆3両 ◆120km ◆アルミ ◆2010年 ◆721系、731系、733系とともに札幌周辺で活躍して、北海道の電車としてははじめてアルミを使っています。2編成、6両しかないとても貴重な電車です。

電車にそっくりな、現代の気動車
キハ201系
◆気動車 ◆JR北海道 ◆函館、千歳 ◆3両 ◆130km ◆ステンレス ◆1996年 ◆見た目は731系電車とそっくり。731系と連結して、札幌や苫小牧など電車が走る区間まで足をのばします。車内はすべてロングシートです。

客車を改造したためずらしい気動車
キハ143形
◆気動車 ◆JR北海道 ◆室蘭、千歳 ◆2両 ◆110km ◆普通鋼 ◆1994年 ◆国鉄時代につくられた50系客車にエンジンと運転台をつけた、めずらしい気動車です。札沼線で活躍していましたが、今はおもに苫小牧～室蘭間で使われています。

コストをおさえ、でも快適につくられた
キハ150形 100番台
◆気動車 ◆JR北海道 ◆室蘭 ◆1両 ◆110km ◆普通鋼 ◆1993年 ◆バスの部品も利用してつくられた、北海道のローカル線用の気動車です。0番台は大型の窓ですが、この100番台は暖房がにげないよう小型の二重窓になっています。

北海道のローカル線を走り続けて30年
キハ54形 500番台
◆気動車 ◆JR北海道 ◆根室、釧網、石北、宗谷、快速「きたみ」◆1両 ◆95km ◆ステンレス ◆1986年 ◆根室本線の釧路～根室間や宗谷本線などを走っている気動車です。トイレはついていますが、夏でもすずしいところを走るので冷房はついていません。

豆ちしき　函館本線の函館側は、函館～新函館北斗間だけが電化されています。

▲根室本線を走るキハ40形

富良野線を走るキハ150形

寒い地域用の設備が充実
キハ40形 北海道色
- ◆気動車 ◆JR北海道 ◆函館、宗谷、石北、根室など ◆1両 ◆95km ◆普通鋼 ◆JR北海道の車両はとても寒い地域を走るので、客室のあたたかい空気がにげないようデッキがあります。窓も、保温のために小型で二重になっています。

首都圏以外でも走ります
キハ40形 首都圏色
- ◆気動車 ◆JR北海道ほか ◆根室、釧網ほか ◆1両 ◆95km ◆普通鋼 ◆国鉄時代に、朱色一色に塗装されたタイプです。キハ40形は、JR東日本やJR西日本にもあります。北海道では釧路地区を走っているほか、JR西日本のキハ40形はこの色に統一されつつあります。

しらべてみよう ICカード

乗車券や定期券、電子マネーなどとして便利に使えるICカード。各地のカードをずらりとならべてみました。
※（ ）内はおもに利用できる鉄道など。

ICい〜カード（伊予鉄道）

icsca（仙台市交通局）

ICOCA（JR西日本）

ICOCA（JR西日本）

Iruca（高松琴平電気鉄道）

ecomyca（富山地方鉄道）

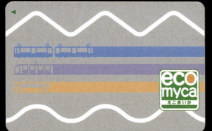

OKICA（ゆいレール）

Kitaca（JR北海道）

くまモンのICCARD（熊本電気鉄道）

SAPICA（札幌市交通局）

Suica（JR東日本）

SUGOCA（JR九州）

SUGOCA（JR九州）

ですか（とさでん交通）

でんでんnimoca（熊本市交通局）

TOICA（JR東海）

ナイスパス（遠州鉄道）

nimoca（西日本鉄道）

NORUCA（福島交通）

passca（富山ライトレール）

PASPY（アストラムライン）

PASMO（関東私鉄）

はやかけん（福岡市交通局）

Hareca（岡山電気軌道）

manaca（名古屋市交通局）

monoSUGOCA（北九州モノレール）

モノレールSuica（東京モノレール）

RapiCa（鹿児島市交通局）

りんかいSuica（東京臨海高速鉄道）

LuLuCa（静岡鉄道）

SUGOCA（JR九州）

PASMO（関東私鉄）

長崎スマートカード（長崎電気軌道）

Suica（JR東日本）

らんでんカード（京福電気鉄道）

91

ライブ情報 いろいろな駅

全国にあるおもしろい駅や立派な駅、ちょっと気になる駅の看板を紹介します。

亀の形をした駅 亀甲駅（岡山県）

SL型の駅 真岡駅（栃木県）

カッパに見える駅 田主丸駅（福岡県）

神社のようなしめ縄がある駅 出雲横田駅（島根県）

竜宮城のような駅 片瀬江ノ島駅（神奈川県）

東京駅に似ている駅 深谷駅（埼玉県）

国の重要文化財の駅（全国に3つ）

門司港駅（福岡県）　旧大社駅（島根県）　東京駅（東京都）

たぬきだらけの駅 信楽駅（滋賀県）

巨大「土偶」の駅 木造駅（青森県）

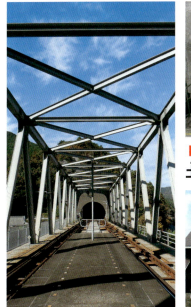

鉄橋の上の駅
土佐北川駅（高知県）

トンネルの中にある駅
土合駅（群馬県）

温泉に入れる駅
ほっとゆだ駅（岩手県）

ねこの顔みたいな駅 貴志駅（和歌山県）

廃止になった駅が観光スポットに
旧幸福駅（北海道）

足湯に入れる駅 上諏訪駅（長野県）

船に乗れるJRの駅 宮島フェリーのりば（広島県・宮島口）
※宮島側は宮島駅

車両図鑑（JR以外の車両）

この章では、JR以外の鉄道会社の車両を、鉄道会社ごとにその会社の情報とともに紹介しています。

三陸鉄道
　2011年3月の東日本大震災で大きな被害を受けましたが、地域の鉄道再開への思いを受け、2014年4月に全線復旧しました。
　写真は2012年2月、岩泉小本〜摂待間の夕暮れです。震災から1年で、北リアス線は久慈〜陸中野田間と、岩泉小本（当時は小本）〜宮古間の運転が再開されました。右下に小さく人が見えます。三陸鉄道の職員がまだ復旧していない信号のかわりをしています。

沖縄・九州地方

◆動力　◆愛称やおもな運用　◆基本編成　◆最高速度（時速）　◆車体の材質　◆運用開始　◆特徴

車両図鑑（JR以外の車両）

すっかり定着！延伸も決まった沖縄初のモノレール

ゆいレール

- ●正式名称　沖縄都市モノレール株式会社
- ●営業キロ　12.9km
- ●おもな区間　那覇空港〜首里
- ●軌間　—
- ●電化方式　直流
- ●特徴　日本最南端の路線で、沖縄県でただひとつの鉄道の仲間です。那覇空港から市街地をぬうように進む市民の足で、首里からさらに北へ、沖縄自動車道西原入口までの延伸が決まっています。

展望抜群、南国の跨座式モノレール
1000形

- ◆モノレール　◆2両　◆65km　◆アルミ合金
- ◆2003年　◆潮風による傷みを防ぐため、モノレールとしては珍しいアルミ合金の車両。地上10mの高さから車窓風景がよく見えるよう、ロングガラスを使っていて、運転席の後ろは展望席になっています。

発見　最南端、最西端の駅

モノレールをふくめると、日本の最南端と最西端にある駅は「ゆいレール」にあります。
- ■最南端の駅…赤嶺駅
- ■最西端の駅…那覇空港駅

▲赤嶺駅前に立つ「日本最南端の駅」とかかれた石碑

桜島を見ながら走る最南端の路面電車

鹿児島市交通局

- ●通称　鹿児島市電
- ●正式名称　鹿児島市交通局
- ●営業キロ　13.1km
- ●おもな区間
  1系統：鹿児島駅前〜谷山、
  2系統：鹿児島駅前〜郡元
- ●軌間　1435mm
- ●電化方式　直流
- ●特徴　日本でいちばん南にある路面電車で、桜島と並んで鹿児島市のシンボルとなっています。最新の超低床車のほか、鹿児島市電運行100周年を記念したレトロ電車「かごでん」も人気を集めています。

5つの車体が一体となった超低床電車
7000形

- ◆電車（直流）　◆ユートラムⅡ　◆5車体3台車
- ◆40km　◆2007年　◆LRTとして導入された、連接式超低床電車。走行音が静かで、バリアフリー仕様。曲線を活かしたデザインとイエローのラインで、南国らしい明るいイメージを演出しています。

大阪からやってきた鹿児島市電の主役
9500形

- ◆電車（直流）　◆1両　◆40km　◆鋼製　◆1995年
- ◆鹿児島市電の主力車両。大阪市電で使われていた車両で、1995年から車体を新しくして、9500形と名づけられました。車体前面の大きな一枚窓が特徴で、前が見やすく運転しやすいと運転士にも評判です。

くまモンも走る！　熊本を南北に走る私鉄

熊本電気鉄道

- ●略称　熊本電鉄
- ●正式名称　熊本電気鉄道株式会社
- ●営業キロ　13.1km
- ●おもな区間
  上熊本〜御代志、
  北熊本〜藤崎宮前
- ●軌間　1067mm
- ●電化方式　直流
- ●特徴　もとは路面電車から始まった鉄道で、藤崎宮前駅付近には、大きな鉄道車両が道路を走るめずらしい区間があります。一時は全線廃止が危ぶまれましたが、電車の本数を増やした結果便利になりました。

元都営地下鉄の電車が熊本を南北に駆け抜ける
6000形

- ◆電車（直流）　◆2両　◆セミステンレス
- ◆1995年導入　◆熊本電鉄の主力車両。元は都営地下鉄三田線の6000形電車で、編成両端部の2両をつなぎ、架線電圧を600Vに変更して使っています。

第二の人生を送る元銀座線01系
01系

- ◆電車（直流）　◆2両　◆50km　◆アルミ合金
- ◆2014年導入　◆元東京メトロ銀座線の01系です。銀座線とは線路幅や集電方式が異なるため、台車の交換、シングルアームパンタグラフの取り付けなどの改造が行われました。

豆ちしき　ゆいレールの発車メロディは、沖縄民謡を使っています。

八代海の波打ち際を行く絶景路線
肥薩おれんじ鉄道
- 正式名称　肥薩おれんじ鉄道株式会社
- 営業キロ　116.9km
- おもな区間　八代〜川内
- 軌間　1067mm
- 電化方式　交流
- 特徴　九州新幹線の開業によってJRから分離された鹿児島本線を運行する第三セクターで、九州西海岸の絶景を楽しめます。全線電化されていますが、旅客列車はディーゼルカーで運行されています。

全区間架線の下を走るディーゼルカー
HSOR-100形
- 気動車　◆1両　◆95km　◆鋼製　◆2003年
- NDCシリーズのひとつ。肥薩おれんじ鉄道線は全線電化されていますが、運転コストを下げるために旅客列車はすべて気動車を使用。ラインはかんきつ類や青い海と豊かな緑をイメージ。

沿線の素材を使った最高の料理を車内で
おれんじ食堂
- 気動車　◆おれんじ食堂　◆2両　◆95km　◆鋼製　◆2013年改造　◆おしゃれなレストランがそのまま列車になったような、肥薩おれんじ鉄道の観光列車。HSOR-100形を改造した車両で、沿線の旬の食材を使った料理を味わえます。

新型車両をどんどん導入する先進の路面電車
熊本市交通局
- 略称　熊本市電
- 正式名称　熊本市交通局
- 営業キロ　11.9km
- おもな区間
  - A系統：田崎橋〜健軍町
  - B系統：上熊本駅前〜健軍町
- 軌間　1435mm
- 電化方式　直流
- 特徴　一度は全線廃止も検討された、熊本の路面電車です。オイルショックでガソリン代が上がったことから生き残り、今は最新の超低床車両を積極的に取り入れるなど、便利な市電として市民に親しまれています。

熊本の町を走る新世代電車
0800形
- 電車（直流）　◆2車体2台車　◆45km　◆2009年
- ブレーメン形と呼ばれる超低床式路面電車で、地面との段差がほとんどありません。「COCORO」は水戸岡鋭治氏がデザインした、木をたくさん使った「おもてなし」電車です。

約60年にわたって熊本の街を走り続ける
1090形
- 電車（直流）　◆1両　◆鋼製　◆1955年
- 昭和20年代から30年代にかけて製造された熊本市電の車両のひとつ。1060形や1080形と似ていますが、前面中央の窓の大きさなどがちがいます。今も熊本市電の主力車両として活躍。

通学輸送に大きな力を発揮してきた鉄道
くま川鉄道
- 正式名称　くま川鉄道株式会社
- 営業キロ　24.8km
- おもな区間　人吉温泉〜湯前
- 軌間　1067mm
- 電化方式　非電化
- 特徴　人吉温泉と湯前を結ぶ第三セクター鉄道。沿線に高校がたくさんあることから、通学路線として活躍しています。観光列車が普通の列車にも使われ、途中の多良木駅にはブルートレインの車両を使った宿泊施設もあります。

球磨川に沿って走るのどかな観光列車
KT-500形 田園シンフォニー
- 気動車　◆田園シンフォニー　◆95km　◆鋼製　◆2014年　◆水戸岡鋭治氏デザインによる観光列車。木の温もりを活かしたクロスシートやソファベンチなどゆったりした車内で、球磨川上流の車窓風景を楽しめます。通常の列車としても運行。

第三セクター鉄道
第三セクターは、NPO法人などの非営利団体や、地方公共団体や民間などが合同で経営する企業です。第三セクター鉄道は、これらの企業が運営する鉄道会社です。新幹線の開業などによって、JRなどから経営分離された路線や、国鉄やJRから引きついだ路線などがあります。

豆ちしき　くま川鉄道は、もとは国鉄時代の湯前線。

◆動力　◆愛称やおもな運用　◆基本編成　◆最高速度(時速)　◆車体の材質　◆運用開始　◆特徴

九州地方

車両図鑑(JR以外の車両)

南阿蘇鉄道
地震や噴火に負けず、復興を急ぐ高原鉄道
- ●正式名称　南阿蘇鉄道株式会社
- ●営業キロ　17.7km
- ●おもな区間　立野〜高森
- ●軌間　1067mm
- ●電化方式　非電化
- ●特徴　阿蘇山の噴火によってできた、大きなカルデラに沿って走る第三セクターで、沿線はきれいな水の宝庫。終点の高森からは昔高千穂へつながる計画があり、つくりかけたトンネルが湧水公園になっています。

今や貴重なNDCシリーズ初期タイプ
MT-2000形
◆気動車　◆1両　◆鋼製　◆1986年　◆NDCシリーズの初期タイプにあたる車両で、扉などにはバス用の折り戸が使われています。「りんどう」「しらかわ」「はなしのぶ」の愛称があります。座席はセミクロスシート。

本物の貨車に乗って阿蘇の麓をトコトコと
トロッコ列車
◆機関車＋客車　◆ゆうすげ号　◆3両　◆1986年運転開始　◆貨車を改造した4両のトロッコを、スイッチャーと呼ばれる駅構内作業用の小型ディーゼル機関車2両がはさんで運行します。阿蘇山のカルデラに分け入ります。

別府ラクテンチケーブル
山の上の遊園地へ連れて行ってくれる夢のケーブルカー
- ●正式名称　株式会社岡本製作所
- ●営業キロ　0.3km
- ●おもな区間　ラクテンチ下〜ラクテンチ上
- ●軌間　1067mm
- ●特徴　別府の遊園地、別府ラクテンチへのアクセスとなっているケーブルカー。高低差は約120mで、遊園地の入場料に運賃がふくまれています。

登った先は、懐かしい遊園地
ラクテンチケーブル
◆ケーブルカー　◆2両　◆鋼製　◆1929年(2009年リニューアル)　◆イヌの「ドリーム号」とネコの「メモリー号」が行き来するかわいいケーブルカー。遊園地の遊具のメーカーがつくった車両です。

松浦鉄道
松浦半島を一周、乗客目線で駅を増やす！
- ●正式名称　松浦鉄道株式会社
- ●営業キロ　93.8km
- ●おもな区間　有田〜佐世保
- ●軌間　1067mm
- ●電化方式　非電化
- ●特徴　長崎県北部の松浦半島を一周する第三セクター鉄道です。たびら平戸口駅は、沖縄のゆいレールが開業するまで日本最西端の駅でした。中佐世保〜佐世保中央間200mは、日本一駅間が短い区間として有名です。

島原鉄道
線路は半分になっても魅力は変わらぬ島原半島の鉄路
- ●略称　島鉄
- ●正式名称　島原鉄道株式会社
- ●営業キロ　43.2km
- ●おもな区間　諫早〜島原外港
- ●軌間　1067mm
- ●電化方式　非電化
- ●特徴　島原半島の海岸に沿って走る私鉄で、雲仙普賢岳の噴火で長期間運休したこともありました。以前は島原半島の3分の2を走って加津佐駅まで通じていましたが、今は島原外港駅が終点です。

島原半島に沿って快走するNDC
キハ2500形
◆気動車　◆1両　◆鋼製　◆1994年　◆NDCシリーズのひとつ。JR九州のキハ125形とほぼ同じ車両。車体には、地元の民謡にちなんだイラストが描かれています。写真のキハ2550形は保安装置を強化したものです。

真岡鐵道をベースにつくられたディーゼルカー
MR-600形
◆気動車　◆1両　◆85km　◆鋼製　◆2007年　◆真岡鐵道のモオカ14形をベースに製造されました。「西海ブルー」と「サンセットオレンジ」の帯が入っています。

豆ちしき　南阿蘇鉄道は熊本地震で大きな被害を受けました。部分的に運転を再開し、全線復旧をめざしています。

南阿蘇鉄道MT3010形気動車

運賃120円！おどろきの安さでがんばる市民の足

長崎電気軌道

- 略称　長崎市電
- 正式名称　長崎電気軌道株式会社
- 営業キロ　11.5km
- おもな区間
  1系統：赤迫〜正覚寺下、
  2・3系統：蛍茶屋〜赤迫　ほか
- 軌間　1435mm
- 電化方式　直流
- 特徴　長崎市内を5系統の路線が走る路面電車です。運賃は全線1回120円と、全国でも最安クラス。最新の超低床車のほか、箱根登山鉄道や東京都電などさまざまな路線から車両が集まっています。

若い者には負けない！まだまだ主役
200形・211形・300形
◆電車（直流）　◆1両　◆半鋼製　◆1950年　◆2台

の台車の上に車体を載せるボギー車を、長崎市電としてはじめて採用。今も長崎市電の主力車両。211形、300形はモーターのメーカーや台車の改良など細かいちがいがあります。

台車の上まで超低床を実現した人にやさしい電車
3000形
◆電車（直流）　◆3車体2台車　◆40km　◆2003年
◆超低床型路面電車で、「リトルダンサータイプU」といわれるタイプ。「U」は「Ultimate＝究極」という意味で、国内技術でははじめて客室の100％低床化を実現した車両です。

豆ちしき　南阿蘇鉄道の「南阿蘇水の生まれる里白水高原」駅はかなで22文字。日本でもっとも長い駅名のひとつ。

車両図鑑（JR以外の車両）

◆動力　◆愛称やおもな運用　◆基本編成　◆最高速度（時速）　◆車体の材質　◆運用開始　◆特徴

九州地方

福岡の中心からのびる最西端の大手私鉄
西日本鉄道

- ●略称　西鉄
- ●正式名称　西日本鉄道株式会社
- ●営業キロ　106.1km
- ●おもな区間
  天神大牟田線：西鉄福岡〜大牟田、
  貝塚線：貝塚〜西鉄新宮　ほか
- ●軌間　1435mm、1067mm
- ●電化方式　直流
- ●特徴　九州にただひとつある大手私鉄です。福岡の中心にある天神から大牟田への路線を中心に4路線が運行され、展望席のある特急電車もあります。貝塚線だけは線路幅がせまくなっています。

美しい車体のステンレス電車
3000形

◆電車（直流）　◆天神大牟田線　◆2・3・5両　◆110km　◆ステンレス　◆2006年　◆片側3扉、2人掛けの転換クロスシートとロングシートを設置しています。レーザー溶接技術を使い、継ぎ目の見えないきれいな車体が特徴。急行を中心に使用されています。

国鉄時代よりも乗客が3倍に増えた努力のレール
甘木鉄道

- ●正式名称　甘木鉄道株式会社
- ●営業キロ　13.7km
- ●おもな区間　基山〜甘木
- ●軌間　1067mm
- ●電化方式　非電化
- ●特徴　国鉄甘木線から転換した第三セクターです。約30分間隔で運行し、西鉄との乗りかえを便利にしたところ乗客が急増し、地域に密着した第三セクター鉄道のお手本といわれています。

乗車券だけで乗れるお得なパノラマ特急
8000形

◆電車（直流）　◆天神大牟田線　◆6両　◆110km　◆鋼製　◆1989年　◆流線型ボディー、ワイド窓、ハイグレードシート、コンピューター制御式空調など、当時の最先端の設備を取り入れた特急用電車。特急料金不要のお得な車両です。

貝塚線でがんばる西鉄の古豪
600形

◆電車（直流）　◆貝塚線　◆2両　◆65km　◆鋼製　◆1962年　◆西鉄で両開き片側3扉のスタイルをはじめて採用した車両で、座席はオールロングシート。現在はすべて2両編成でワンマン化されています。

通勤・通学客でにぎわう幸せなディーゼルカー
AR300形

◆気動車　◆甘木線　◆1両　◆65km　◆鋼製　◆2001年　◆富士重工業の標準型気動車LE-DCのひとつで、扉や窓などへのバス用部品の使用をやめ、耐久性と安全性を向上させました。毎年1両ずつ塗装を変更していて、国鉄型気動車風が人気。

空港直結！飛行機からバスまでさまざまな交通を結ぶ
福岡市交通局

- ●略称　福岡市営地下鉄
- ●正式名称　福岡市交通局
- ●営業キロ　29.8km
- ●おもな区間
  空港線：姪浜〜福岡空港、
  七隈線：橋本〜天神南ほか
- ●軌間　1435mm、1067mm
- ●電化方式　直流
- ●特徴　3路線が運行されている福岡市の地下鉄です。福岡空港への重要なアクセスとなっている空港線は、姪浜からJR筑肥線に直通しています。七隈線も、今後博多駅乗り入れが計画されています。

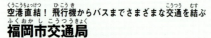

JRに直通する空港アクセス電車
2000系

◆電車（直流）　◆空港線、箱崎線　◆6両　◆75km　◆セミステンレス　◆1992年　◆空港の開業を前に導入。旧型の1000形にくらべて省エネ性能が向上し、メンテナンスもやりやすくなっています。ATO（列車自動運転装置）を備えますが、JR筑肥線内では手動で運転。

曲線を活かした顔つきの現代っ子地下鉄
3000系

◆電車（直流）　◆七隈線　◆4両　◆70km　◆アルミ　◆2005年　◆七隈線用の電車です。鉄輪式リニアモーターを採用して車体を小型化しました。グリーンのラインは沿線にある油山を、水色の縞模様は室見川の流れを表しています。

豆ちしき　西鉄貝塚線の軌間は1067mm。福岡市営地下鉄との直通運転の計画もあります。

遠賀川に沿って路面電車タイプの通勤電車が往復
筑豊電気鉄道
- ●略称　筑豊電鉄
- ●正式名称　筑豊電気鉄道株式会社
- ●営業キロ　16.0km
- ●おもな区間　黒崎駅前〜筑豊直方
- ●軌間　1435mm
- ●電化方式　直流
- ●特徴　西鉄グループの鉄道で、道路を走る区間はありませんが、路面電車タイプの電車が走っています。黒崎駅前〜西黒崎間は、駅間200mと、松浦鉄道の中佐世保〜佐世保中央間と並び日本一駅間が短い区間です。

環境にやさしい新製車
5000形
- ◆電車（直流）　◆3車体2台車　◆60km
- ◆2015年　◆筑豊電鉄初の完全新造車両。リトルダンサーUaタイプとよばれる超低床型路面電車で、床面が40cmも低くなりました。最新の制御装置と電力回生ブレーキを備え、省エネ性能も高くなっています。

関門海峡の眺めは必見！九州最大のケーブルカー
皿倉山ケーブルカー
- ●正式名称　皿倉登山鉄道株式会社
- ●営業キロ　1.1km
- ●おもな区間　山麓〜山上
- ●軌間　1067mm
- ●特徴　営業キロ1.1km、高低差440mと、西日本最大級の規模を誇る北九州のケーブルカーです。山上駅からはモノレールのようなスロープカーが展望台まで接続し、北九州と関門海峡を一望できます。

▶スロープカー

北九州の市街地を南北につらぬく跨座式モノレール
北九州モノレール
- ●略称　北九州モノレール
- ●正式名称　北九州高速鉄道株式会社
- ●営業キロ　8.8km
- ●おもな区間　小倉〜企救丘
- ●電化方式　直流
- ●特徴　小倉モノレールともよばれる路線で、西鉄の路面電車が廃止されたことから計画されました。JR小倉駅のビルの中から発着し、駅ビルから出てくるモノレールは大迫力。JRからの乗りかえも便利です。

騒音を防ぐ技術があちこちに
1000形
- ◆モノレール　◆4両　◆65km　◆軽合金　◆1985年　◆チョッパ制御の跨座式モノレール。車体下部までをスカートでおおい、内部に吸音材を使用するなど、騒音対策に優れています。車内は連結部に扉がなく、4両編成全体を見渡せます。

全面ガラス張りのパノラマケーブルカー
皿倉山ケーブルカー
- ◆ケーブルカー　◆1両　◆2001年
- ◆2001年に導入された、スイス製のケーブルカー。全面ガラス張りで天井がサンルーフになっており、架線もないので素晴らしい眺望が楽しめます。北九州市街に近く、車窓から見事な夜景が見えます。

昔は貨物列車がひっきりなしに走っていた
平成筑豊鉄道
- ●略称　へいちく
- ●正式名称　平成筑豊鉄道株式会社
- ●営業キロ　49.2km（鉄道）、2.1km（トロッコ）
- ●おもな区間　伊田線、田川線、糸田線（鉄道）、門司港レトロ観光線（トロッコ）
- ●軌間　1067mm
- ●電化方式　非電化
- ●特徴　昔は石炭がたくさんとれた北九州の筑豊地方を走る第三セクター鉄道です。貨物輸送はなくなりましたが、地域の大切な鉄道として走り続けています。門司港レトロ観光線は、貨物線の跡を活用し、平成筑豊鉄道が運行している観光列車です。

バラエティ豊かなカラーが楽しい
400形
- ◆気動車　◆1両　◆95km　◆鋼製　◆2007年
- ◆伊田線、糸田線、田川線で使用されるディーゼルカー。NDCシリーズのひとつで、車内はセミクロスシート。車体のカラーはバラエティ豊かで楽しめます。

九州の鉄道の聖地を走る観光トロッコ列車
トロッコ列車
- ◆機関車＋客車　◆潮風号　◆4両
- ◆2009年導入　◆島原鉄道で使われていたトロッコ車両と、南阿蘇鉄道「ゆうすげ号」に使われていた機関車を組み合わせました。車体は、レトロなイメージの濃いブルーで、アテンダントが案内してくれます。

豆ちしき　北九州モノレールのICカードは、JR西日本のSUGOCA（スゴカ）と提携しているmonoSUGOCA（モノスゴカ）。

四国地方

◆動力 ◆愛称やおもな運用 ◆基本編成 ◆最高速度（時速） ◆車体の材質 ◆運用開始 ◆特徴

見てみよう
・伊予鉄道坊ちゃん列車

高松琴平電気鉄道のレトロ車両、1000形-120号
保存車両ですが、イベント列車として活躍しています。

イルカのことちゃんが大人気
高松琴平電鉄
- ●略称　ことでん
- ●正式名称　高松琴平電気鉄道株式会社
- ●営業キロ　60.0km
- ●おもな区間
  琴平線：高松築港～琴平琴平、
  長尾線：瓦町～長尾　ほか
- ●軌間　1435mm
- ●電化方式　直流
- ●特徴　「ことでん」の愛称で知られる香川県の私鉄です。普段は京急電鉄などから来た電車が走っていますが、大正から昭和初期に製造された車両が4両保存されており、月に1～2回、レトロ電車として運転されています。

京急からやってきた電車
1200形
◆電車（直流）◆2両 ◆80km ◆鋼製 ◆2003年導入 ◆琴平線と長尾線で使用。もとは京急電鉄700形で、2両編成に改造されました。車体にマスコットキャラクターの「ことちゃん」「ことみちゃん」がたくさん描かれた「ことちゃんひやく号」もあります。

レトロな車両が現役でがんばるケーブルカー
八栗ケーブル
- ●正式名称　四国ケーブル株式会社
- ●営業キロ　0.7km
- ●おもな区間　八栗登山口～八栗山上
- ●軌間　1067mm
- ●特徴　昭和30年代製のなつかしいケーブルカーが現役でがんばる、四国でただひとつのケーブルカーです。五剣山の中腹にあり、高低差は167m。山上駅からは、お遍路さんがおとずれる第八十五番札所、八栗寺をお参りできます。

長尾線で活躍する、かつての京急電車
1300形
◆電車（直流）◆2両 ◆鋼製 ◆2007年導入 ◆長尾線で使用。冷房車を増やすため導入された車両で、もとは京浜急行電鉄旧1000形。車いす用のスペースを設けるなどの改造が行われています。

地下鉄東山線を大幅改造、全線で活躍する
600形
◆電車（直流）◆長尾、志度、琴平 ◆2両 ◆鋼製 ◆1998年導入 ◆もとは名古屋市営地下鉄東山線の250形で、中間車から先頭車に改造されました。250形は第三軌条方式だったためパンタグラフが取り付けられ、冷房化されました。

東海道新幹線と同い年のケーブルカー
八栗ケーブル
◆ケーブルカー ◆1両 ◆1964年 ◆1964年に導入されたレトロなボンネットタイプのケーブルカーが今も現役。定員は127名で、高低差167mを約4分で結びます。

豆ちしき　ことでんのマスコットはイルカのことちゃん。ことでん存続の危機のとき、ことでんはいるかいらないかの議論になったからだとか。

伊予鉄道 坊ちゃん列車
坊ちゃん列車のSLは伊予鉄道開業のころ活躍していたSLを復元したもの。今はディーゼルエンジンで走っています。煙のように見えるのは蒸気です。

京王電鉄の車両が活躍する歴史ある鉄道
伊予鉄道

- 略称　伊予鉄
- 正式名称　伊予鉄道株式会社
- 営業キロ　33.9km（鉄道）：9.6km（軌道）
- おもな区間
  高浜線：高浜〜松山市、
  横河原線：松山市〜横河原 ほか
- 軌間　1067mm
- 電化方式　直流
- 特徴　四国ではじめて開業した鉄道で、松山を中心に3方向に路線がのびています。鉄道は市内線と区別して郊外線とよばれ、京王電鉄からゆずられた車両が多く、独自の電車もあります。

部品を活用して設計した伊予鉄道の新製車
610系
- ◆電車（直流）　◆2両　◆65km　◆ステンレス　◆1995年　◆郊外線（高浜線、郡中線、横河原線）用の車両。伊予鉄道が発注した新型車両ですが、もと京王電鉄5000系や東武2000系の部品も使っています。運転席後ろの窓が大きく、前方の車窓がよく見えます。

坊ちゃんの街を走るオレンジのチンチン電車
モハ50形
- ◆電車（直流）　◆1両　◆40km　◆1951年　◆市内線用の主力電車。同じ「モハ50形」でも、1950年代に製造されたタイプはドーム状の高い屋根でずっしりとしており、60年代に製造されたタイプは屋根が薄くスリムなスタイル。写真は60年代のタイプです。

全国でもめずらしい平面交差

伊予鉄道大手町駅前では、市内線の路面電車が郊外線の踏切を渡ります。路面電車の線路が郊外線の線路と直角に交わる「平面交差」で、現在では全国でもとてもめずらしい存在です。路面電車同士の平面交差なら、とさでん交通のはりまや橋などがありますが、鉄道と路面電車の交差は伊予鉄道だけ。路面電車が踏切を待つユニークな光景が見られます。

▶手前の郊外線の電車を待つ路面電車（奥）

豆ちしき　伊予鉄道の坊ちゃん列車には機関車用の転車台はありません。機関車に組みこまれたジャッキで車体を持ち上げて、人が回転させます。

中国・四国地方

◆動力　◆愛称やおもな運用　◆基本編成　◆最高速度（時速）　◆車体の材質　◆運用開始　◆特徴

観光路線としても人気が高い南国の第三セクター
土佐くろしお鉄道
- 正式名称　土佐くろしお鉄道株式会社
- 営業キロ　109.3km
- おもな区間
  中村線・宿毛線：窪川〜宿毛、
  阿佐線（ごめん・なはり線）：後免〜奈半利
- 軌間　1067mm
- 電化方式　非電化
- 特徴　国鉄中村線を引きつぎ、さらに延伸した中村線・宿毛線と、建設途中だった阿佐線（ごめん・なはり線）を運行しています。中村線・宿毛線にはJRの特急が乗り入れ、ごめん・なはり線は絶景路線として好調です。

沿線市町村をアピールするラッピング列車
TKT8000形
◆気動車　◆1両　◆ステンレス　◆1988年　◆中村線と宿毛線の普通列車に使用されているディーゼルカー。NDCシリーズのひとつで、それぞれに沿線市町村をアピールするラッピングがされています。

太平洋の壮大な景色を楽しむ走る展望台
9640-1S、9640-2S
◆気動車　◆1両　◆110km　◆ステンレス　◆2002年　◆ごめん・なはり線（阿佐線）用の車両。観光向けの特別車両で、それぞれ「しんたろう号」「やたろう号」の愛称を持ち、海側にオープンデッキを備えています。潮風にあたりながら太平洋の絶景を楽しめます。

高知のまちを東西に走る路面電車
とさでん交通
- 略称　とさでん、とでん
- 正式名称　とさでん交通株式会社
- 営業キロ　25.3km
- おもな区間
  伊野線：はりまや橋〜伊野、
  後免線：はりまや橋〜後免町　ほか
- 軌間　1067mm
- 電化方式　直流
- 特徴　高知市内を中心に、後免町や伊野までのびる路面電車です。高知駅前駅をJRの駅舎を出てすぐの場所に移したり、電車とバスを乗りつぐと割引にしたりするなど、さまざまな工夫をこらしています。

とさでんでただ1両の次世代路面電車
100形
◆電車（直流）　◆ハートラム　◆3両　◆40km　◆2002年　◆とさでん交通唯一の低床型路面電車で、3つの車体を合わせて全長17mという比較的長いタイプ。両端の台車が運転席の下に置かれ、客室の床は地面すれすれまで低くなっています。

タブレット交換
とさでん交通の伊野線には単線区間があり、事故を防ぐためにタブレット（175ページ）を交換して運転しています。

▲タブレットを交換する運転手

3駅しかないミニ鉄道
阿佐海岸鉄道
- 正式名称　阿佐海岸鉄道株式会社
- 営業キロ　8.5km
- おもな区間　海部〜甲浦
- 軌間　1067mm
- 電化方式　非電化
- 特徴　徳島県の海部と高知県の甲浦8.5kmを走る第三セクターで、JR以外では日本で一番乗客の少ない鉄道として知られています。もともとはJR牟岐線の延長として建設された区間で、踏切はひとつもありません。

とさでん　800形

平和都市を走る広島の象徴
広島電鉄
- ●略称　広電
- ●正式名称　広島電鉄株式会社
- ●営業キロ　35.1km
- ●おもな区間
  1系統：広島駅～広島港、
  2系統：広島駅～広電宮島口　ほか
- ●軌間　1435mm
- ●電化方式　直流
- ●特徴　原爆の直撃を受けながら、わずか3日で運行を再開した広島のシンボルです。全国、そして世界のさまざまな車両が集まっており、動く路面電車博物館ともいわれています。

長さを抑えてどこでも走れるようになった
1000形
- ◆電車(直流)　●3車体2台車　●40km　●2013年
- ◆5100形をベースに全長を18.6mに抑え、全路線で運行できる超低床車両。愛称は、1・2号車が「ピッコロ」と「ピッコラ」。3号車以降は「グリーンムーバーレックス」。

広島の発展ぶりがよくわかる朝のラッシュ
アストラムライン
- ●正式名称　広島高速交通株式会社
- ●営業キロ　18.4km
- ●おもな区間　本通～広域公園前
- ●電化方式　直流
- ●特徴　広島郊外に広がる住宅へのアクセス路線として計画された新交通システムで、1994年に開催された広島アジア大会の足としても活躍しました。ラッシュ時には東京なみの2～3分間隔で運行されています。

原爆の悲しい歴史を語り継ぐ「被爆電車」
650形
- ◆電車(直流)　●1両　●40km　●鋼製　●1942年
- ◆原爆によって大きな被害を受けながらも、今も走り続けている車両です。651号と652号の2両がおもに朝夕のラッシュ時に、653号も被爆当時の塗装で貸切専用車として運行されています。

30mもあるけど「1両」扱いのロング低床車
5100形
- ◆電車(直流)　●グリーンムーバーマックス
- ●5車体3台車　●60km　●2005年　●全長30mで路面電車としては5000形に次ぐ長さです。5000形とくらべると、中間車がロングシートになって通路が拡大し、全体の座席も増えています。

広島の新しい街を支える小さな力持ち
6000系
- ◆電車(直流)　●アストラムライン　●6両
- ●60km　●1994年　●ゴムタイヤを使用しているため静かで乗り心地もよい。通常の鉄道や新交通システムよりも小ぶりな車両で、扉は各車両中央に1ヵ所。天井がやや低く、荷物棚などは設置されていません。

土佐くろしお鉄道と共通仕様のディーゼルカー
ASA-100形
- ◆気動車　●1両　●85km　●ステンレス
- ◆土佐くろしお鉄道のTKT8000形とほぼ同じ仕様の気動車で、NDCシリーズのひとつ。「しおかぜ号」の愛称があります。車内はセミクロスシートで、トイレはありません。

迫力ある景色が楽しめる！
スカイレール
- ●正式名称　スカイレールサービス株式会社
- ●営業キロ　1.3km
- ●おもな区間　みどり口～みどり中央
- ●電化方式　直流
- ●特徴　JR瀬野駅と、丘の上にある住宅地を結ぶ新交通システムで、モノレールとロープウェイの長所を取り入れたゴンドラのような乗りものです。かなり急な勾配があり、迫力のある車窓が楽しめます。

ロープウェイとモノレールのいいとこ取り
スカイレール
- ◆ゴンドラ　●スカイレール　●1両　●1998年
- ◆25人乗りのゴンドラがレールの下につり下がり、ワイヤーロープによって動きます。ロープウェイに似ていますが、レールをつかんでいるので風に強いのも特徴です。

豆ちしき　土佐くろしお鉄道の9640形は9640(くろしお)。

◆動力　◆愛称やおもな運用　◆基本編成　◆最高速度（時速）　◆車体の材質　◆運用開始　◆特徴

中国地方

見てみよう
・HOT7000系スーパーはくと

錦川鉄道
終着駅の先にも「とことこトレイン」が走る
- 正式名称　錦川鉄道株式会社
- 営業キロ　32.7km
- おもな区間　川西～錦町
- 軌間　1067mm
- 電化方式　非電化
- 特徴　錦川に沿って走る第三セクター路線。終点錦町駅からはさらに六日町まで16.7kmの路盤が完成していましたが、開業することはなく、約6kmの区間で観光遊覧車「とことこトレイン」が運行されています。

デザインが美しい、清流を走る「ひだまり号」
NT3000形
◆気動車　◆1両　◆2007年　◆NDCシリーズの18m級車両。4両それぞれにテーマカラーがあり、「せせらぎ号」は清流のブルー、「ひだまり号」は桜のピンク、「こもれび号」は森林のグリーン、「きらめき号」は蛍の光のイエローです。

発見　とことこトレイン
終点の錦町から先は鉄道ではありませんが、電気自動車を観光用に運行しています。鉄道をつくる予定だったところを利用して走ります。

▲とことこトレイン

一畑電車
山陰地方でただひとつの私鉄として、力走を続ける
- 略称　ばたでん
- 正式名称　一畑電車株式会社
- 営業キロ　42.2km
- おもな区間
  北松江線：電鉄出雲市～松江しんじ湖温泉、
  大社線：川跡～出雲大社前
- 軌間　1067mm
- 電化方式　直流
- 特徴　山陰地方でただひとつの私鉄で、南海電鉄や京王電鉄から来た電車が宍道湖沿いを走っています。1972年に一度全線廃止が決まりかけましたが、地元の熱心な反対運動で今日まで走り続けています。休日は特急スーパーライナー、特急の運転が、平日は急行の運転があります。

一畑電車が誇る、豪華な設備の電車
5000系
◆電車（直流）　◆2両　◆鋼製　◆1998年導入
◆元京王電鉄5000系の車両を改造した車両で、座席は元小田急ロマンスカー3100形の転換クロスシートを搭載しています。1編成は島根県の木材をふんだんに使ったセミコンパート風の内装。

映画「RAILWAYS」にも出演したベテラン
デハニ50形
◆電車（直流）　◆1両　◆1928年　◆1928年の北松江線開業時に製造されたオリジナル車両で、全国屈指の長い歴史を持つ電車。当時は客室とともに荷物室を備えていました。現在は1両は出雲大社前駅で保存、もう1両は体験運転用です。

ピンクの鉄道
鳥取県はピンク色での活性化を企画しました。若桜鉄道では蒸気機関車が一時期ピンクに塗られ、智頭急行の恋山形駅はピンクにそまりました。

▲ピンクの駅舎の恋山形駅

若桜鉄道
鉄道の歴史と文化を伝える保存鉄道
- 正式名称　若桜鉄道株式会社
- 営業キロ　19.2km
- おもな区間　郡家～若桜
- 軌間　1067mm
- 電化方式　非電化
- 特徴　国鉄若桜線を転換した第三セクターで、地元の人々がずっと列車が走れるようさまざまな努力をしています。駅など23の施設が、昭和時代の鉄道文化を残していると、国の文化財に登録されました。

◀ピンクに塗られたC12形

沿線の人々の情熱に支えられる「さくら号」
WT3000形
◆気動車　◆1両　◆95km
◆若桜鉄道開業時から使われていたWT2500形をリニューアル工事の際に型式番号を改めた車両。エンジンのパワーが上がり、車輪も大きくなりました。「さくら号」の愛称があります。

地域の人たちの熱意が実った、最後のローカル新線
井原鉄道
- ●正式名称　井原鉄道株式会社
- ●営業キロ　41.7km
- ●おもな区間　総社〜神辺
- ●軌間　1067mm
- ●電化方式　非電化
- ●特徴　JR伯備線・吉備線の総社駅と福塩線の神辺駅を結ぶ第三セクターで、平成11年1月11日11時11分に開業しました。吉備線からの列車に接続して、岡山から利用しやすいダイヤになっています。

イベント車両も活躍
IRT355形
- ◆気動車　●1両　●95km　●ステンレス　●1999年
- ◆開業当時から使われている車両。全席転換クロスシートを装備した100番台のほか、水戸岡鋭治氏のデザインによるイベント向け車両「夢やすらぎ号」もあります。

貨物主体だが、通勤輸送にも力を入れる
水島臨海鉄道
- ●正式名称　水島臨海鉄道株式会社
- ●営業キロ　10.4km
- ●おもな区間　倉敷市〜三菱自工前
- ●軌間　1067mm
- ●電化方式　非電化
- ●特徴　貨物輸送が中心の臨海鉄道ですが、通勤・通学客が多く旅客輸送もさかんな鉄道です。長い間、旧国鉄型のキハ20形が活躍していましたが、現在では新型車両にバトンタッチしました。

道路に線を引いただけの電停もあるミニ路面電車
岡山電気軌道
- ●略称　岡山電軌
- ●正式名称　岡山電気軌道株式会社
- ●営業キロ　4.7km
- ●おもな区間
  東山本線：岡山駅前〜東山、
  清輝橋線：岡山駅前〜清輝橋
- ●軌間　1067mm
- ●電化方式　直流
- ●特徴　全長4.7kmと、全国でいちばん路線が短い路面電車ですが、市民の大切な足となっています。和歌山電鉄と同じグループの会社で、たまスーパー駅長がえがかれた電車も走っています。

ホームと床の段差がほとんどない
9200形
- ◆電車（直流）　●MOMO　●2車体2台車　●40km
- ◆鋼製　●2002年　◆岡山出身の水戸岡鋭治氏がデザインした超低床路面電車。レールから床面までの高さは30〜36cmで、ホームと床の段差は4cmほど。客室は木をふんだんに使用した落ち着いたふんいき。

NDC最大の車体を持ち通勤輸送に活躍
MRT300形
- ◆気動車　●1両　●95km　●1995年
- ◆NDCシリーズの中でも最大の21.3mの車体。車内は片側がクロスシート、反対側がロングシートで、乗り心地とラッシュ時の輸送力の両方をそなえています。

大阪〜鳥取間の大動脈に成長した高規格路線
智頭急行
- ●正式名称　智頭急行株式会社
- ●営業キロ　56.1km
- ●おもな区間　上郡〜智頭
- ●軌間　1067mm
- ●電化方式　非電化
- ●特徴　瀬戸内海側と山陰地方をショートカットし、大阪・岡山〜鳥取間を結ぶ幹線鉄道です。特急「スーパーはくと」「スーパーいなば」が時速130kmで疾走し、自動車よりも優位に立つすぐれた鉄道です。第三セクター鉄道のひとつ。

ディーゼルカーなのに時速110kmで走るスプリンター
HOT3500形
- ◆気動車　●1両　●110km　●鋼製　●1994年
- ◆智頭急行の普通列車に使われている車両。最高時速130km運転を行う「スーパーはくと」に合わせて走るため、普通列車用のディーゼルカーとしては異例の時速110km運転が可能。座席はセミクロスシート。

最新の振り子装置で鳥取へ直行
HOT7000系
- ◆気動車　●スーパーはくと　●5・6両
- ●130km　●ステンレス　●1994年　●大阪〜鳥取間を約2時間30分で結ぶ特急「スーパーはくと」専用車両。カーブを高速で走れる制御付自然振り子機構を搭載。指定席にはよりゆったりとした新型シートを導入。

豆ちしき　智頭急行は多くの部分が高架になっているので、踏切もあまりありません。形式名のHは兵庫、Oは岡山、Tは鳥取です。

◆動力　◆愛称やおもな運用　◆基本編成　◆最高速度(時速)　◆車体の材質　◆運用開始　◆特徴

近畿地方

日本初の新交通システムは空港アクセス路線に
神戸新交通
- ●通称　ポートライナー、六甲ライナー
- ●正式名称　神戸新交通株式会社
- ●営業キロ　15.3km
- ●おもな区間
  ポートライナー線：三宮〜神戸空港、
  六甲ライナー線：住吉〜マリンパーク
- ●電化方式　直流
- ●特徴　神戸の市街地と、神戸沖につくられた人工の島を結ぶ2本の新交通システム。三宮と神戸空港を結ぶポートライナーは、日本で最初に開業した新交通システムです。

機器類の小型化でより多くの人が乗れるように
2020型、2000型
- ◆電車(直流)　◆ポートライナー　◆6両
- ◆80km　◆ステンレス　◆2006年　◆日本初の無人運転を実現したポートライナー線の車両。先頭車両は曲線を活かした落ち着いたデザイン。2020型は淡いピンクの内装。

六甲アイランドの景色をたっぷりと
1000型
- ◆電車(直流)　◆六甲ライナー　◆4両　◆60km
- ◆アルミ合金　◆1990年　◆六甲ライナー線開業時から活躍。完全無人運転に対応しています。マリンパークに向かって右側の窓は、沿線のマンションが見えないよう自動的にくもらせることができます。

播磨灘に沿ってかけぬける大手に近い私鉄
山陽電気鉄道

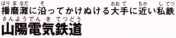

- ●略称　山陽電鉄
- ●正式名称　山陽電気鉄道株式会社
- ●営業キロ　63.2km
- ●おもな区間
  本線：西代〜山陽姫路、
  網干線：飾磨〜山陽網干
- ●軌間　1435mm
- ●電化方式　直流
- ●特徴　神戸高速線を経由して姫路から阪神梅田駅まで直通している私鉄です。大阪湾や播磨灘の海岸に沿って走り、シーサイドエクスプレスのニックネームがあります。

阪神地区を駆け抜ける最新車両
6000系
- ◆電車(直流)　◆3両　◆110km　◆アルミ合金
- ◆2016年　◆山陽電鉄の最新型電車。より省エネ効果の高いVVVFインバーター制御装置を採用するなどして消費電力を40％も減らしました。外観、内装とも山陽電鉄のイメージカラーである赤が基調。

山陽電鉄の大ベテラン
3000系
- ◆電車(直流)　◆3、4両　◆110km　◆アルミニウムなど　◆1964年　◆50年以上の歴史の中で、いろいろな変更がされてきました。2004年にはリニューアルがはじまり、まだまだ現役でがんばっていますが、新しい6000系もでき、廃車も進んでいます。

神戸の主要ポイントを効率よくつなぐ地下鉄
神戸市交通局

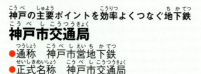

- ●通称　神戸市営地下鉄
- ●正式名称　神戸市交通局
- ●営業キロ　30.6km
- ●おもな区間
  西神・山手線：西神中央〜新神戸、
  海岸線：三宮・花時計前〜新長田
- ●軌間　1435mm
- ●電化方式　直流
- ●特徴　神戸の地下鉄で、神戸中心部と北部の住宅街、そして山陽新幹線新神戸駅を結んでいます。山手線と海岸線はJR東海道本線、山陽本線をはさむように走っているのがユニークです。

省エネ性能に優れる神戸の地下鉄
3000形
- ◆電車(直流)　◆6両　◆90km　◆アルミ合金
- ◆1993年　◆西神、山手線の輸送力増強のために登場した電車。神戸市営地下鉄としてはじめてVVVFインバーター制御装置を搭載し、ブレーキも遅れ込め制御を採用するなど省エネ性能にすぐれます。

リニアモーターで動く小さな地下鉄電車
5000形
- ◆電車(直流)　◆4両　◆70km　◆アルミ合金
- ◆2000年　◆日本で3番目に開業した、鉄輪式リニアモーター駆動の地下鉄海岸線用の電車。線路幅、電圧ともに西神、山手線と同じながら、車体は一回り小さくなっています。運転席は右側にあります。

豆ちしき　山陽電鉄が山陽姫路〜阪神梅田間の直通特急の運行を始めたのは1998年。

神戸新交通　ポートライナー

兄弟の三木鉄道は廃止されても元気に走り続ける
北条鉄道
- 正式名称　北条鉄道株式会社
- 営業キロ　13.6km
- おもな区間　粟生〜北条町
- 軌間　1067mm
- 電化方式　非電化
- 特徴　国鉄北条線を引きついだ第三セクター路線です。田園風景の中を走るのどかな路線で、かぶと虫列車やサンタ列車など季節ごとのイベント列車が人気です。

かつての三木鉄道の車両も仲間に
フラワ2000形
- 気動車　　1両　　80km　　鋼製　　1999年　　富士重工業製第三セクター向けディーゼルカーLE-DCシリーズの1つ。セミクロスシートの車両とロングシートの車両があります。「フラワ」は、沿線にある「県立フラワーセンター」に由来。

めずらしい2両連結のケーブルカー
六甲山観光
- 略称　六甲ケーブル
- 正式名称　六甲山観光株式会社
- 営業キロ　1.7km
- おもな区間　六甲ケーブル下〜六甲山上
- 軌間　1067mm
- 特徴　六甲山を登るケーブルカーで、高低差は493m。とくに秋の紅葉はとてもきれいで、終点には神戸のまちが見える展望台があります。バスとロープウェイを乗りつげば、有馬温泉まで行くこともできます。

静かな住宅街から一気に山の展望台へ
摩耶ケーブル
- 正式名称　神戸すまいまちづくり公社
- 営業キロ　0.9km
- おもな区間　摩耶ケーブル駅〜虹の駅
- 軌間　1067mm
- 特徴　六甲山系の摩耶山に登る高低差312mのケーブルカーです。ケーブルカー乗り場は、神戸市内の住宅街。終点からはロープウェイに乗り換えて、神戸を一望できる展望台の掬星台まで行くことができます。

架線が撤去され見晴らしがよくなった
摩耶ケーブル
- ケーブルカー　摩耶ケーブル　1両　鋼製　2013年　摩耶ケーブル三代目の車両。二代目の車両の機器類を一部流用して製造。車内の電気はバッテリー式となり、架線が撤去されたうえに窓が大きくなり、見晴らしが良くなりました。

クラシック&レトロな車両は両方乗りたい
六甲ケーブル
- ケーブルカー　六甲ケーブル　2両　鋼製　1999年　六甲ケーブル三代目の車両。1号車はクラシックなタイプで、2号車はレトロなタイプ。写真は1号車。1号車も2号車も2両連結の下側の車両が展望車になっています。

豆ちしき　遅れ込めブレーキは、モーターのない車両の空気ブレーキをかけるのを遅らせるやり方で、電動車の回生ブレーキを有効に使います。

近畿地方

◆動力　◆愛称やおもな運用　◆基本編成　◆最高速度（時速）　◆車体の材質　◆運用開始　◆特徴

歴史と伝統を乗せて走り続ける阪急マルーン
阪急電鉄
- 正式名称　阪急電鉄株式会社
- 営業キロ　143.6km
- おもな区間
  神戸本線：梅田～三宮、
  京都本線：十三～河原町　ほか
- 軌間　1435mm
- 電化方式　直流
- 特徴　梅田を拠点に、京都、宝塚、神戸と3方向へ路線がのびる大手私鉄です。ほぼすべての電車がマルーンとよばれる茶色の塗装をしており、関西地方の住宅地を結んでいます。

阪急電鉄を代表する特急用車両
9300系・9000系
- ◆電車（直流）　◆8両　◆115km　◆アルミ合金
- ◆2003年　◆9300系は、阪急京都線の特急用車両。阪急電車で最も豪華な転換クロスシートを備える一方、乗り降りが便利なよう片側に3つの扉があります。9000系は、9300系の京都線向けロングシートです。

マルチに活躍する阪急80周年記念電車
8000系・8200系・8300系
- ◆電車（直流）　◆2・8両　◆115km　◆アルミ合金
- ◆1989年　◆8000系は、阪急創立80周年を記念してデビュー。神戸線と宝塚線のすべてのタイプの列車に使用されています。8300系は京都線用で、車両幅が8000系よりも12cm広くなっています。

290両以上が活躍する最大グループ
7000系・7300系
- ◆電車（直流）　◆2・6・8両　◆115km　◆アルミニウム／鋼製　◆1980年　◆神戸・宝塚線用7000系と京都線用7300系を合わせて290両以上が活躍しており、阪急電鉄でいちばん数が多い形式です。2008年のリニューアルで、一部の車両の標識灯が四角くなりました。

時代を築いた偉大な阪急特急
6300系
- ◆電車（直流）　◆4・6両　◆110km　◆鋼製
- ◆1975年　◆当時は梅田（大阪）と河原町（京都）をノンストップで結ぶ特急電車として登場。転換クロスシートで、阪急特急の代名詞でした。現在は嵐山線や、観光客向け快速特急「京とれいん」に改造され活躍。

エコを極める、次世代電車
1300系
- ◆電車（直流）　◆8両　◆115km　◆アルミニウム
- ◆2014年　◆騒音低減や安全性の向上を極めた阪急電鉄の最新型電車。おもに京都線、千里線で特急から普通まで各列車に使用。車内に32インチの大型ディスプレイを設置し、ニュースや天気予報も見られます。

伝統と省エネの両方を追求する
1000系
- ◆電車（直流）　◆8両　◆115km　◆アルミニウム
- ◆2013年　◆神戸・宝塚線用の最新車両。最高速度は従来の車両と同じですが、より静かに、より省エネルギーで走れるようになりました。木目調の壁を使った車内は、阪急の伝統を守っています。

天橋立観光のクライマックスを演出するケーブルカー
天橋立ケーブル
- 正式名称　丹後海陸交通株式会社
- 営業キロ　0.4km
- おもな区間　府中～傘松
- 軌間　1067mm
- 特徴　日本三景のひとつ、天橋立を一望できる展望台・股のぞき発祥の地「傘松公園」に上がるケーブルカー。リフトが併設されており、同じきっぷで好きなほうに乗車できます。

ケーブルカーとリフトの好きなほうで！
天橋立ケーブルカー
- ◆ケーブルカー　◆1両　◆鋼製　◆1975年　◆日本三景のひとつ、天橋立の北側にあるケーブルカー。全長400mで、高低差は約130m。全長約8mと、日本のケーブルカーの中では最小クラスの車両。リフトが並走しており、片道ずつ乗るとより楽しめます。

豆ちしき　阪急京都線で休日運転される快速特急「京とれいん」は特別料金は要りません。豪華な車内設備が自慢です。

▶阪急の梅田〜十三間は、京都線、神戸線、宝塚線がそれぞれ複線で、三複線区間。梅田駅は9本の線路が並ぶターミナル駅です。

▼6300系京とれいん

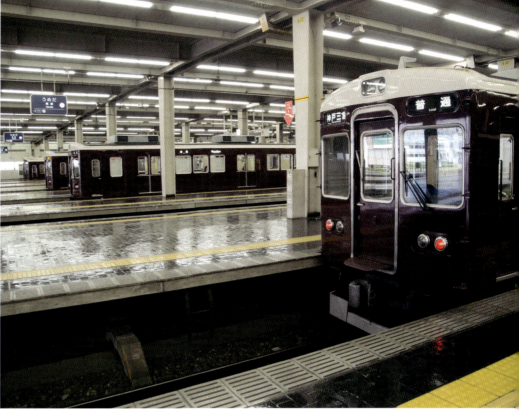

御堂筋線と一体になって運行している
北大阪急行
- 略称　北急
- 正式名称　北大阪急行電鉄株式会社
- 営業キロ　5.9km
- おもな区間　江坂〜千里中央
- 軌間　1435mm
- 電化方式　直流
- 特徴　千里ニュータウンへのアクセス路線として建設され、地下鉄御堂筋線と一体になって運行されています。ほとんどの区間を、高架道路の真ん中を走るユニークな路線です。

地下鉄御堂筋線と直通
9000形
◆電車（直流）◆ポールスターⅡ ◆10両 ◆70km ◆ステンレス ◆2014年 ◆9000形は、「静かさ・やすらぎ」をテーマに安全性を高めた最新型車両です。

阪急電鉄の弟分として観光と通勤に活躍
能勢電鉄
- 正式名称　能勢電鉄株式会社
- 営業キロ　14.8km（鉄道）、0.6km（ケーブル）
- おもな区間　妙見線、日生線（鉄道）、妙見の森ケーブル（ケーブル）
- 軌間　1435mm
- 電化方式　直流
- 特徴　阪急電鉄の子会社で、電車はすべてもと阪急電鉄のマルーンカラー。梅田からの直通列車も走っており、週末には観光客でにぎわいます。戦前は2本のケーブルカーがありましたが、戦争中にいったん休止。戦後はふもとのほうだけ復活して、もうひとつはリフトに生まれ変わりました。

懐かしの阪急電車が見られる
1700系・3100系・5100系・6000系
◆電車（直流）◆4両 ◆鋼製 ◆1990年
◆1700系は、2013年に引退した阪急2000系を改造した車両です。

妙見山へのお参りに
妙見の森ケーブル
◆ケーブルカー ◆1両 ◆1960年
◆1960年の運行再開時から使われている車両で、黄色い1号車は「ほほえみ」、ピンク色の2号車は「ときめき」と呼ばれています。日本では珍しい、新幹線と同じ線路幅のケーブルカー。

豆ちしき　北大阪急行の初乗り運賃は90円。江坂〜千里中央間5.9kmは120円。

◆動力　◆愛称やおもな運用　◆基本編成　◆最高速度（時速）　◆車体の材質　◆運用開始　◆特徴

近畿地方

六甲のけわしい山を一気にかけ上がるハイパワー私鉄
神戸電鉄
- 正式名称　神戸電鉄株式会社
- 営業キロ　69.6km
- おもな区間
  有馬線：湊川〜有馬温泉、
  三田線：有馬口〜三田　ほか
- 軌間　1067mm
- 電化方式　直流
- 特徴　湊川から六甲山地をかけ上り、神戸の市街地と温泉で有名な有馬をはじめとする神戸市北区や西区、三田市、三木市、小野市を結ぶ私鉄です。1km進むと50m上る50‰（パーミル）の急勾配が全路線の約2割もあり、全体でも勾配区間が約8割、曲線区間が約4割を占めており、北神戸を走る山岳路線ともいわれています。

山岳路線よりも効率的に力強く走る
6500系
- ◆電車（直流）　◆3両　◆80km　◆ステンレス
- ◆2016年　◆最新の6500系電車は、全密閉型高効率主電動機（モーター）やLEDライトを使用するなど省エネルギー性能に優れており、旧型の1000系より約6割も消費電力を減らしました。

一駅区間しかない神戸地下鉄のバイパス路線
北神急行
- 正式名称　北神急行電鉄株式会社
- 営業キロ　7.5km
- おもな区間　新神戸〜谷上
- 軌間　1435mm
- 電化方式　直流
- 特徴　途中駅がひとつもないめずらしい私鉄で、ほぼ全線がトンネルの中。神戸市営地下鉄山手・西神線と相互直通運転を行っています。神戸の北、北摂地域へのアクセスがとても便利になりました。

途中に駅がひとつもないめずらしい路線
7000系
- ◆電車（直流）　◆6両　◆90km　◆アルミ合金
- ◆1988年　◆開業以来活躍している7000系は、車内に木目調の壁を使うなど、車内デザインが阪急電車によく似ています。

庶民的なまちをかっ飛ばす、高性能な電車たち
阪神電気鉄道
- 略称　阪神電鉄
- 正式名称　阪神電気鉄道株式会社
- 営業キロ　48.9km
- おもな区間
  本線：元町〜梅田、
  阪神なんば線：尼崎〜大阪難波　ほか
- 軌間　1435mm
- 電化方式　直流
- 特徴　大阪と神戸を結ぶ大手私鉄で、現在は阪急電鉄と同じグループになっています。開業は1905年で、日本ではじめての都市間電鉄として登場しました。駅間が短く、加速力にすぐれた電車が多く走っています。

阪神5550系

最新鋭ジェットカーは近未来的なデザイン
5700系
- ◆電車（直流）　◆4両　◆90km　◆ステンレス
- ◆2015年　◆私鉄トップクラスの加速力を誇る「ジェットカー」の最新車両。一部のシートは立ち上がりやすいよう座る面を少し高くした「ちょい乗りシート」が試験的に設置されています。

2009年に西大阪線が延伸し（阪神なんば線に改称）、近鉄との相互乗り入れがはじまりました。阪神電車が平城宮跡を走る姿も見られるようになりました。

阪神梅田～山陽姫路間の直通特急として活躍
9300系
◆電車（直流） ◆6両 ◆110km ◆鋼製 ◆2001年
◆神戸高速鉄道や山陽電鉄へ乗り入れる「直通特急」を中心に活躍している電車。中間車は阪神電鉄ではめずらしい転換クロスシート。オレンジとベージュの新しい塗装を採用しています。

阪神淡路大震災からの復興を支えた
9000系
◆電車（直流） ◆6両 ◆110km ◆ステンレス ◆1996年 ◆阪神淡路大震災後に登場した電車で、デザインや設計は8000系によく似ています。2009年に開業した阪神なんば線を経由して近鉄奈良線との相互直通運転も行っています。

まだまだ活躍！リニューアルされた主力電車
8000系
◆電車（直流） ◆6両 ◆110km ◆鋼製 ◆1984年 ◆当初はすべてロングシートでしたが、山陽電鉄への乗り入れが始まると一部の車両がクロスシートに改造されました。2008年から大部分の先頭車が黒いサッシになりました。

90年代から活躍している2代目ジェットカー
5500系
◆電車（直流） ◆4両 ◆90km ◆鋼製 ◆1995年
◆阪神大震災後、計画よりも早めに製造された普通列車用「ジェットカー」。加速力は従来よりややおとるものの、最新の制御装置で所要時間を変えずに乗り心地がよくなっています。

駅間が短くても速く！阪神の象徴・ジェットカー
5001形
◆電車（直流） ◆4両 ◆90km ◆鋼製 ◆1977年
◆短い距離で加速・減速・停止を繰り返す普通列車専用に、最高速度よりも加速・減速性能をきわめた阪神「ジェットカー」の元祖。

近鉄に直通する主力特急電車
1000系
◆電車（直流） ◆6・8両 ◆110km ◆ステンレス ◆2007年 ◆近鉄奈良線との直通運転が始まるために開発された車両。阪神電鉄、近鉄、山陽電鉄、神戸高速鉄道の4社を走行できるシステムを装備しています。ドアがわかりやすい塗装です。

豆ちしき　112ページの阪神5550系は5500系のマイナーチェンジ車両。行き先表示器などはLEDに。

近畿地方

◆動力 ◆愛称やおもな運用 ◆基本編成 ◆最高速度（時速） ◆車体の材質 ◆運用開始 ◆特徴

大阪北部に広がる数多くの鉄道をつなぐ
大阪モノレール
- ●正式名称　大阪高速鉄道株式会社
- ●営業キロ　28.0km
- ●おもな区間
  本線：大阪空港〜門真市、
  彩都線：万博記念公園〜彩都西
- ●電化方式　直流
- ●特徴　モノレールとしては、日本最大の路線網を持つ会社です。梅田・大阪からのびる多くの路線を横につなぎ、大阪空港にも乗り入れます。東海道新幹線の車両基地をまたいでおり、ずらりと並ぶ新幹線電車を見られます。

昭和の人たちが地下鉄にかけた意気ごみを感じる
大阪市交通局
- ●正式名称　大阪市交通局
- ●営業キロ　129.9km（地下鉄）、7.9km（ニュートラム）
- ●おもな区間
  御堂筋線、谷町線ほか（地下鉄）、
  南港ポートタウン線（ニュートラム）
- ●軌間　1435mm（地下鉄）
- ●電化方式　直流
- ●特徴　東京に続き、日本で2番目に登場した地下鉄です。御堂筋線は、戦前のはなやかな時代に建設され、豪華な駅の装飾が魅力。第三軌条の路線、リニアモーター駆動の路線などさまざまな路線があります。ニュートラムは、大阪市が運営する新交通システム。現在は無人運転が行われています。

大阪市営地下鉄の標準車両
21系
- ◆電車（直流）　◆御堂筋線　◆10両　◆70km
- ◆ステンレス　◆1991年　◆大阪市営地下鉄の主力車両。赤のラインカラーは御堂筋線で活躍する電車です。架線の代わりに3本目のレールに電気が流れる第三軌条方式を採用しています。

日本最大の路線網を持つ跨座式モノレール
1000系
- ◆モノレール　◆4両　◆75km　◆アルミ合金
- ◆1990年　◆レールの上にまたがる「跨座式」ですが、車内の広さは普通の電車とほぼ同じ。摂津〜南摂津間では上から新幹線電車がずらりと並ぶ車両基地を見られます。

谷町線と御堂筋線でデザインがことなる最新車両
30000系
- ◆電車（直流）　◆谷町線　◆6両　◆70km　◆ステンレス　◆2009年　◆30000系は新型車両で、御堂筋線でも同じ形式が走っています。この谷町線の車両は紫のラインカラーに直線を活かしたデザインで、顔つきがだいぶちがいます。

御堂筋線と並走する、もうひとつのメイン路線
23系
- ◆電車（直流）　◆四つ橋線　◆6両　◆70km　◆ステンレス　◆1990年　◆四つ橋線の車両で、ラインカラーは青。車両は塗装以外は御堂筋線の21系とほぼ同じですが、最初に生産されたタイプは、前面の編成番号の数字が大きくなっています。

新幹線の鳥飼車両基地、伊丹空港、万博記念公園太陽の塔と、大阪を代表する見どころを通る大阪モノレール。乗っているだけでも色々な景色を楽しめます。特に万博記念公園は、周囲をぐるりとまわるので、長い時間楽しめるはず。伊丹空港駅では運がよければ発着する飛行機を間近で見られます。

大阪を東西に結ぶ「ゆめはんな」
24系
◆電車(直流) ◆中央線 ◆6両 ◆70km ◆ステンレス ◆1991年 ◆「ゆめはんな」の愛称を持つ中央線の車両で、近鉄けいはんな線に乗り入れます。車両は御堂筋線の21系とほぼ同じで、6両編成で運行されています。

4両編成の地下鉄がトコトコと走る
25系
◆電車(直流) ◆千日前線 ◆4両 ◆70km ◆ステンレス ◆1991年 ◆ラインカラーはピンク。御堂筋線などと同じ20系の系統ですが、4両と大阪市営地下鉄の中ではもっとも短い編成です。

阪急電鉄と相互乗り入れを行う
66系
◆電車(直流) ◆堺筋線 ◆8両 ◆70km ◆ステンレス ◆1990年 ◆ラインカラーは茶色。66系はステンレス製のシンプルな電車で、一部の編成は阪急電鉄の車両と一部の機器を共通化するなどのリニューアルが行われました。

次世代システム、リニアモーター駆動を初採用
70系
◆電車(直流) ◆長堀鶴見緑地線 ◆4両 ◆70km ◆アルミ合金 ◆1990年 ◆ラインカラーはモスグリーン。70系電車は、日本の営業用の鉄道車両で初めて「リニアモーター駆動」を実現。機械が小さくてすむので、トンネルもやや小さくなっています。

大阪の郊外を走るミニ地下鉄
80系
◆電車(直流) ◆今里筋線 ◆4両 ◆70km ◆アルミ合金 ◆2006年 ◆リニアモーター駆動のミニ地下鉄で、ラインカラーはオレンジ。70系によく似ていますが、車体横の行先表示が字幕式であったり、窓にカーブしていないところなどがちがいます。

高架線から大阪港を眺めよう
100系
◆電車(直流) ◆大阪南港ポートタウン線(ニュートラム) ◆4両 ◆60km ◆ステンレス ◆1991年 ◆ニュートラムの主力車両。ラインカラーのセルリアンブルーの帯が側面に入っています。

京都市民の市内の足から、都市をつなぐ鉄道に発展
京都市交通局
- 略称　京都市営地下鉄
- 正式名称　京都市交通局
- 営業キロ　31.2km
- おもな区間
  烏丸線：国際会館〜竹田、
  東西線：太秦天神川〜六地蔵
- 軌間　1435mm
- 電化方式　直流
- 特徴　2路線を運行している京都の地下鉄です。烏丸線は、廃止された京都市電のかわりとして建設され、今では近鉄に乗り入れています。東西線も京阪電鉄が乗り入れており、大津方面へ直通できます。

京都の目抜き通りの地下を走る
10系
◆電車(直流) ◆烏丸線 ◆6両 ◆105km ◆アルミニウム ◆1981年 ◆京都市ではじめての地下鉄である烏丸線の主力車両。近鉄京都線に乗り入れて奈良駅まで運行されています。前面と側面上部のグリーンのラインは、京都をイメージした色。

京阪京津線からの乗り入れ列車もある
50系
◆電車(直流) ◆東西線 ◆6両 ◆75km ◆ステンレス ◆1997年 ◆建設費を安くするために小さめのサイズでつくられており、車内はすべてロングシート。全区間地下を走り、ホームドアがあるのでガラス越しにしか車両を見られない地下鉄車両です。

豆ちしき　大阪市営地下鉄で最初に開業したのは御堂筋線の梅田〜心斎橋間で、1933年のことでした。

◆動力　◆愛称やおもな運用　◆基本編成　◆最高速度（時速）　◆車体の材質　◆運用開始　◆特徴

近畿地方

・おりてくる座席

京都〜大阪間をサービスで勝負する「おけいはん」
京阪電気鉄道

- ●略称　京阪電鉄、おけいはん
- ●正式名称　京阪電気鉄道株式会社
- ●営業キロ　91.1km
- ●おもな区間
  京阪本線：淀屋橋〜三条京阪、
  交野線：枚方市〜私市　ほか
- ●軌間　1435mm
- ●電化方式　直流
- ●特徴　「おけいはん」の愛称でも知られる大手私鉄。京都〜大阪間でJRや阪急とはげしく競争しており、乗車券だけで乗れる2階建て電車も走っています。京都の地下鉄から直通して路面電車になる京津線も人気です。

京都の風流を電車で表現したデザイン
13000系
- ◆電車（直流）　◆4・7両　◆80km　◆アルミニウム　◆2012年　◆クロスシート主体の3000系を、オールロングシートに変更した通勤電車。京都の風流を現代に再現したデザインで、座席はバケットシートを採用しています。

ワンマン運転に対応して支線区間を走る
10000系
- ◆電車（直流）　◆4・7両　◆90km　◆アルミニウム　◆2002年　◆ワンマン運転に対応した車両で、おもに交野線や宇治線で活躍。車両のデザインは6000系などと似ていますが、床が20mmほど低くなっています。

京阪初の有料シートがいよいよ登場！
8000系
- ◆電車（直流）　◆エレガント・サルーン　◆8両　◆110km　◆アルミニウム　◆1989年　◆2017年には、プレミアムカーとして京阪初の座席指定車が導入されます。写真の列車にはまだ連結されていません。

ダブルデッカーを連結した京阪電鉄の顔
8000系
- ◆電車（直流）　◆8両　◆110km　◆アルミニウム　◆1989年　◆京阪電鉄が誇る、特急専用電車。車体には金色の帯が入り、前面部には京阪伝統の鳩マークが。車内はすべて転換クロスシートで、2階建てのダブルデッカー車も1両連結しています。写真は旧塗装。

京阪電鉄最大の数を誇る標準型電車
6000系
- ◆電車（直流）　◆7・8両　◆110km　◆アルミニウム　◆1983年　◆京阪電鉄で最大の両数を誇る通勤電車。運転席の窓が車体横まで広がったパノラミックウインドウに非常用貫通扉など洗練されたデザイン。京阪本線、中之島線で活躍しています。

初詣の季節は大にぎわい
男山ケーブル
- ◆ケーブルカー　◆1両　◆2001年　◆おもに岩清水八幡宮への参拝客を運ぶ、通称男山ケーブル。京阪の八幡市駅と男山山上を結びます。路線は全長400mですが、トンネルが2つ、橋梁が1つあります。

ドアが座席に変身するユニークなシステム
5000系
- ◆電車（直流）　◆7両　◆110km　◆アルミニウム　◆1970年　◆京阪電鉄の中ではもっとも古くから活躍している電車。大阪周辺の通勤ラッシュに対応するため、1両に5か所も扉があります。ラッシュ時以外は2か所をしめ切って、座席が設置されるユニークな車両。

おりてくる座席
5000系は片側5扉車ですが、全部使うのは平日朝のラッシュ時だけ。午前10時を過ぎると、2、4番目の扉の上に収納している座席をおろして、3扉車になります。

▶おろした座席

豆ちしき　京阪の8000系などでは、ターミナル駅などでクロスシートの方向を自動的に転換するところが見られます。

中之島線開業とともに登場した快速急行
3000系
- ◆電車（直流） ◆コンフォート・サルーン
- ◆8両 ◆110km ◆アルミニウム ◆2008年
- ◆2008年に開業した中之島線に合わせて、快速急行用車両。車内は、2列+1列の転換クロスシート。特急などにも使用されており、乗車券だけで乗れる車両です。

改造車と新造車がある電車
2600系
- ◆電車（直流） ◆4・7両 ◆110km ◆鋼製
- ◆1978年 「スーパーカー」とよばれた2000系にかわる車両で、京阪本線の普通列車や急行に使われています。2000系の体などを流用した車両と、新造車両（30番台）があります。

駅舎が文化財にも登録された歴史あるケーブルカー
比叡山鉄道
- ●通称　坂本ケーブル
- ●正式名称　比叡山鉄道株式会社
- ●営業キロ　2.0km
- ●おもな区間
　ケーブル坂本～ケーブル延暦寺
- ●軌間　1067mm
- ●特徴　歴史のある比叡山延暦寺に上る、東側のルートになっているケーブルカーです。高低差は484mで、起点と終点には開業当時からの駅舎が現役で、文化財に登録されました。途中2つの駅があります。

旧型車両の部品を流用した長持ち通勤電車
1000系
- ◆電車（直流） ◆7両 ◆110km ◆鋼製 ◆1977年改造 ◆京阪電鉄の電化方式が変わった時に、旧700系電車の機器類を交換して冷房を搭載するなど、全面リニューアルした車両。京阪本線や中之島線の普通列車と準急列車で活躍しています。

路面電車風から地下鉄までなんでもこなす
800系
- ◆電車（直流） ◆4両 ◆75km ◆鋼製 ◆1997年
- ◆京津線専用車両。京都地下鉄東西線に直通運転を行っており、浜大津駅付近では路面電車のように道路上を走ります。山科～浜大津間は急坂が続く山越えの路線を走ります。

いちばん長い距離を走るケーブルカー
坂本ケーブル
- ◆ケーブルカー ◆福号、縁号 ◆1両 ◆1993年
- ◆通称坂本ケーブル。ふもとのケーブル坂本駅～ケーブル延暦寺間は2025mで、日本一長いケーブルカーで、2つのトンネルと7つの橋梁を通ります。

京都の町を走り続ける路面電車
京福電気鉄道
- ●通称　嵐電、叡山ケーブル
- ●正式名称　京福電気鉄道株式会社
- ●営業キロ　11.0km（鉄道）、1.3km（ケーブルカー）
- ●おもな区間　嵐山本線、北野線（鉄道）
　叡山ケーブル
- ●軌間　1435mm（鉄道）、
　　　　1067mm（ケーブルカー）
- ●電化方式　直流（鉄道）
- ●特徴　「嵐電」の愛称で知られる路面電車です。道路の上を走る併用軌道の区間も多く、古い町並みを走る小さな電車は京都の町にとけこんでいます。叡山ケーブルの高低差561mは日本一です。坂本ケーブルとは反対側から比叡山を上り、ケーブル比叡駅ではロープウェイが接続しています。

レトロ電車が嵐山を走る
モボ21形
- ◆電車（直流） ◆1、2両 ◆鋼製 ◆1994年 ◆平安遷都1200年協賛の一環としてつくられた車両です。天井には飾り屋根があるレトロな電車で人気があります。車内はロングシート。

高低差日本一
叡山ケーブル
- ◆ケーブルカー ◆1両 ◆1987年 ◆高低差561mはケーブルカーとして日本一。もっとも急なところは530‰。軌間1067mm。現在の車両は4代目になります。

117

◆動力　◆愛称やおもな運用　◆基本編成　◆最高速度（時速）　◆車体の材質　◆運用開始　◆特徴

近畿地方

乗車券だけで乗れる観光電車「きらら」が大人気
叡山電鉄
- ●略称　叡山電車（叡電）
- ●正式名称　叡山電鉄株式会社
- ●営業キロ　14.4km
- ●おもな区間
  叡山本線：出町柳〜八瀬比叡山口、
  鞍馬線：宝ヶ池〜鞍馬
- ●軌間　1435mm
- ●電化方式　直流
- ●特徴　もともとは京福電鉄の一路線でしたが、1986年に分離・独立した鉄道です。京都北部の鞍馬山などへ行く観光路線で、とくに紅葉のシーズンは多くの観光客でにぎわいます。

叡山電車の沿線は紅葉が美しいことで有名です。夜にはライトアップされます。

予約不要の観光パノラマ電車「きらら」
900系
- ◆電車（直流）　◆きらら　◆2両　◆70km　◆鋼製
- ◆1997年　◆一部の座席が窓側を向いており、車体上部には天窓が付くなど、景色をたっぷり楽しめる展望列車。特に紅葉の季節は素晴らしい。予約は不要で、乗車券だけで乗れるのもうれしい列車です。

激増したお客さんをさばく叡山電車のエース
800系
- ◆電車（直流）　◆2両　◆1990年　◆制御方式によってデオ800形と1993年に増備されたデオ810形の2種類があります。編成ごとに「山並の緑」、「鞍馬の桜のピンク」、「柳の黄緑」などちがう色の帯をつけています。

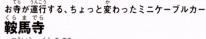

お寺が運行する、ちょっと変わったミニケーブルカー
鞍馬寺
- ●通称　鞍馬山ケーブル
- ●正式名称　宗教法人鞍馬寺
- ●営業キロ　0.2km
- ●おもな区間　山門〜多宝塔
- ●軌間　800mm
- ●特徴　日本でただひとつ、鞍馬寺という宗教法人が運営している鉄道です。ケーブルカーは全長0.2kmと日本一短い路線で、職員もすべてお寺の人。独特のふんいきがあるケーブルカーです。

今では京都観光に欠かせない絶景路線に成長
嵯峨野観光鉄道
- ●正式名称　嵯峨野観光鉄道株式会社
- ●営業キロ　7.3km
- ●おもな区間　トロッコ嵯峨〜トロッコ亀岡
- ●軌間　1067mm
- ●電化方式　非電化
- ●特徴　高速で走れる新線に切りかわって廃止された、元山陰本線の線路を走る観光鉄道です。保津川に沿ってトロッコ列車が運行されており、京都市北部の定番観光コースとして大変人気です。

大型貨車を改造した本格的なトロッコ
トロッコ列車
- ◆機関車＋客車　◆6両　◆1991年運行開始
- ◆国鉄やＪＲのディーゼル機関車と貨車を譲り受け、改造。トロッコは、国鉄のトキ25000形に座席と屋根を付けた車両。機関車はＤＥ10形で、整備は京都梅小路機関区が行っています。

日本一短いケーブルカーは車両もミニ
鞍馬山ケーブル
- ◆ケーブルカー　◆1両　◆2016年全面改装
- ◆運行距離が日本一短く、車両もミニサイズ。車輪はゴムタイヤで、軌間800mmという特殊な規格。車両は1台しかなく、途中のすれちがいもありません。「牛若號Ⅳ」は4代目で、乗務員はお坊さん。

豆ちしき　京都丹後鉄道の宮福線は新規開業路線、宮津線は国鉄宮津線の転換路線です。

新しい施策をつぎつぎに打ち出す、WILLER TRAINS
京都丹後鉄道
- 通称　京都丹後鉄道（丹鉄）
- 正式名称　WILLER TRAINS株式会社
- 営業キロ　114.0km
- おもな区間
　宮福線：宮津〜福知山、
　宮津線：西舞鶴〜豊岡
- 軌間　1067mm
- 電化方式　非電化
- 特徴　宮津を中心に2路線があり、宮津線の宮津〜豊岡間は宮豊線、西舞鶴〜宮津間は宮舞線の愛称があります。京都から特急列車も直通しているほか、地域の魅力を体験できるレストラン列車「丹後くろまつ号」、気軽に乗れる観光列車「丹後あかまつ号」「丹後あおまつ号」が人気を集めています。

デザインをリニューアルした「丹後の海」もデビュー
KTR8000形
◆気動車　◆タンゴディスカバリー　◆2両　◆120km　◆1996年　◆特急「はしだて」、「まいづる」、「たんごリレー」のほか、普通列車に使われることも。写真は、水戸岡鋭治氏デザインにリニューアルした「丹後の海」編成です。

沿線の絶景も楽しめるハイデッカー車両
KTR001形
◆気動車　◆タンゴエクスプローラー　◆3両　◆120km　◆鋼製　◆1990年　◆特急「タンゴエクスプローラー」として、新大阪〜豊岡間などで運行されていましたが、2011年に定期運用からはずれ、現在は予備車両として使われています。

陶芸の里信楽への鉄路、みごとに復活
信楽高原鐵道
- 正式名称　信楽高原鐵道株式会社
- 営業キロ　14.7km
- おもな区間　貴生川〜信楽
- 軌間　1067mm
- 電化方式　非電化
- 特徴　国鉄信楽線を転換した第三セクター鉄道です。終点の信楽は陶器のまちとして知られ、駅前ではタヌキたちが出むかえてくれます。水害で橋脚が流されて廃線の危機となりましたが、1年以上かけて復旧しました。

観光列車としても、ふだんの足としても活躍
KTR700形
◆気動車　◆丹後あかまつ号、丹後あおまつ号、丹後くろまつ号など　◆1両　◆95km　◆1990年　◆3両が観光列車「丹後あかまつ号」「丹後あおまつ号」「丹後くろまつ号」に改装され、レストランやカフェのような列車になっています。

鬼伝説の残る大江山をかけぬける
MF100形
◆気動車　◆1両　◆95km　◆1988年　◆富士重工業のLE-DCシリーズの1つ。クラシック・モダンをコンセプトとしたデザインで、車体は青鬼をイメージした千歳緑という色に塗装されています。MF200形は赤鬼をイメージした鳶赤色です。

安全性を高めた車両
SKR310形
◆気動車　◆1両　◆鋼製　◆2001年　◆信楽高原鐵道の主力車両で、富士重工業製LE-DCの1つ。SKR300形をベースに、ブレーキを強化しています。列車情報制御装置（TICS）を搭載した次世代ディーゼルカー、SKR400形も登場しました。

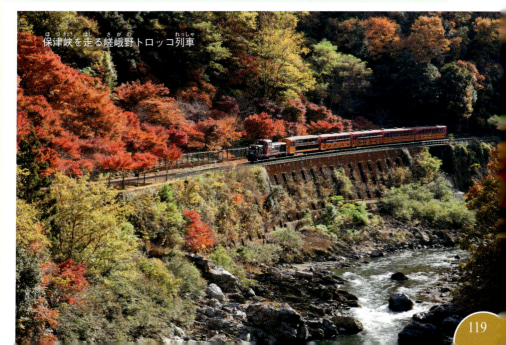

保津峡を走る嵯峨野トロッコ列車

◆動力 ◆愛称やおもな運用 ◆基本編成 ◆最高速度（時速） ◆車体の材質 ◆運用開始 ◆特徴

近畿・中部地方

・しまかぜ

500kmの路線網を持つ日本最大の私鉄
近畿日本鉄道

- 略称　近鉄
- 正式名　近畿日本鉄道株式会社
- 営業キロ　508.1km
- おもな区間
  大阪線：大阪上本町〜伊勢中川、
  京都線：京都〜大和西大寺ほか（鉄道）、
  生駒鋼索線：鳥居前〜生駒山上　ほか
  　　　　　　　　　　　（ケーブルカー）
- 軌間　1435mm、1067mm
- 電化方式　直流
- 特徴　名古屋から大阪にかけての5府県に、ケーブルカーをふくめ約500kmの路線網を持つ日本最大の私鉄です。線路幅も2種類あり、通勤電車から豪華観光列車まで、幅広い種類の列車が走っています。

一度は乗りたい！私鉄を代表する豪華リゾート特急
50000系
- ◆電車（直流）　◆しまかぜ　◆6両　◆130km　◆鋼製　◆2013年　◆近鉄の看板特急「しまかぜ」専用車両。「乗ること自体が楽しみとなる鉄道の旅」をテーマに、個室や2階建てカフェ、飛行機のファーストクラスかと思うような広々とした座席など豪華な設備。

近鉄といえばこれ！2階建て車両を連結した観光特急
30000系
- ◆電車（直流）　◆ビスタカー　◆4両　◆120km　◆鋼製　◆1978年　◆ダブルデッカー（2階建て）車両を連結した、近鉄伝統の「ビスタカー」の3代目。

リニューアルした大阪〜名古屋間の主役
21000系
- ◆電車（直流）　◆アーバンライナーplus　◆6・8両　◆130km　◆鋼製　◆1988年　◆大阪難波〜名古屋間を中心に使用されているアーバンライナー。デビュー当初は時速120km、その後時速130km運転を行い、新幹線に対抗しました。デラックスカーを連結しています。

よりきれいな流線型となった次世代アーバンライナー
21020系
- ◆電車（直流）　◆アーバンライナーnext　◆6両　◆130km　◆鋼製　◆2003年　◆21000系の後継車両として登場しました。前面の窓が大型の曲面ガラスとなり、黒を加えたデザインに。座席は、背もたれを倒すと座席が沈み込むゆりかご式。

柔らかな2つのカラーがかわいい伊勢志摩ライナー
23000系
- ◆電車（直流）　◆伊勢志摩ライナー　◆6両　◆130km　◆鋼製　◆1994年　◆サンシャインイエローとサンシャインレッドの2種類の編成があります。レギュラーカー、デラックスカーのほか、対面式座席のサロンカーがあり、近鉄初の時速130km運転を実現した。

さまざまな路線で大活躍の「ACE」
22000系 リニューアル
- ◆電車（直流）　◆ACE　◆2・4両　◆130km　◆鋼製　◆1992年　◆省エネルギー、省メンテナンスなどを考えてつくられた特急用電車。2両単位で編成を組むことができ、近鉄特急の主力として活躍しています。写真は新しいカラーリング車。

南大阪線などで活躍する狭軌版「ACE」
16400系
- ◆電車（直流）　◆ACE　◆2両　◆110km　◆鋼製　◆1996年　◆近鉄には標準軌と狭軌の路線があります。16400系は、22000系ACEの狭軌バージョン。スタイルは22000系とほぼ同じで、南大阪線、吉野線で活躍しています。

さらに丸っこくなった最新鋭「ACE」
22600系
- ◆電車（直流）　◆ACE　◆2・4両　◆130km　◆鋼製　◆2009年　◆22000系ACEの後継車両。基本編成は4両と2両で、22000系などの以前からある車両とも連結できます。座席は赤をメインカラーに、和のふんいきを大切にした落ち着きのある空間。

豆ちしき　近鉄最初の路線は奈良線（上本町〜奈良）で、1914年に開業しました。

吉野の里へ走る狭軌版アーバンライナー
26000系
◆電車（直流） ◆さくらライナー ◆4両 ◆110km ◆鋼製 ◆桜で有名な吉野へ向かう「さくらライナー」。狭軌版アーバンライナーともいえる車両で、時速120kmの高速運転も可能な設計。リニューアルしてアーバンライナーplusと同等の設備に。

上質な大人の旅を演出
16200系
◆電車（直流） ◆青の交響曲 ◆3両 ◆100km ◆鋼製 ◆2016年 ◆一般車両である6200系を改造した観光特急。狭軌の南大阪線、吉野線などで運用されています。1、3号車が客室で2号車が軽食も楽しめるラウンジ車両。

▲50000系 観光特急しまかぜ

車体を限界まで大きくした団体専用車両の王者
20000系
◆電車（直流） ◆楽 ◆4両 ◆120km ◆鋼製 ◆1990年 ◆2階建て＆ハイデッカー構造の団体専用車両。どの車両も大きな曲面ガラスの窓を持ち、特急並みの最高速度は時速120km。先頭車にはサロンスペースがあり、ゆったりとくつろげます。

50年近く第一線で走り続ける新スナックカー
12200系
◆電車（直流） ◆新スナックカー ◆2・4両 ◆120km ◆鋼製 ◆1969年 ◆もっとも昔から走っている特急用車両。先代の12000系で人気だった、軽食などを提供するスナックコーナーを拡大して「新スナックカー」として登場。現在はスナックコーナーは撤去。

修学旅行生たちの夢を乗せて走る団体用車両
15200系
◆電車（直流） ◆新あおぞらⅡ ◆2・4両 ◆120km ◆鋼製 ◆2005年 ◆「新スナックカー」12200系を改造し、主に小学生の修学旅行に使用される団体専用車両。2006年に廃車となった18200系「あおぞらⅡ」の後継車両で、リクライニグシートを装備。

ワンランク上のツアーを楽しめるリゾート車両
15400系
◆電車（直流） ◆かぎろひ ◆2両 ◆120km ◆鋼製 ◆2011年 ◆旅行会社であるクラブツーリズムのツアー専用車両。12200系を改造しました。カーペット敷きの車内には、さまざまな催しができるイベントスペースやカラオケなども装備。

40年走ってきた近鉄特急の標準型
12400系
◆電車（直流） ◆サニーカー ◆4両 ◆120km ◆鋼製 ◆1977年 ◆標準タイプの特急電車として登場しました。最初から4両編成で設計され、トイレや車内販売の基地などが無理なく配置されています。ほかの形式と連結して使用されることもあります。

狭軌線を走る標準型特急
16010系
◆電車（直流） ◆2両 ◆110km ◆鋼製 ◆1981年 ◆狭軌の路線用の標準型特急電車。16010系は16000系のマイナーチェンジ版で、前照灯の形などが異なります。2両編成1本しかないので、乗れたらラッキー。現在は新塗装になっています。

豆ちしき　特急しまかぜは、名古屋、京都、大阪（難波）と三重県志摩市の賢島を結んでいます。

近畿・中部地方

◆動力 ◆愛称やおもな運用 ◆基本編成 ◆最高速度(時速) ◆車体の材質 ◆運用開始 ◆特徴

80年代の省エネ時代をリードした通勤電車
1400系
◆電車(直流) ◆4両 ◆110km ◆鋼製 ◆1981年 ◆界磁チョッパ制御と呼ばれる、省エネシステムを初めて搭載した4両編成の車両。1980年代の近鉄通勤電車のスタイルを確立しました。おもに大阪線で使われ、2両編成版の1200系もあります。

伊勢・志摩観光をたっぷり楽しめるリゾートトレイン
2013系
◆電車(直流) ◆つどい ◆3両 ◆110km ◆鋼製 ◆2013年改造 ◆2000系電車を改造した観光電車。シートはすべて窓を向いており、伊勢・志摩の景色をたっぷり楽しめます。バーカウンターや、親子で遊べる「風のあそびば」も楽しい車両。

時間帯によって座席が変身！大阪・奈良線のL/Cカー
5800系
◆電車(直流) ◆4・6両 ◆110km ◆アルミニウム ◆1997年 ◆座席が動いて、クロスシートになったりロングシートになったりするL/Cカーの第1号。昼の時間はゆったりしたクロスシート、ラッシュ時にはたくさんの人が乗れるロングシートに変身します。

21世紀の近鉄を代表するシリーズ21のL/Cカー
5820系
◆電車(直流) ◆シリーズ21 ◆6両 ◆110km ◆アルミニウム ◆2000年 ◆「人にやさしい、地球にやさしい」をテーマとした21世紀の電車「シリーズ21」車両。それまでの近鉄にはなかったやさしいカラーが特徴。長距離を走る大阪線用車両にはトイレ付き。

地下鉄に直通する、ちょっと小さな近鉄電車
7020系
◆電車(直流) ◆6両 ◆95km ◆鋼製 ◆1984年 ◆けいはんな線開業時に、大阪市営地下鉄中央線との相互直通運転用車両として登場。地下鉄のトンネルに合わせ、一回り小さい車両。車体前面を非対称に塗り分ける斬新なデザイン。

近鉄の新しい顔として活躍するシリーズ21の標準車両
9020系・9820系
◆電車(直流) ◆シリーズ21 ◆2・4・6両 ◆110km ◆アルミニウム ◆2000年 ◆「シリーズ21」の標準タイプで、すべてロングシート。9020系は2両編成、9820系は6両編成。座席以外の性能は、5820系と同じ。大阪線、奈良線などで活躍しています。

京都の地下鉄に乗り入れ
3200系
◆電車(直流) ◆6両 ◆110km ◆アルミ合金 ◆1986年 ◆京都線から京都市営地下鉄との相互乗り入れ用として製造され、その後は奈良線や難波線でも活躍しています。前面には近鉄の普通車にはめずらしく曲面ガラスを採用。

南大阪線・吉野線の通勤輸送を長年支えてきた
6400系・6620系
◆電車(直流) ◆2両 ◆100km ◆アルミニウム ◆1984年 ◆南大阪線、吉野線に対応した狭軌用電車で、省エネ性能に優れたVVVFインバーター制御を採用しています。狭軌用ながら、車体幅は標準軌用と同じ2.8mです。

狭軌線にも登場した、新しい時代の通勤電車シリーズ21
6820系
◆電車(直流) ◆シリーズ21 ◆2両 ◆100km ◆アルミニウム ◆2002年 ◆狭軌線用としては唯一の「シリーズ21」車両で、2両単位で運行できます。ワンマン運転には非対応。正月に大阪阿部野橋～橿原神宮前間で運行される「開運号」にも使用されます。

豆ちしき 大阪線の西青山～東青山間にある新青山トンネルは全長5652mで、私鉄最長の山岳トンネル。

奈良線　新大宮～大和西大寺

鮮魚列車　鳥羽から大阪方面に新鮮な魚介類を運びます。

賢島駅に並んだ近鉄特急。手前から50000系しまかぜ（2列車）、12200系、23000系伊勢志摩ライナー。

日本初のケーブルカーは2系統3路線を運行
生駒ケーブル

- ◆ケーブルカー ◆1両 ◆鋼製 ◆2000年 ◆日本で最初の営業用ケーブルカーで、宝山寺線と山上線の2系統3路線があります。ブルドッグの形をした「ブル」、ネコの形をした「ミケ」、オルガンをイメージした「ドレミ」などユニークなケーブルカーがいっぱい。

PiTaPaも使えるレトロなケーブルカー
西信貴ケーブル

- ◆ケーブルカー ◆1両 ◆鋼製 ◆1957年 ◆こちらも近鉄が運営するケーブルカー。トラの絵が描かれた1957年製造のレトロな車両ですが、PiTaPa、ICOCAなどの交通系ICカードも使えます。途中2か所の踏切があります。

近鉄の線路を守るお医者さん
はかるくん

- ◆電車（直流） ◆2両 ◆110km ◆2006年 ◆大阪線用の2410系を改造した車両で、架線の状態や列車自動停止装置の動作状況などを検測できる電気検測車。一般車両に連結して走行します。狭軌用の台車に交換して南大阪線、吉野線なども走行可能。

豆ちしき　鮮魚列車は1963年から運行されている行商のための団体専用列車。現在は2680系を改造した車両を使用しています。

近畿・中部地方

JRの特急も通過する、南紀地方への近道路線
伊勢鉄道
- 正式名称　伊勢鉄道株式会社
- 営業キロ　22.3km
- おもな区間　河原田〜津
- 軌間　1067mm
- 電化方式　非電化
- 特徴　国鉄伊勢線から移行した第三セクター路線ですが、名古屋から津方面へショートカット（近道）する大切な役割をはたしており、JRの特急「ワイドビュー南紀」や快速「みえ」が走っています。

NDCシリーズ最高速をほこる
イセⅢ形
- ◆気動車　◆1両　◆100km　◆ステンレス　◆2003年　◆普通列車に使用されているNDCシリーズの気動車。座席はセミクロスシート。特急「（ワイドビュー）南紀」も走る路線なので、最高速度はほかのNDCよりも速い、時速100kmとなっています。

近鉄から引きつぎ、揖斐川沿いのまちをつなぐ
養老鉄道
- 正式名称　養老鉄道株式会社
- 営業キロ　57.5km
- おもな区間　桑名〜揖斐
- 軌間　1067mm
- 電化方式　直流
- 特徴　近鉄から分離した鉄道会社で、揖斐川に沿って濃尾平野を走る養老線を運行しています。周辺にサイクリングロードが多いことから、自転車を電車に持ちこめるサイクルトレインを運行しています。

まちの大切な足として住民たちが育てるナロー路線
四日市あすなろう鉄道
- 正式名称　四日市あすなろう鉄道株式会社
- 営業キロ　7.0km
- おもな区間
  内部線：あすなろう四日市〜内部、
  八王子線：日永〜西日野
- 軌間　762mm
- 電化方式　直流
- 特徴　近鉄内部線と八王子線を引きついだ第三セクターです。線路幅762mmの特殊な路線で、近鉄が一度は廃止を表明しましたが、熱心な地元の人たちによって存続が決まりました。

ナローゲージ用電車の新製を実現！
260系
- ◆電車（直流）　◆2・3両　◆45km　◆1982年　◆内部線、八王子線の開業70周年となる1982年に登場。三岐鉄道北勢線の270系とほぼ同じ車両です。2015年からリニューアル工事を行っており、33年ぶりに1両（サ181）が新製されました。

近鉄から引きついだ養老線のスペシャリスト
600系
- ◆電車（直流）　◆2・3両　◆65km　◆2014年導入　◆近鉄名古屋線で使われていた1600系、1800系、6000系などを改造した車両で、狭軌化、養老線に向いたモーターへの変更などが行われました。

セメント輸送の貨物列車が今もさかんに運行
三岐鉄道
- 略称
- 正式名称　三岐鉄道株式会社
- 営業キロ　48.0km
- おもな区間
  三岐線：富田〜西藤原、
  北勢線：西桑名〜阿下喜
- 軌間　1067mm、762mm
- 電化方式　直流
- 特徴　セメントを運ぶ貨物列車が行き交う三岐線と、近鉄から引き受けた北勢線を運行しています。北勢線は線路幅762mmという、軽便鉄道時代の姿を残した貴重な路線です。

西武鉄道時代の面影を残す
801系
- ◆電車（直流）　◆3両　◆70km　◆鋼製　◆1989年導入　◆もとは西武鉄道の701系電車。3両編成で、富田駅側の先頭車は、モーター付きの中間車に運転台をつける改造が行われています。台車を変更していない編成は851系とよばれます。

今や貴重なナローゲージ用電車
270系
- ◆電車（直流）　◆3・4両　◆45km　◆1977年　◆全国でも数少ない、線路幅762mmのナローゲージ電車で、北勢線で活躍しています。近鉄時代にデビューし、三岐鉄道に変わった後も北勢線の主力として走り続けています。

> 豆ちしき　伊勢鉄道は、特急南紀や快速みえのための路線という役割が強く、三重県南部からの出資が多い路線です。

忍者の里を忍者電車が走る！
伊賀鉄道
- 正式名称　伊賀鉄道株式会社
- 営業キロ　16.6km
- おもな区間　伊賀上野〜伊賀神戸
- 軌間　1067mm
- 電化方式　直流
- 特徴　養老鉄道と同じように、近鉄が廃止を表明した伊賀線を引き受けた鉄道です。忍者で有名な伊賀地方を走ることから、忍者の絵がえがかれた電車が走っています。

忍者の「目」がするどく光る
200系
- ◆電車（直流）　◆2両　◆65km　◆ステンレス
- ◆2009年導入　◆もとは東急電鉄の1000系。一部のシートを4人掛けに変更したセミクロスシートです。多くの電車は車体に絵が描かれており、松本零士氏の忍者もあります。

峠越えの列車で地元のおいしいものを味わう
明知鉄道
- 正式名称　明知鉄道株式会社
- 営業キロ　25.1km
- おもな区間　恵那〜明智
- 軌間　1067mm
- 電化方式　非電化
- 特徴　国鉄明知線を引きついだ第三セクター路線で、25kmほどの短い路線に2つも峠越えがある山岳路線です。途中の飯沼駅は日本一急な坂にある駅。「食堂車」を連結した急行列車も大人気です。

住民が駅長になったり、運転を体験できる！
樽見鉄道
- 正式名称　樽見鉄道株式会社
- 営業キロ　34.5km
- おもな区間　大垣〜樽見
- 軌間　1067mm
- 電化方式　非電化
- 特徴　国鉄樽見線から転換し、さらに樽見まで延伸した第三セクターです。セメント工場からの貨物輸送がさかんでしたが、2006年に貨物輸送が廃止され、住民が駅長になったり、運転を体験できるなど、さまざまなアイディアで乗客を集めています。

安全機能を高めた最新型
ハイモ330-700形
- ◆気動車　◆1両　◆2011年
- ◆樽見鉄道の最新型気動車でNDCシリーズの車両です。パワーがあり、ききがよい電気指令式ブレーキを搭載して安全性を高めてありますが、ほかの形式とは連結できません。

食堂車にもなる気動車
アケチ10形
- ◆気動車　◆1両　◆鋼製　◆1998年
- ◆セミクロスシートの車両と、オールロングシートの車両があります。ロングシートの車両は中央にテーブルを置いて、急行「大正ロマン号」の「食堂車」としても利用されます。

発見　ナローゲージ
JR在来線や多くの私鉄で採用されている1067mmの軌間は、狭軌とよばれることが多い規格です。それより狭いものをナローゲージとよぶことがあります。日本で残っているのは762mmの規格で、四日市あすなろう鉄道、三岐鉄道北勢線、黒部峡谷鉄道の3路線です。

四日市あすなろう鉄道の車内

これぞ日本の清流の風景、長良川をたどる！
長良川鉄道
- 正式名称　長良川鉄道株式会社
- 営業キロ　72.1km
- おもな区間　美濃太田〜北濃
- 軌間　1067mm
- 電化方式　非電化
- 特徴　長良川に沿って走る第三セクター鉄道で、車窓風景の良さが人気です。もともとは、国鉄越美南線といい、越美北線とつながって東海地方と北陸をショートカットする鉄道になるはずでした。

長良川の絶景を行く観光列車
ナガラ300形
- ◆気動車　◆1両　◆1998年
- ◆2両は水戸岡鋭治氏デザインの観光列車「ながら」で、岐阜県産の木をふんだんに使った、豪華で明るい車両です。沿線の素材を使った「ながら車内食」も食べられます。

豆ちしき　ブレーキの制御に圧縮空気を用いない方式が近年の電車には多くなっています。

◆動力 ◆愛称やおもな運用 ◆基本編成 ◆最高速度（時速） ◆車体の材質 ◆運用開始 ◆特徴

近畿地方

・ラピート

都市間電鉄から山岳鉄道までさまざまな顔を持つ
南海電気鉄道
- 略称　南海電鉄
- 正式名称　南海電気鉄道株式会社
- 営業キロ　154km（鉄道）、0.8km（ケーブルカー）
- おもな区間　南海本線、高野線　ほか（鉄道）、高野山ケーブルカー
- 軌間　1067mm
- 電化方式　直流
- 特徴　日本でもっとも古くからある鉄道会社です。現在は関西空港へのアクセス路線、大阪〜和歌山間の都市間輸送、高野山への行楽輸送などさまざまな役割をはたしています。高野山のケーブルカーは、南海電鉄の列車に接続するため、通常のケーブルカーのように運転間隔が一定していません。

鉄仮面が空港へひた走る！
50000系
- 電車（直流） ◆ラピート ◆6両 ◆120km
- 鋼製 ◆1994年 ◆レトロなロボットを思わせる特急用車両。力強さと速さをイメージした先頭形状と、人間味あるカーブなどがデザインのポイント。車内も航空機をイメージしており、荷物棚は開閉式。

発見　丸窓は飛行機をイメージ

「レトロフューチャー」をコンセプトとする「ラピート」のデザイン。鉄道車両としては珍しい楕円の窓は、航空機をイメージしたもので、どこか1960年代を思わせるなつかしさも。座席もゆったりしており、スーパーシートは足をのばしても前の座席につかないほど。

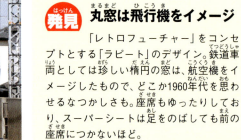

南海電鉄のかくれた主役
10000系
- 電車（直流） ◆サザン ◆4両 ◆110km
- 鋼製 ◆1985年 ◆南海本線の特急「サザン」に使用されています。元は2両編成で普通の車両に連結されていましたが、その後4両編成に増備されて単独でも運行できるようになりました。

精悍な顔つきで大阪南部をひた走る
12000系
- 電車（直流） ◆サザン・プレミアム ◆4両
- 110km ◆ステンレス ◆2011年 ◆近未来的なデザインの新型車両。おもに「サザン」の指定席として使われ、自由席となる8000系と併結して運行されています。バリアフリー対応。女性専用トイレもあります。

高野山をかけ上る、特別な特急電車
30000系
- 電車（直流） ◆こうや・りんかん ◆4両
- 100km ◆鋼製 ◆1983年 ◆急勾配と急カーブが連続する高野線を走るため、1両の長さは17mにおさえてあります。極楽橋で高野山ケーブルに接続します。

30000系をバックアップするもう一つの登山特急
31000系
- 電車（直流） ◆こうや・りんかん ◆4両
- 100km ◆鋼製 ◆1999年 ◆「こうや」や「りんかん」に使用される標準型特急用車両で、30000系を助ける弟分的存在。外観は11000系と似ていますが、急カーブが多い山岳区間を走るため全長は17m。

高野線のビジネス特急
11000系
- 電車（直流） ◆りんかん ◆4両 ◆100km
- 鋼製 ◆1992年 ◆高野線の都市間特急専用車両として登場。山岳区間は走らないので全長は20m。車体や内装は10000系がベースです。泉北高速鉄道に乗り入れる「泉北ライナー」にも使われています。

山岳区間に対応したクロスシート車
2300系
- 電車（直流） ◆2両 ◆100km ◆ステンレス
- 2005年 ◆高野線の山岳区間を走る車両で、「さくら」「はなみずき」「しゃくなげ」「コスモス」の愛称があります。大出力のモーターを持ち、一部が故障しても、ふつうに走れるようにできています。

豆ちしき　ラピートは、「速い」という意味のドイツ語の言葉です。大阪（難波）と関西国際空港を結びます。

南海本線、高野線の両方で活躍
1000系
◆電車（直流） ◆2・4・6両 ◆110km ◆ステンレス ◆1992年 ◆南海電鉄の標準型通勤電車。車内はロングシートが基本で、車両の端にのみクロスシートがあります。1編成だけステンレス車体を活かした部分が多く、印象がほかの編成と大きくちがいます。

20001系などの後を継いだ登山電車
2000系
◆電車（直流） ◆2・4両 ◆110km ◆ステンレス ◆1990年 ◆かつて高野線の主役だった「ズームカー」を取りかえるために登場した、山岳区間対応の通勤用電車。ロングシートの編成と一部がクロスシートになった編成があります。

一部は観光列車として新たな道
2200系
◆電車（直流） ◆2両 ◆105km ◆鋼製 ◆1993年（更新） ◆22001系「ズームカー」を支線用に改造。その中の2208形は観光列車「天空」に改造され、4人がけコンパートメント座席や山の景色がよく見える「ワンビュー座席」などが設けられています。

コストを減らしながらも乗り心地よし
8000系
◆電車（直流） ◆4両 ◆110km ◆ステンレス ◆2008年 ◆標準型通勤電車。座席をはじめ、多くの部品がJRや首都圏の私鉄で使われているものと共通です。「サザン・プレミアム」にも自由席車両として連結されます。

南海電車に接続して運行される
高野山ケーブル
◆ケーブルカー ◆2両 ◆鋼製 ◆1964年 ◆南海高野線の終点・極楽橋駅と高野山を結ぶケーブルカー。ふもとの極楽橋駅周辺には何もなく、山の上に町があります。必ず電車に接続しているので利用しやすくなっています。

発見 天空
天空は橋本〜極楽橋間を走る座席指定の観光列車です。バラエティー豊かな座席のほかに、風を感じることができる展望デッキもあります。

▲天空

めでたいでんしゃ

南海電鉄の加太線では、名物のタイをイメージした、ピンク色のかわいい電車が走っています。乗るだけで、めでたくて、かわいい気分を味わえます。

▶魚型のつり革

▼めでたいでんしゃの車内いろいろなところに魚がデザインされています。

▲めでたいでんしゃ

▲床にえがかれた魚
ドアが開くと、乗客を出むかえます。

豆ちしき 南海加太線には加太さかな線の愛称があります。

◆動力　◆愛称やおもな運用　◆基本編成　◆最高速度（時速）　◆車体の材質　◆運用開始　◆特徴

近畿地方

南海電鉄に乗り入れる
泉北高速鉄道
- 正式名称　泉北高速鉄道株式会社
- 営業キロ　14.3km
- おもな区間　中百舌鳥～和泉中央
- 軌間　1067mm
- 電化方式　直流
- 特徴　新興住宅地としてめざましい発展をとげた、泉北ニュータウンへのアクセス鉄道です。南海電鉄の子会社で、難波駅から直通電車が走っています。

南海電鉄難波駅まで直通運転を行う
7000系
◆電車（直流）　◆2・4・6両　◆110km　◆アルミ合金　◆1996年　◆泉北高速鉄道の主力車両。南海電鉄と相互直通運転を行っていて、白を基調にしたデザインがさわやか。2007年には、コストダウンと細かい改良をほどこした7020系がデビューしました。

大阪でただひとつの路面電車
阪堺電気軌道
- 通称　阪堺電車
- 正式名称　阪堺電気軌道株式会社
- 営業キロ　18.5km
- おもな区間
  阪堺線：恵美須町～浜寺駅前、
  上町線：天王寺駅前～住吉
- 軌間　1435mm
- 電化方式　直流
- 特徴　大阪にただひとつ残る路面電車で、大阪の天王寺駅前や恵美須町と、堺市の浜寺駅前を結んでいます。通天閣の横を古い路面電車がゴトゴト走る姿は、大阪・ミナミの名物です。

東急の電車が走る、大阪南部のミニ私鉄
水間鉄道
- 正式名称　水間鉄道株式会社
- 営業キロ　5.5km
- おもな区間　貝塚～水間観音
- 軌間　1067mm
- 電化方式　直流
- 特徴　水間観音へお参りする人のために建設されたミニ私鉄。一度は経営危機におちいりましたが、外食チェーンの支援で立ち直りました。東急からやって来た車両が走っています。

東急電鉄からやってきたステンレス電車
1000形
◆電車（直流）　◆2両　◆60km　◆ステンレス　◆2006年改造　◆以前はもと南海電鉄の電車を使っていた水間鉄道が、初めて導入したもと東急電鉄の電車。運転台に貫通扉がない車両は、中間車に後から運転台を取り付けた改造車です。

「和のもてなし」をテーマにした次世代路面電車
1001形
◆電車（直流）　◆3車体2台車　◆堺トラム　◆50km　◆2013年　◆阪堺電車がはじめて導入した超低床車両。床とホームの段差がほとんどありません。「和のおもてなし」をテーマに、沿線の緑と、茶道の「わび」をイメージした白茶色がデザインのベース。

会社のシンボルとして走り続けるミニ私鉄
紀州鉄道
- 正式名称　紀州鉄道株式会社
- 営業キロ　2.7km
- おもな区間　御坊～西御坊
- 軌間　1067mm
- 電化方式　非電化
- 特徴　全長2.7kmで、独立して運行している路線としては日本で一番短い鉄道です。会社はおもに観光バスやレジャー業で利益を出しており、会社のシンボル的存在として運行を続けています。

数少ないレールバスの生き残り
キテツ-2形
◆気動車　◆1両　◆2009年導入　◆1980年代に全国のローカル鉄道に導入された「レールバス」で、見た目もバスにそっくり。今ではとても貴重な存在で、車輪が車両の前後に1つずつしかない二軸車は、全国でもこの車両だけ。

琵琶湖の東の町をつなぐローカル私鉄
近江鉄道
- 正式名称　近江鉄道株式会社
- 営業キロ　59.5km
- おもな区間
  本線：米原～貴生川、
  八日市線：近江八幡～八日市ほか
- 軌間　1067mm
- 電化方式　直流
- 特徴　琵琶湖の東で3路線を運営している私鉄です。西武グループの一員で、車両は西武鉄道からやって来た電車が中心。途中、東海道新幹線と並走する区間もあります。

豆ちしき　泉北高速鉄道は、南海電鉄の難波と和泉中央を結ぶ全車指定席の特急「泉北ライナー」を運行しています。

ご近所の底力で復活した鉄道
和歌山電鐵
- 通称　わかやま電鉄
- 正式名称　和歌山電鐵株式会社
- 営業キロ　14.3km
- おもな区間　和歌山〜貴志
- 軌間　1067mm
- 電化方式　直流
- 特徴　以前は南海電鉄が運営していましたが、利用客の減少から廃止を表明。岡山電軌を運行する両備グループが地元の人たちといっしょに設立した鉄道です。終点の貴志駅の「たまスーパー駅長」とカラフルな電車が有名です。

真っ白なボディにイチゴがかわいいデザイン電車第1号
2270系
◆電車（直流）　◆いちご電車　◆2両　◆80km　◆鋼製　◆2006年改造　◆南海時代から使われてきた2270系電車を改造・イメージチェンジした電車の第一弾。終点・貴志駅周辺の特産品であるイチゴがモチーフ。白の車体に赤いドアやロゴマークがかわいい電車。

車内にはおもちゃがいっぱいの「おもでん」
2270系
◆電車（直流）　◆おもちゃ電車　◆2両　◆80km　◆鋼製　◆2007年改造　◆赤いボディーに、いろいろなおもちゃがつまった楽しい電車がおもちゃ電車。和歌山電鉄のほかの電車と同じように、JR九州の電車をデザインしている水戸岡鋭治氏がデザインしています。

たま駅長があっちにもこっちにも！かわいすぎる電車
2270系
◆電車（直流）　◆たま電車　◆2両　◆80km　◆鋼製　◆2009年改造　◆2008年に、貴志駅の「スーパー駅長」に就任した「たま」をモチーフにした電車。電車のあちこちに101匹のたま駅長が走ったり寝転んだりしている絵がかいてあります。全部見つけられるかな。

あの豪華列車に対抗して梅干しが電車になった？
2270系
◆電車（直流）　◆うめ星電車　◆2両　◆80km　◆鋼製　◆2016年改造　◆2016年に新しく登場した電車で、和歌山県の特産品である「梅干し」がモチーフ。日本を代表する豪華列車「ななつ星in九州」の人気に負けないように「うめ星電車」と名づけられました。

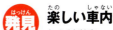
発見　楽しい車内
和歌山電鉄には楽しい電車がいっぱい。外観だけではなく、車内もそれぞれ工夫がこらしてあって、乗るだけで楽しめます。写真はたま電車。シートのもようもねこの柄です。

▲たま電車の車内

琵琶湖をイメージしたオリエントブルー
100形
◆電車（直流）　◆湖風号　◆2両　◆70km　◆鋼製　◆2013年導入　◆西武鉄道新101系を改造した車両。行き先表示器がLED化され、バリアフリーにも対応しています。全席ロングシート。オリエントブルーにホワイトラインがさわやかです。

近江鉄道のフラッグシップトレイン
700形
◆電車（直流）　◆あかね号　◆2両　◆70km　◆鋼製　◆1998年改造　◆西武鉄道401系電車を改造した電車で、車内には転換クロスシートを装備。前面は大型の窓で、運転席の後ろから前方の景色を楽しめるなど、観光列車としても使われています。

1両1両塗装が異なる近江鉄道の主役たち
800形
◆電車（直流）　◆2両　◆70km　◆鋼製　◆1990年導入　◆近江鉄道の主力車両で、西武鉄道の401系を改造したもの。車両前面は近江鉄道オリジナルのデザインですが、横から見た姿は西武時代と変わりません。

豆ちしき　近江鉄道は「近鉄」と略されることもあります。

◆動力　◆愛称やおもな運用　◆基本編成　◆最高速度(時速)　◆車体の材質　◆運用開始　◆特徴

中部地方

中部地方最大の路線網を持つ赤い電車

名古屋鉄道

- 略称　名鉄
- 正式名称　名古屋鉄道株式会社
- 営業キロ　444.2km
- おもな区間
  名古屋本線：豊橋〜名鉄岐阜、
  常滑線：神宮前〜常滑　ほか
- 軌間　1067mm
- 電化方式　直流
- 特徴　全国で3番目の路線網を持つ名古屋の大手私鉄です。のどかなローカル線もたくさんありましたが、ここ10年あまりでつぎつぎと廃止されました。名鉄名古屋駅は、せまいホームに多数の列車が発着します。

セントレアへ一直線に走るさわやかな特急
2000系・2200系
◆電車(直流)　◆ミュースカイ(2000系)　◆4両　◆120km　◆鋼製　◆2005年　◆写真は2000系。海上の中部国際空港セントレアへの連絡特急として活躍するので「空と海」をイメージ。車体傾斜装置を装備しています。2200系は車体傾斜装置を省いた一般用特急車両。

だれでも手軽に乗れる特急電車として登場
1700系・2300系
◆電車(直流)　◆6両　◆120km　◆2008年　◆特急を乗車券だけでも乗れるようにするため、それまで全車特別車両だった1600系を改造した車両が1700系。新しくつくった一般車2300系と組み合わせて活躍しています。写真は1700系の旧塗装。

混雑時のパノラマスーパーを助けた名脇役
1800系・1850系
◆電車(直流)　◆2両　◆120km　◆鋼製　◆1991年
◆ラッシュ時に「パノラマスーパー」に連結されるのが基本ですが、週末などにはこの形式だけで運行されることもあります。名鉄特急名物のミュージックホーンは装備していません。

長年名鉄の看板列車として活躍を続ける
1000系・1200系
◆電車(直流)　◆パノラマスーパー　◆6両　◆120km　◆1988年　◆名古屋鉄道を代表する特急電車で、「パノラマスーパー」の愛称で親しまれています。豊橋側の1000系がハイデッカー構造の特別車、1200系が一般車です。

パノラマスーパーの人気ぶりを示した車両
1030系・1230系
◆電車(直流)　◆パノラマスーパー　◆6両　◆120km　◆1992年　◆1000・1200系「パノラマスーパー」の人気が高まったため、つくられました。見分けるポイントは岐阜側の一般タイプの先頭車で、パンタグラフがあるのが1030・1230系。

地下鉄鶴舞線への乗り入れに対応した通勤電車
100系・200系
◆電車(直流)　◆6両　◆100km　◆鋼製　◆1979年
◆100系は名古屋市営地下鉄鶴舞線との相互直通車両。全長20m、片側4扉、オールロングシートの車両で、豊田線で活躍しています。200系は、省エネ性能に優れるVVVFインバーターを搭載。

小牧線と地下鉄上飯田連絡線を結ぶ
300系
◆電車(直流)　◆4両　◆100km　◆ステンレス　◆2003年　◆地下鉄上飯田連絡線の相互直通運転専用車両。ロングシートとクロスシートの両方を備えています。名鉄初のステンレス車両で、省エネ性能に優れています。ワンマン運転も可能。

名鉄を象徴する真っ赤なスカーレット塗装
3500系・3700系・3100系
◆電車(直流)　◆2・4両　◆120km　◆1997年
◆名鉄のシンボルカラーのスカーレット塗装で登場した最後の電車。全長20m、3扉、ロングシートという名鉄の標準的な車両で、3500系を基本に、3700系は直線的なデザイン、3100系は2両編成。

豆ちしき　名鉄のミュースカイは全車特別車、快速特急や特急は一般車も連結しています。

▶中部国際空港セントレアへ向かう空港線

ステンレスを使った新世代の標準電車
3300系・3150系
◆電車（直流）　◆2・4両　◆120km　◆ステンレス　◆2004年　◆メタリックなボディの新世代通勤電車。ほかの形式と連結できます。2007年以降はロングシートで、最新の車両は前面のスカートが大きくなっています。3300系は4両編成、3150系は2両編成。

パノラマスーパーの余った車両を改造して登場
5000系
◆電車（直流）　◆4両　◆120km　◆ステンレス　◆2008年　◆名鉄特急の運行形式が変わったために、1000系「パノラマスーパー」用車両の部品を利用し、ステンレスの車体を新しくつくって組み合わせた通勤電車。車体の設計は3300系に近い車両です。

転換クロスシートを装備した急行用電車
5700系・5300系
◆電車（直流）　◆2・4両　◆110km　◆鋼製　◆1986年　◆急行用としてデビューした車両。前面の窓が一部大型で展望も楽しめます。2扉・転換クロスシートながら、出入口付近のスペースを広くして、混み合う時間帯の乗降に対応しています。

名鉄の通勤電車といえば、この電車を思い浮かべる
6000系
◆電車（直流）　◆2・4両　◆110km　◆鋼製　◆1976年　◆2扉が中心だった名鉄で久しぶりに登場した3扉車で、増加する一方だった通勤通学輸送に貢献しました。後期に製造されたタイプは前面デザインが6500系に近くなっています。写真は瀬戸線時代のもの。

名鉄初の省エネ電車として登場
6500系
◆電車（直流）　◆4両　◆110km　◆鋼製　◆1984年　◆6000系を省エネ型に改良。扉の位置を先頭車と中間車で同じにして、整列乗車をしやすくしました。1989年の増備車からは前面の窓を大型曲面ガラスにするなど最新デザインを取り入れています。

6500系の2両バージョンとして支線で活躍
6800系
◆電車（直流）　◆2両　◆110km　◆鋼製　◆1987年　◆6500系の2両編成版。当初は車両中央で背中合わせになるクロスシートでしたが、1991年以降の車両はロングシート。支線系統で活躍し、最近は、ワンマン運転対応工事を行っています。

独自の道を歩む瀬戸線の主役
4000系
◆電車（直流）　◆4両　◆100km　◆ステンレス　◆2008年　◆ほかの名鉄線と接続していない、瀬戸線専用の新型車両として登場。瀬戸線初のステンレス車両で、全長18m3扉という名鉄の標準的なスタイル。台車はカーブに強い構造になっています。

豆ちしき　名鉄空港線は全線高架です。

◆動力　◆愛称やおもな運用　◆基本編成　◆最高速度（時速）　◆車体の材質　◆運用開始　◆特徴

中部地方

環状線もあり、元気の街・名古屋を支える
名古屋市交通局
- 通称　名古屋市営地下鉄
- 正式名称　名古屋市交通局
- 営業キロ　93.3km
- おもな区間
  東山線：高畑～藤が丘、
  名城線：大曽根～環状線　ほか
- 軌間　1435mm、1067mm
- 電化方式　直流
- 特徴　東京、大阪に続き、日本で3番目に開通した地下鉄です。現在は全部で6路線あり、標準軌の路線と狭軌の路線、第三軌条方式の路線などさまざまな規格が入りまじっています。

東山線開業50周年を機に開発された車両
N1000形
- ◆電車（直流）　◆東山線　◆6両　◆65km　◆ステンレス　◆2007年　◆東山線用の新型車両で、窓の上下に、東山線のラインカラーである黄色の帯が入っています。前面は黒を基調としていて、落ち着きのあるふんいき。第三軌条方式。

デザインにすぐれた名城線の主役
2000形
- ◆電車（直流）　◆名城線、名港線　◆6両　◆65km　◆ステンレス　◆1989年　◆名城線、名港線用の車両で、ラインカラーは紫。前面の窓は大型曲面ガラスを使い、横まで広がったパノラミックウインドウ。傾斜もついていて、スピード感があります。

桜通線と共通仕様
N3000形
- ◆電車（直流）　◆鶴舞線　◆6両　◆75km　◆アルミニウム、ステンレス　◆2011年　◆鶴舞線の新型車両で、ラインカラーはブルー。6050系と共通の設計で、外観は鶴舞線の3050系に似ています。つり革は2種類の高さが交互に並んでいます。

運転席が右側にあるホームドア対応車両
6050形
- ◆電車（直流）　◆桜通線　◆5両　◆75km　◆ステンレス　◆2010年　◆ラインカラーは赤。すべての駅が島式で進行方向右側にホームがあるため、運転台もホームを確認しやすいよう右側にあります。車両の床とホームの段差を少なくして、乗降をしやすくしています。

名鉄と名城線をつなぐ日本一短い地下鉄路線
7000形
- ◆電車（直流）　◆上飯田線　◆4両　◆75km　◆ステンレス　◆2003年　◆全長0.8km、日本一短い地下鉄路線である上飯田線の専用車両で、ラインカラーはピンク。名鉄小牧線と相互直通運転を行っており、名鉄小牧線と市営地下鉄名城線を連絡しています。

新しい都市交通
名古屋ガイドウェイバス
- 略称　ゆとりーとライン
- 正式名称　名古屋ガイドウェイバス株式会社
- 営業キロ　6.5km
- おもな区間　大曽根～小幡緑地
- 電化方式　非電化
- 特徴　一般道路ではバスとして走り、専用軌道区間に入ると、ガイドレールとかみ合う車輪が出てきて新交通システムのように走る、ユニークな路線です。どう見てもバスですが、法律上は鉄道の仲間です。

どう見てもバスだけど、法律上は「鉄道」
GB-2110形
- ◆バス（気動車）　◆ゆとりーとライン　◆1両　◆2001年　◆ガイドレールを備えた専用軌道を走るガイドウェイバス。一般道では普通のバスですが、専用軌道ではハンドル操作が必要なく、法律上は新交通システムと同じ鉄道です。車両もバスをアレンジしたもの。

発見　ガイドウェイバス
バスは専用軌道に入る際、案内車輪を出して、ガイドレールをたどって走ります。運転手はハンドル操作は必要なく、アクセルとブレーキの操作だけ。渋滞知らずでダイヤは正確で、スピードも鉄道並みという、新しい時代の交通システムです。

▲ガイドウェイバスの案内車輪

豆ちしき　名古屋市の地下鉄は営業キロも地下鉄で3番目の長さです。

電車を増やして乗客が増えた地方鉄道のかがみ
豊橋鉄道
- 正式名称　豊橋鉄道株式会社
- 営業キロ　23.4km
- おもな区間
　渥美線：新豊橋〜三河田原、市内線など
- 軌間　1067mm
- 電化方式　直流
- 特徴　豊橋から渥美半島を走る私鉄です。戦時中は名古屋鉄道の一部となり、戦後再び独立しました。東急の車両を使い、15分間隔で運行することで都会型の鉄道に生まれ変わりました。路面電車は、「市内電車」の愛称で親しまれています。1980年代から90年代にかけて路線をのばしてきた路面電車で、夏にはビール電車がお父さんたちに人気です。

急いで導入された渥美線の助っ人
1800系
- ◆電車（直流）◆カラフルトレイン　◆3両
- ◆ステンレス　◆2000年導入　◆東急7200系をゆずり受けた、渥美線の電車です。それぞれ「ばら」「つつじ」「ひまわり」など花のヘッドマークをつけて「カラフルトレイン」を名乗っています。

豊橋市内で活躍するリトルダンサー
T1000形
- ◆電車（直流）◆ほっトラム　◆3車体2台車
- ◆2008年　◆豊橋鉄道の路面電車、東田本線の超低床車両です。全国を走る「リトルダンサー」規格の路面電車のひとつで、最もバリエーションの多いUaタイプ。

日本初の、浮き上がって走るリニアモーターカー
リニモ
- 正式名称　愛知高速交通株式会社
- 営業キロ　8.9km
- おもな区間　藤が丘〜八草
- 電化方式　直流
- 特徴　2005年に開催された国際博覧会「愛・地球博」のアクセス路線として建設された、日本初の磁気浮上式鉄道です。現在は名古屋郊外の通勤路線です。

日本初の磁気浮上式リニアモーターカー
100形
- ◆電車（直流）◆3両　◆100km　◆アルミ合金
- ◆2005年　◆日本初の、浮き上がって走行するリニアモーターカーの実用路線。白をベースにしたシンプルな車両で、車体前面はジュエリーカットとよばれる全面ガラス張り。最前部からは眺望を楽しめます。

堂々とした複線を1両のディーゼルカーが走る
東海交通事業
- 略称　城北線
- 正式名称　株式会社東海交通事業
- 営業キロ　11.2km
- おもな区間　勝川〜枇杷島
- 軌間　1067mm
- 電化方式　非電化
- 特徴　本当は国鉄貨物線として建設された路線。そのため町を迂回しているので、利用者はあまり多くありません。複線の立派な高架線を1両のディーゼルカーが走っています。

名古屋の臨海地区を一直線に疾走する
あおなみ線
- 略称　あおなみ線
- 正式名称　名古屋臨海高速鉄道株式会社
- 営業キロ　15.2km
- おもな区間　名古屋〜金城ふ頭
- 軌間　1067mm
- 電化方式　直流
- 特徴　国鉄の貨物専用線として建設された路線で、2004年から旅客列車が走り始めました。JR東海の博物館、リニア・鉄道館へのアクセス路線でもあります。2013年には実験的に蒸気機関車がひく列車が走りました。

シンプルなデザインながらスピードばつぐん
1000形
- ◆電車（直流）◆4両　◆110km　◆ステンレス
- ◆2004年　◆名古屋の臨海部を高速で走るあおなみの車両。直線的なデザイン、遮光ガラスを使ってブラインドを省略するなど、シンプルで実用性の高い車両となっています。

都会の中を走るのんびりとしたローカル線
キハ11形 300番台
- ◆気動車　◆1両　◆2015年導入
- ◆旧国鉄の貨物線になるはずだった城北線を走るディーゼルカー。名古屋中心部に近い住宅地なのに、1両で走っています。JR東海で使われていた車両で、立派な高架線と小さな車両の差がユニーク。

豆ちしき　リニモは無人運転を行っており、全駅にホームドアが設置されています。

◆動力　◆愛称やおもな運用　◆基本編成　◆最高速度（時速）　◆車体の材質　◆運用開始　◆特徴

中部地方

車両図鑑（JR以外の車両）

まさかの大躍進！廃止予定から通勤電車へ
愛知環状鉄道
- 略称　愛環
- 正式名称　愛知環状鉄道株式会社
- 営業キロ　45.3km
- おもな区間　岡崎〜高蔵寺
- 軌間　1067mm
- 電化方式　直流
- 特徴　国鉄岡多線を引きつぎ、高蔵寺まで延伸した路線です。沿線にくらす人がとても増えて、昔廃止対象だったとは思えないほどにぎわう通勤路線に生まれ変わりました。

沿線の人口増に対応してロングシート化
2000系
◆電車（直流）　◆2両　◆110km　◆2002年

◆JR東海の313系電車をベースに設計された電車です。当初はセミクロスシートでしたが、乗客が増えているため、2008年以降に製造された車両はロングシートに変更されました。

浜松の郊外住宅を支える大切な電車
遠州鉄道（遠鉄）
- 略称　えんてつ
- 正式名称　遠州鉄道株式会社
- 営業キロ　17.8km
- おもな区間　新浜松〜西鹿島
- 軌間　1067mm
- 電化方式　直流
- 特徴　浜松の住宅街を走る郊外電車で、かつて浜松周辺にたくさんあった私鉄のなかでただひとつ生き残りました。全線単線ですが、多くの時間帯で12分間隔で運行されている都市鉄道です。

浜名湖の北側をのんびり走る旅の楽しみいっぱいの路線
天竜浜名湖鉄道
- 略称　天浜線
- 正式名称　天竜浜名湖鉄道株式会社
- 営業キロ　67.7km
- おもな区間　掛川〜新所原
- 軌間　1067mm
- 電化方式　非電化
- 特徴　戦争中、東海道本線が通れなくなったときにそなえて、建設が急がれた国鉄二俣線を引きついだ第三セクター路線です。天竜二俣駅の転車台つきの車庫や奥浜名湖、駅に併設されたお店など見どころの多い路線です。

ブレーキ性能が上がり、形式変更
TH2100形
◆気動車、NDC　◆1両　◆85km　◆2001年

◆天浜線の車両の大部分をしめる、NDCシリーズの車両。最初はTH2000形といいましたが、ブレーキ機器が強化され形式名を変更。車内はセミクロスシートで、座席間隔が広くゆったりとしています。

1000形のサービスはそのままに近代化
2000形
◆電車（直流）　◆2両　◆70km　◆1999年

◆「21世紀に向けた新型電車」として2000形と名づけられました。車体は1000形とほぼ共通で、VVVFインバーター制御を採用しました。直線的なデザインと大型の全面窓が特徴です。

発見　ユリカモメがやってくる駅
天竜浜名湖鉄道の浜名湖佐久米駅には冬になるとたくさんのユリカモメがやってきます。多いときには500羽以上！駅併設の喫茶店ではパンの耳を売っていて、餌付けをすることもできます。

◀天竜浜名湖鉄道　浜名湖佐久米駅

大井川鉄道の奥大井湖上駅

列車も駅も、昔の姿を保存している
大井川鉄道

- 正式名称　大井川鐵道株式会社
- 営業キロ　65.0km
- おもな区間
  大井川本線：金谷～千頭、
  井川線：千頭～井川
- 軌間　1067mm
- 電化方式　直流
- 特徴　大井川に沿って走る私鉄で、蒸気機関車がひく列車がとくに有名。駅舎や客車など、昔の鉄道文化をそのまま保存しています。ダム建設でつくられた鉄道を観光路線化した井川線も人気です。

近鉄時代そのままの姿で走る
16000系

- 電車（直流）　◆2両　◆1997年導入
- もと近鉄の特急用車両です。行き先表示板が変わり、ワンマン運転に対応したほかは近鉄時代と変わらない姿で使われていますが、特急料金不要の普通電車として運行されています。

発見　大井川鉄道井川線の アプト式区間

大井川鉄道井川線のアプトいちしろ～長島ダム間は、急勾配をのぼるためにアプト式という方法をとっています。2本のレールの間にラックレールを敷いて、そこに専用の機関車についているギアをかみ合わせてのぼります。

▲アプト式のラックレール

第二の人生を送る南海ズームカー
21000系

- 電車（直流）　◆2両
- かつて平地では時速110kmで走り、高野山の急勾配もスイスイ登っていた、もと南海の「ズームカー」。今は最高時速65kmでのんびり走りますが、座席なども南海時代のままで、懐かしい電車の旅を楽しめます。

山奥をトコトコ走る小さな客車
井川線

- 機関車＋客車　◆最大8両
- トロッコ列車のように小さい井川線の車両たち。スロフ300は3列シートの主力客車で、クハ600は機関車の反対側に連結される運転席付き客車。ED90形機関車は、日本唯一のアプト式機関車です。

▲尾盛～閑蔵間にある関の沢橋梁
長さは114mで、水面からの高さは70mもあります。

豆ちしき　大井川鉄道の本線と井川線は軌間が同じですが、直通列車はありません。

◆動力 ◆愛称やおもな運用 ◆基本編成 ◆最高速度（時速） ◆車体の材質 ◆運用開始 ◆特徴

中部地方

車両図鑑（JR以外の車両）

海岸沿いを走る伊豆半島のリゾート路線
伊豆急行
- 略称　伊豆急
- 正式名称　伊豆急行株式会社
- 営業キロ　45.7km
- おもな区間　伊東～伊豆急下田
- 軌間　1067mm
- 電化方式　直流
- 特徴　伊豆半島の東側を走り、沿線にゴルフ場や温泉、海水浴場などさまざまな観光地があるリゾート路線です。片瀬白田～伊豆稲取間では波打ち際を走り、車窓風景もばつぐんです。

西武レッドアローの座席が快適
8000系
- ◆電車（直流）　◆3両　◆100km　◆2004年導入
- ◆東急の主力電車として活躍した8000系をゆずり受けた電車。海側の座席は、西武鉄道10000系で使われていたシートを向かい合わせ4人掛けに配置したほか、トイレも設置されています。

新しい観光列車へ生まれ変わる
2100系5次車
- ◆電車（直流）　◆アルファリゾート21　◆7・8両
- ◆1993年　◆リゾート21の集大成ともいえる車両です。山側からも海が見えるよう、シートが少し高くなっています。2017年には新しい観光列車としてリニューアルの予定。

黒船来航！伊豆の歴史も勉強できる
2100系4次車
- ◆電車（直流）　◆黒船電車　◆7・8両　◆1990年
- ◆幕末、下田に来航した黒船に見立てた真っ黒な電車。車内には幕末の歴史や、当時の下田についての資料などが展示されています。前面ガラスが大型1枚窓になり、客席も海側の天井が高くなりました。

普通列車とは思えない贅沢な展望列車
2100系3次車
- ◆電車（直流）　◆リゾートドルフィン号　◆7・8両　◆1988年　◆最前部を展望席とし、海側の座席は窓を向いているなど、車窓風景をたっぷり楽しめる「リゾート21」。特急料金は不要です。3次車はハワイアンブルーの「リゾートドルフィン号」。

東海道新幹線をまたぐ俊足電車
静岡鉄道
- 略称　静鉄
- 正式名称　静岡鉄道株式会社
- 営業キロ　11.0km
- おもな区間　新静岡～新清水
- 軌間　1067mm
- 電化方式　直流
- 特徴　静岡市街と清水を結ぶ通勤路線で、東海道本線や新幹線と並走。全長11.0kmの路線に15もの駅があります。全国の地方私鉄に先がけて自動改札化を進めた先進的な面を持っています。

主力車両として大活躍した
1000形
- ◆電車（直流）　◆2両　◆70km　◆ステンレス
- ◆1973年　◆静岡鉄道の主力車両でしたが、A3000形の登場で主役をおりることになりました。先頭が「く」の字に折れ曲がったデザインが特徴的で、座席はすべてロングシート。ラッピング電車としても活躍しています。

7色のカラーのレインボートレインズ
A3000形
- ◆電車（直流）　◆2両　◆70km　◆ステンレス　◆2016年　◆静岡鉄道で40年ぶりに登場した新型車両。デザインを一新しただけでなく、環境性能や安全性能が格段に向上しています。はじめの7編成は編成ごとに色がちがい、「静岡レインボートレイン」の愛称があります。

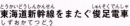
豆ちしき　伊豆急行の2100形（リゾート21）は、1985年から運行されています。

136

◀駿豆線には2両の電気機関車が在籍しています。大雄山線の5000系を回送するときなどにも使われています。

貨物がなくなっても、みんなで盛り上げる
岳南電車
- 正式名称　岳南電車株式会社
- 営業キロ　9.2km
- おもな区間　吉原〜岳南江尾
- 軌間　1067mm
- 電化方式　直流
- 特徴　富士市の工場地帯を走り、紙製品を中心に貨物輸送でさかえていましたが、JR貨物の合理化によって貨物列車が廃止。地元の通勤路線としてがんばっていますが、存続の危機に立っています。

長い歴史を持つ伊豆半島最初の鉄道
伊豆箱根鉄道
- 正式名称　伊豆箱根鉄道株式会社
- 営業キロ　29.4km（鉄道）、0.3km（ケーブルカー）
- おもな区間　駿豆線、大雄山線（鉄道）、十国峠ケーブルカー
- 軌間　1067mm（鉄道）、1435mm（ケーブルカー）
- 電化方式　直流
- 特徴　伊豆半島の中央を走る駿豆線には東京駅から「踊り子」も乗り入れます。大雄山線は、終点の大雄山駅近くにある最乗寺へお参りする人のためにつくられ、現在は通勤路線となっています。ケーブルカーは、十国峠の展望台へ上ります。全長316m、高低差101m。

JRへの直通計画もあった
7000系
◆電車（直流）　◆駿豆線　◆3両　◆100km　◆ステンレス　◆1991年　◆伊豆箱根鉄道でいちばん設計が新しい電車です。先頭部は、斜めに角度をつけたスピード感のあるデザイン。指定席のある快速列車として計画され、座席はすべてクロスシートになっています。

井の頭線から来たかわいい電車
7000形・8000形
◆電車（直流）　◆2両　◆ステンレス
◆もとは京王井の頭線で使われていた3000系。7000形は、1両で運転できるよう両側に運転台を設置。7001号車は井の頭線のカラーになっています。8000形は片運転台・2両編成の車両です。写真は8000形。

大雄山線唯一の形式
5000系
◆電車（直流）　◆大雄山線　◆3両　◆70km　◆鋼製、ステンレス　◆1984年　◆大雄山線用の電車で、駿豆線の3000系をもとに、車両の大きさを大雄山線に合わせています。座席はロングシートが主体ですが、最後に製造された2編成は転換クロスシートに変更。

展望ばつぐんの十国峠を上る
十国峠ケーブル
◆ケーブルカー　◆1両　◆1956年　◆白地に赤、緑、青のラインが入ったケーブルカー。定員は96人と小ぶりな車両ですが、線路幅は新幹線と同じ1435mm。1号車には「日金」、2号車には「十国」の愛称があります。

豆ちしき　岳南電車は日本夜景遺産に登録されており、鉄道夜景電車や工場夜景電車が運行されるときがあります。

中部地方

◆動力 ◆愛称やおもな運用 ◆基本編成 ◆最高速度（時速） ◆車体の材質 ◆運用開始 ◆特徴

金沢市郊外の通勤輸送に活躍する
北陸鉄道
- ●正式名称　北陸鉄道株式会社
- ●営業キロ　20.6km
- ●おもな区間
  石川線：野町～鶴来、
  浅野川線：北鉄金沢～内灘
- ●軌間　1067mm
- ●電化方式　直流
- ●特徴　石川線と浅野川線の2つの路線があります。2つの路線はつながっておらず、電気の方式（電圧）もちがうので、電車が行き来することはできません。元東急と元京王井の頭線の電車が走っています。

さまざまな電車を組み合わせて改造
7000系
- ◆電車（直流） ◆石川線 ◆2両 ◆ステンレス ◆1990年導入 ◆東急電鉄の初代7000系電車を改造したステンレス製のオールロングシート車両。東急電鉄とは電圧が異なるためそのままでは使えず、さまざまな鉄道会社の機器類が使われています。

タイプのことなる車両がある、元井の頭線
8000系
- ◆電車（直流） ◆浅野川線 ◆2両 ◆ステンレス ◆1996年導入 ◆元は京王井の頭線の3000系です。先頭部の上半分だけ塗装した井の頭線カラーを今も使用。幅が広く車体の下へ行くにつれてせまくなるタイプと、車体全体が同じ幅のタイプがあります。

路線は短くなっても観光路線として生きる
のと鉄道
- ●正式名称　のと鉄道株式会社
- ●営業キロ　33.1km
- ●おもな区間　七尾～穴水
- ●軌間　1067mm
- ●電化方式　非電化
- ●特徴　元はJR七尾線だった七尾～穴水間を運行する第三セクター鉄道。以前は輪島や蛸島など能登半島の奥まで路線がありましたが、2005年までに廃止されました。観光列車「のと里山海号」が人気です。

大人気！能登を行く観光列車
NT300形
- ◆気動車 ◆のと里山里海号 ◆2両 ◆2015年 ◆走行性能はNT200形とほぼ同じ。能登の海を表す濃紺をベースに、「能登に広がる大地や実り」をイメージしたえんじ色がアクセント。車内には能登産の木が使われ、伝統工芸品も展示。

アニメとのコラボも活発な主力車両
NT200形
- ◆気動車 ◆1両 ◆95km ◆2005年 ◆のと鉄道の一般用車両。NDCシリーズの標準的な車両で、能登を舞台にしたアニメ「花咲くいろは」のキャラクターや、輪島出身の漫画家、永井豪氏のキャラクターが描かれています。

ラッシュ時には大型の鉄道車両が道路を走る
福井鉄道
- ●正式名称　福井鉄道株式会社
- ●営業キロ　21.4km
- ●おもな区間
  越前武生～田原町、市役所前～福井駅
- ●軌間　1067mm
- ●電化方式　直流
- ●特徴　福井と武生を結ぶ私鉄で、ほぼ全線がJR北陸本線と並走しています。路面電車の区間と鉄道の区間があり、現在の主力は名鉄からやってきた床の低いタイプの電車たちです。

福井鉄道の新しい時代をになう
F1000形
- ◆電車（直流） ◆FUKURAM ◆3車体3台車 ◆65km ◆鋼製 ◆2013年 ◆福井鉄道が導入した超低床車両。カナダの会社が開発し、日本の新潟トランシスが製造した車両で、熊本市電「MOMO」などと同じブレーメン型と呼ばれるタイプです。

昭和30年代の電車が今も現役
200形
- ◆電車（直流） ◆2車体3台車 ◆鋼製 ◆1960年 ◆福武線の急行用として製造された電車で、現在も活躍中。2両の車両を台車でつないだ連接車で、昭和30年代に地方の私鉄が独自に製造した車両の生き残りとしてとても人気があります。

豆ちしき　福井鉄道とえちぜん鉄道は、2016年から直通列車の運転をはじめました。

地域密着で復活した奇跡の電車
えちぜん鉄道
- ●略称　えちてつ
- ●正式名称　えちぜん鉄道株式会社
- ●営業キロ　53.0km
- ●おもな区間
  勝山永平寺線：福井～勝山、
  三国芦原線：福井口～三国港
- ●軌間　1067mm
- ●電化方式　直流
- ●特徴　事故が相ついだことから運行を停止した、京福電鉄越前線を引きついだ第三セクターです。アテンダントの乗務などさまざまな工夫で、乗客が増えつつあり、注目されています。

石川県の伝統を背負って走る第三セクター鉄道
IRいしかわ鉄道
- ●正式名称　IRいしかわ鉄道株式会社
- ●営業キロ　17.8km
- ●おもな区間　倶利伽羅～金沢
- ●軌間　1067mm
- ●電化方式　交流
- ●特徴　北陸新幹線の開業によって、石川県内の北陸本線を引きついだ路線です。現在は金沢周辺の短い区間のみを運行していて、多くの利用客がいます。

伝統工芸品のイメージをデザイン
521系
- ◆電車（交直流）　◆2両　◆ステンレス
- ◆2015年導入　◆北陸新幹線の開業と同時に、JR西日本から2両編成10両をゆずり受けた車両。水色をベースに、加賀五彩という石川の伝統工芸をいろどる色が1色ずつ使われています。

最新の機器を載せた、元飯田線の電車
MC7000形
- ◆電車（直流）　◆2両　◆鋼製　◆2013年
- ◆輸送力を上げるため、JR東海からゆずり受けた電車。元は飯田線で走っていた119系電車で、制御機器を国鉄時代のものから最新のVVVFインバーター制御装置に変更してあります。

JRの大幹線から地域密着の鉄道へ変身
あいの風とやま鉄道
- ●略称　あい鉄
- ●正式名称　あいの風とやま鉄道株式会社
- ●営業キロ　100.1km
- ●おもな区間　市振～倶利伽羅
- ●軌間　1067mm
- ●電化方式　交流
- ●特徴　北陸新幹線が開業したとき、北陸本線の富山県内の区間を引きついだ第三セクター路線です。富山駅で乗りかえなくてもすむ列車を増やすなど、地元の人が利用しやすい鉄道をめざしています。

海側と山側でデザインがちがう
521系
- ◆電車（交直流）　◆2両　◆ステンレス
- ◆2015年導入　◆開業時にJR西日本からゆずり受けた電車です。車体には風をモチーフとしたラインが描かれ、海側は富山湾の神秘さを表現した水色、山側は富山県の豊かな自然を表現した緑色です。

廃止寸前の路面電車が次世代電車として復活
万葉線
- ●正式名称　万葉線株式会社
- ●営業キロ　12.9km
- ●おもな区間　高岡駅～越ノ潟
- ●軌間　1067mm
- ●電化方式　直流
- ●特徴　路面電車の区間（高岡駅～六渡寺）と鉄道の区間（六渡寺～越ノ潟）があり、次世代路面電車が走っています。以前は加越能鉄道が運営していましたが、第三セクターに生まれ変わりました。

地方鉄道の手本となる次世代路面電車
MLRV1000形
- ◆電車（直流）　◆2車体2台車　◆40km　◆2004年
- ◆岡山電軌MOMOなどと同じブレーメン型のひとつです。「情熱」「元気」をコンセプトにデザインされ、うち1両は、高岡出身の藤子F不二雄氏にちなんでドラえもんが描かれた「ドラえもんトラム」です。

LRT
LRTは、Light Rail Transitの略で、次世代型の路面電車のことを指します。道路の混雑や環境問題などから、都市部では路面電車が見直されつつあります。LRTの車両は、LRVともよばれ、床が低く、乗り降りがしやすくなっています。

豆ちしき　えちぜん鉄道では、福井鉄道との相互乗り入れ用に、路面電車タイプの超低床電車を導入しました。

中部地方

◆動力　◆愛称やおもな運用　◆基本編成　◆最高速度（時速）　◆車体の材質　◆運用開始　◆特徴

北アルプスを背景に走る富山のシンボル
富山地方鉄道
- 略称　地鉄、市内線
- 正式名称　富山地方鉄道株式会社
- 営業キロ　93.2km（地鉄）、7.6km（市内線）
- おもな区間　本線、立山線（地鉄）、市内線
- 軌間　1067mm
- 電化方式　直流
- 特徴　宇奈月温泉や立山などの観光地を結ぶ私鉄です。もと西武鉄道の特急電車などが走るほか、50年以上現役で使われている古い駅舎が多いことでも知られています。市内線は、日本海側ではじめて登場した路面電車が今も走っています。2009年には丸の内〜西町間が開業し、富山駅の高架化工事が終わった後は富山ライトレールとの直通運転も計画されています。

アルプスの山々を存分に楽しむ
16010形
◆電車（直流）　◆アルプスエキスプレス　◆2・3両　◆鋼製　◆1995年導入　◆もと西武鉄道初代レッドアロー5000系で、3両編成の電車は「アルプスエキスプレス」に改造。窓向きのカウンター席やカップルシートなどに座ってアルプスの景色を楽しめます。

富山地鉄唯一の2階建て電車もある
10030形
◆電車（直流）　◆2・3両　◆鋼製　◆1990年　◆もとは京阪電鉄旧3000系「テレビカー」。2階建て車両サハ31を連結して、観光列車「ダブルデッカーエキスプレス」としても活躍しています。

抜群の加速力をほこる
14760形
◆電車（直流）　◆2両　◆95km　◆1979年　◆富山地方鉄道初の冷房車として登場しました。自社発注車で、現在も富山地方鉄道の主役的存在です。特急として運転されることが多く、座席は転換クロスシート。加速性能にすぐれています。

北陸地方で3番目の次世代路面電車
T100形
◆電車（直流）　◆サントラム　◆3車体2台車　◆2010年　◆豊橋鉄道T1000形などと同じリトルダンサーUaとよばれるタイプで、デ9000形「セントラム」に続く超低床車。富山駅前〜南富山駅前間と、南富山駅前〜大学前停留場間の2路線で運行。

険しい峡谷をたどる、黒部の観光鉄道
黒部峡谷鉄道
- 正式名称　黒部峡谷鉄道株式会社
- 営業キロ　20.1km
- おもな区間　宇奈月〜欅平
- 軌間　762mm
- 電化方式　直流
- 特徴　黒部峡谷を開発するために建設された専用鉄道を観光向けにしたトロッコ列車です。全国でもめずらしいナローゲージ（762mm）の路線で、冬季は雪をさけるために一部線路がトンネル内にしまわれます。

ローカル線から次世代路面電車へ
富山ライトレール
- 正式名称　富山ライトレール株式会社
- 営業キロ　7.6km
- おもな区間　富山駅北〜岩瀬浜
- 軌間　1067mm
- 電化方式　直流
- 特徴　JR富山港線を引きつぎ、富山駅周辺の道路上に新しく線路を敷いた、次世代路面電車（LRT）の路線です。駅も増え、バスとの接続も便利になるなどの結果、乗客は大はばに増えました。

旧JR富山港線を行くLRT
TLR0600形
◆電車（直流）　◆ポートラム　◆2車体2台車　◆60km　◆2006年　◆ドイツのメーカーが設計し、新潟トランシスが製造した超低床車です。レッド、オレンジ、イエロー、イエローグリーン、グリーン、ブルー、パープルの7色に塗装されています。

急カーブを越えて絶景の峡谷へ
トロッコ列車
◆機関車+客車
◆普通客車はオープンタイプで、戦前の貨車を改造したもの。特別車両は窓付きで4人掛け、リラックス車両は転換クロスシート。窓付きの車両も、窓を開けることができ黒部の大自然を満喫できます。

豆ちしき　黒部峡谷鉄道は冬季（12月〜4月ごろ）は運休し、一部のレールはトンネル内にしまって冬を越します。

富山地方鉄道10030形　ダブルデッカーエキスプレス

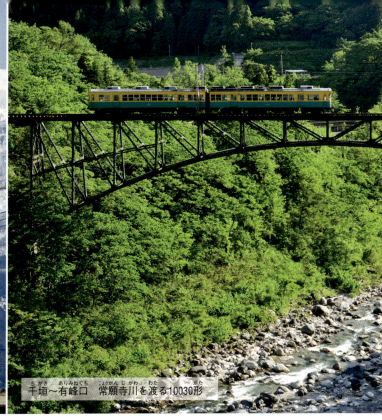

千垣～有峰口　常願寺川を渡る10030形

雄大な景色を楽しめる立山黒部アルペンルート
立山黒部貫光
- 正式名称　立山黒部貫光株式会社
- おもな区間
  - トンネルバス：室堂～大観峰
  - 立山ケーブルカー：立山～美女平
  - 黒部ケーブルカー：黒部平～黒部湖
- 軌間　1067mm
- 電化方式　直流
- 特徴　立山黒部アルペンルートのケーブルカーやロープウェイを運営している会社です。1996年からはそれまで普通のバスだった路線をトロリーバスにしました。

全線トンネル内を行くケーブルカー
黒部ケーブルカー
◆ケーブルカー　◆1両　◆1969年　◆立山黒部アルペンルートのうち、黒部平駅と黒部湖駅を結ぶケーブルカーで、全線が地下を通っているめずらしい路線です。

トンネルの中を行く、バスの姿をした鉄道
黒部ダム
- 正式名称　関西電力株式会社
- おもな区間　扇沢～黒部ダム
- 電化方式　直流
- 特徴　黒部の環境を保護するために、電車と同じように架線から電気をとって動くトロリーバスを運行しています。電力会社が「鉄道」を運営しているのは、ここだけです。

アルペンルートの富山側を上る
立山ケーブルカー
◆ケーブルカー　◆1両　◆2003年　◆立山駅と美女平駅を結ぶケーブルカーです。黒部ケーブルカーと同じ会社で路線名も正式には同じ鋼索線。観光客だけでなく物資を運ぶ役割もはたしています。

バスでも鉄道
8000形
◆トロリーバス　◆1両　◆1996年　◆室堂と大観峰を結ぶ、全区間トンネルのトロリーバス。見た目はバスそのものですが、架線から取り入れた電気で動きます。以前は普通のバスが走っていましたが、1996年にトロリーバスになりました。

排気ガスを出さず黒部の自然を守る
300形トンネルトロリーバス
◆トロリーバス　◆1両　◆1993年　◆扇沢～黒部ダム間の黒部トンネルを走るトロリーバス。ほぼ全線トンネル内ですが、扇沢駅のみ地上に出ます。現在の車両は三代目の300形。運転方法はバスと同じです。

豆ちしき　トロリーバスは、かつては東京や大阪などでも走っていましたが、現在は立山黒部アルペンルートのみです。

中部地方

◆動力　◆愛称やおもな運用　◆基本編成　◆最高速度(時速)　◆車体の材質　◆運用開始　◆特徴

海の景色も、山の景色も楽しめる
えごちトキめき鉄道

- ●正式名称　えちごトキめき鉄道株式会社
- ●営業キロ　97.0km
- ●おもな区間
  - 妙高はねうまライン：妙高高原〜直江津、
  - 日本海ひすいライン：直江津〜市振
- ●軌間　1067mm
- ●電化方式　直流、交流
- ●特徴　北陸新幹線の開業によって、新潟県内の在来線を引きついだ第三セクター鉄道で、もと信越本線は妙高はねうまライン、もと北陸本線は日本海ひすいラインと名づけられました。

景色もスピード感もばつぐんの観光列車
ET122形 1000番台

- ◆気動車　◆雪月花　◆2両　◆ステンレス
- ◆2016年　◆リゾート列車「雪月花」の専用車両。天井まで広がった窓から、日本海や妙高の山々をながめることができ、レストランカーの展望ハイデッキでは、料理を味わいながら3方向の景色を楽しめます。

特急がなくなっても、ばつぐんのスピードで奮闘
北越急行

- ●略称　ほくほく線
- ●正式名称　北越急行株式会社
- ●営業キロ　59.5km
- ●おもな区間　六日町〜犀潟
- ●軌間　1067mm
- ●電化方式　直流
- ●特徴　首都圏と北陸を結ぶためにつくられた鉄道で、北陸新幹線開業までは特急「はくたか」が時速160kmでかけぬけていました。今も北陸新幹線に対抗する列車を走らせるなど、元気な鉄道です。

全線架線の下を走る気動車
ET122形

- ◆気動車　◆1両　◆ステンレス　◆2015年
- ◆JR西日本のキハ122形をベースに製造された、日本海ひすいライン用の車両。日本海ひすいラインは全線電化されていますが、運行コストを安くするためにディーゼルカーで運行されています。

妙高の山々をながめながら走る
ET127系

- ◆電車(直流)　◆2両　◆110km　◆ステンレス
- ◆2015年導入　◆JRのE127系電車をゆずり受けた車両で、もと信越本線である妙高はねうまラインで運行されています。車体下部を、妙高山と山並みをイメージしたグリーンに塗装したオリジナルデザインも登場。

俊足！普通列車も速い！
HK100形

- ◆電車(直流)　◆1・2両　◆110km　◆鋼製
- ◆1997年　◆開業時から活躍している電車です。「超快速」は日本一平均速度が速い普通列車。転換クロスシートを備えた「ゆめぞら」もあり、トンネル内では「花火」「宇宙」など5種類の映像が天井にうつります。

地域の魅力を発信して大健闘する第三セクター
しなの鉄道

- ●正式名称　しなの鉄道株式会社
- ●営業キロ　102.4km
- ●おもな区間
  - しなの鉄道線：軽井沢〜篠ノ井、
  - 北しなの線：長野〜妙高高原
- ●軌間　1067mm
- ●電化方式　直流
- ●特徴　長野新幹線(現在の北陸新幹線)の開業と同時に信越本線を引きついだ第三セクターです。北陸新幹線開業後は長野〜妙高高原間も引き受け、長野を代表する鉄道となりました。

国鉄時代の電車を大切に使い続ける
115系

- ◆電車(直流)　◆2・3両　◆鋼製
- ◆1997年導入　◆しなの鉄道の発足時にJR東日本からゆずり受けた115系電車を改装。塗装はグレーとエンジのオリジナルカラーでシートも市松模様になりました。

大河ドラマで一層人気に
115系 S8編成

- ◆電車(直流)　◆ろくもん　◆3両　◆100km
- ◆鋼製　◆2014年改造　◆しなの鉄道自慢の観光列車で、名前は真田幸村の家紋から。長野県産の木材をふんだんに使ったラウンジ風の電車。座席は2人掛け、4人掛けとカウンターがあり、沿線の料理を味わえます。

豆ちしき　北越急行では、スプリンクラーやパネルヒーターなどを使って線路上の雪をとかします。

塩田平を走る温泉アクセス路線
上田電鉄
- 正式名称　上田交通株式会社
- 営業キロ　11.6km
- おもな区間　上田〜別所温泉
- 軌間　1067mm
- 電化方式　直流
- 特徴　北陸新幹線が停車する上田駅と、別所温泉駅を結ぶローカル私鉄です。1973年に一度は廃止されかけましたが、熱心な存続運動によって今日までがんばっています。

昔なつかしの丸窓電車も
1000系・6000系
- 電車（直流）　◆2両　◆ステンレス
- 2008年導入　◆元は東急電鉄1000系。昔上田交通のシンボル的存在だった5250形「丸窓電車」を再現した、「まるまどりーむ号」もあります。1000系の中間車を改造した新型車両6000系「さなだどりーむ号」も人気。

上高地へのアクセス鉄道としてがんばる
アルピコ交通
- 略称　松本電鉄
- 正式名称　アルピコ交通株式会社
- 営業キロ　14.4km
- おもな区間　松本〜新島々
- 軌間　1067mm
- 電化方式　直流
- 特徴　松本駅と、上高地の玄関口・新島々駅を結んでいる私鉄です。松本電鉄がバス会社を吸収してアルピコ交通となりましたが、今も松本電鉄の名前でよぶ人も大勢います。

小田急とJRの特急電車が共演
長野電鉄
- 略称　ながでん
- 正式名称　長野電鉄株式会社
- 営業キロ　33.2km
- おもな区間　長野〜湯田中
- 軌間　1067mm
- 電化方式　直流
- 特徴　以前は長野線、河東線、山の内線の3路線がありましたが、長野〜湯田中以外の路線は廃止され長野線に統一されました。もと小田急と、もとJRの特急電車が、当時のままの姿で走っています。

小田急HiSEがそのまま走る
1000系
- 電車（直流）　◆ゆけむり　◆4両　◆90km　◆鋼製　◆2006年導入　◆もとは小田急電鉄のロマンスカー10000形（HiSE）で設備はほぼ小田急時代のまま。長野〜須坂、湯田中間の特急「ゆけむり」のほか、観光案内を聞ける「のんびりゆけむり」も人気。

井の頭線風運転台を新たに製造
3000系
- 電車（直流）　◆2・3両　◆ステンレス
- 1999年導入　◆もとは京王電鉄井の頭線の3000系。中間車から改造して運転台を新しくつけたものですが、デザインは3000系とよく似ています。車体横まで広がったパノラミックウインドウが目印です。

とびきりぜいたくな「Spa猿〜ん」
2100系
- 電車（直流）　◆スノーモンキー　◆3両
- 鋼製　◆2011年導入　◆初代成田エクスプレスだったJR東日本253系をワンマン運転に対応させた特急電車。JR時代と同じシートはとても現代的。4人用個室は「Spa猿〜ん」という名でゆったりできます。

長野市街の通勤・通学輸送に活躍
8500系
- 電車（直流）　◆3両　◆ステンレス
- 2005年導入　◆東急電鉄の田園都市線で活躍していた、長野電鉄の主力電車です。スピードの出すぎをおさえる抑速ブレーキはついていないので、急勾配が多い信州中野〜湯田中間は走れません。

長野電鉄の普段の顔
3500系
- 電車（直流）　◆2両　◆90km　◆セミステンレス
- 1993年導入　◆もとは営団地下鉄日比谷線の3000系。以前は長野電鉄の主力でしたが、今は多くが引退しました。急勾配に対応しており、長野〜湯田中の全区間を走れます。

豆ちしき　長野電鉄の長野〜善光寺下間は地下を走ります。

◆動力　◆愛称やおもな運用　◆基本編成　◆最高速度（時速）　◆車体の材質　◆運用開始　◆特徴

中部・関東地方

富士山を見にいくならこの電車！
富士急行（富士急）
- ●略称　富士急
- ●正式名称　富士急行株式会社
- ●営業キロ　26.6km
- ●おもな区間　大月〜河口湖
- ●軌間　1067mm
- ●電化方式　直流
- ●特徴　もとJRや小田急の特急用車両がユニークな形に生まれ変わって走っています。富士山がよく見える路線で、週末などにはJR中央線の特別快速電車も乗り入れます。

1編成しかない371系が一層豪華に
8500系
- ◆電車（直流）　◆富士山ビュー　◆3両　◆60km
- ◆鋼製　◆2016年導入　◆特急「あさぎり」として活躍していた、JR東海の371系電車の改造車。1号車はレストラン風の特別車両で、ホテルのパティシエが手がける「富士山ビュー特急特製スイーツ」が人気。

ネギとこんにゃくで有名なまちへ走る
上信電鉄
- ●正式名称　上信電鉄株式会社
- ●営業キロ　33.7km
- ●おもな区間　高崎〜下仁田
- ●軌間　1067mm
- ●電化方式　直流
- ●特徴　高崎から、鏑川に沿って走り、ネギやこんにゃくで知られる下仁田までを結ぶ路線です。上信電鉄という名前は、開業当初峠をこえて長野県までつなごうとした名残りです。

さまざまな富士山のイラストがえがかれている
8000系
- ◆電車（直流）　◆フジサン特急　◆3両　◆鋼製
- ◆2014年導入　◆特急「あさぎり」として使われていた小田急電鉄の20000形（RSE）の改造車。1号車は展望席のある指定席。表定速度（平均速度）が時速30kmあまりで、日本一おそい特急電車ともいわれます。

第二の人生をすごす、もと山手線
6000系
- ◆電車（直流）　◆3両　◆ステンレス　◆2012年導入　◆JR東日本の205系の中間車に運転台をつけた電車で、水戸岡鋭治氏のデザイン。2枚窓のタイプと1枚窓のタイプがあり、2枚窓の車両は山手線で活躍した量産先行車です。

世界遺産富岡製糸場へのアクセス電車
7000形
- ◆電車（直流）　◆2両　◆90km　◆鋼製　◆2013年導入　◆上信電鉄が31年ぶりに導入した新型車両。前面部は運転台の窓が斜めになった個性のある顔で、大型の前面窓と、「あご」のように見える衝撃吸収装置が特徴です。片側3扉でセミクロスシート。

歴史ある群馬のまちをつなぐ電車
上毛電気鉄道
- ●正式名称　上毛電気鉄道株式会社
- ●営業キロ　25.4km
- ●おもな区間　中央前橋〜西桐生
- ●軌間　1067mm
- ●電化方式　直流
- ●特徴　前橋の中心、中央前橋から西桐生まで、群馬県東部の歴史あるまちを結んでいます。並走するJR両毛線と競争していて、JR両毛線より多くの列車を走らせています。

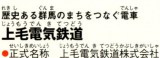

井の頭線のスタイルを守り続ける
700形
- ◆電車（直流）　◆2両　◆ステンレス　◆1998年導入　◆もとは京王電鉄井の頭線3000系。一部の車両は中間車に運転台を追加したものですが、前面上部のカラーを編成ごとに変えるなど、3000系時代のスタイルを守っています。

機関車の役目もはたす現役最古級電車
デハ100形
- ◆電車（直流）　◆1両　◆半鋼製　◆1928年　◆現役車両として登録され、本線上を走る電車としては日本最古級といわれている電車です。通常の列車には運用されませんが、年数回、イベント時や工事用車両の牽引車として使われます。

豆ちしき　富士急行の富士山駅はかつては富士吉田駅という名前でした。ターミナル型の駅で、河口湖への直通列車はスイッチバックします。

▲わたらせ渓谷鐵道のトロッコ客車

渡良瀬川に沿ってトロッコ列車が行く
わたらせ渓谷鐵道

- 略称　わた渓、わ鐵
- 正式名称　わたらせ渓谷鐵道株式会社
- 営業キロ　44.1km
- おもな区間　桐生～間藤
- 軌間　1067mm
- 電化方式　非電化
- 特徴　もと国鉄足尾線で、日本の文明開化を支えた足尾銅山からの鉱石を輸送するための鉄道でした。現在は渡良瀬川のきれいな景色が人気の観光路線で、トロッコ列車が運行されています。

今や貴重な折り戸式乗降扉
わ89-310形
◆気動車　◆1両　◆1990年

◆わたらせ渓谷鐵道の主力車両。乗降扉には、バスのような折り戸が使われています。車内はセミクロスシートで、1両ごとに「あかがねⅡ」、「わたらせⅡ」といった愛称がついています。

もと京王電鉄のトロッコ車両
トロッコ列車
◆機関車＋客車　◆4両　◆1998年導入

◆「トロッコわたらせ渓谷号」に使用される客車。オープンエアの客車は、京王電鉄5000系電車を改造したもので、乗り心地は「トロッコ」とは思えないほど快適です。雨天用の12系座席車も連結。

豆ちしき　表定速度は停車時間をふくむ平均速度です。

車両図鑑（JR以外の車両）

◆動力　◆愛称やおもな運用　◆基本編成　◆最高速度（時速）　◆車体の材質　◆運用開始　◆特徴

関東地方

見てみよう
・箱根登山鉄道
・箱根登山ケーブルカー

急勾配とスイッチバックを乗りこえて箱根の山を登る
箱根登山鉄道
- 正式名称　箱根登山鉄道株式会社
- 営業キロ　15.0km（登山鉄道）、1.2km（ケーブルカー）
- おもな区間　小田原〜強羅（登山鉄道）、強羅〜早雲山（ケーブルカー）
- 軌間　1435mm、1067mm（登山鉄道）、983mm（ケーブルカー）
- 電化方式　直流
- 特徴　80‰という、国内でもっともけわしい勾配をこえ、小田原から強羅まで500m以上も登る登山鉄道です。小田原〜箱根湯本間は狭軌で、小田急線が乗り入れます。ケーブルカーは高低差が214m。途中駅が4つもあり、上りと下りで同じタイミングで停車できるよう駅間距離は240mごとにそろえられています。

広々とした車内がうれしい最新鋭
3000形
◆電車（直流）　◆アレグラ　◆1両　◆55km　◆ステンレス　◆2014年　◆最新型の車両で、1両でも、あるいは2000形と連結して3両編成でも運転可能。景色を楽しめる先頭展望ゾーンと、旅を楽しめるクロスシートゾーンに分かれ、どちらも広々とした空間が人気です。

国内最大の急勾配をスイスイ上っていく
2000形
◆電車（直流）　◆サン・モリッツ　◆2・3両　◆55km　◆鋼製　◆1989年　◆箱根登山鉄道の主力車両。スイスのレーティッシュ鉄道の駅名サン・モリッツにちなんだ愛称がついています。運転席の後ろには、前方には展望席もあり、急な坂を上る車窓風景を楽しめます。

箱根の混雑に対応して3両に
1000形
◆電車（直流）　◆ベルニナ　◆3両　◆55km　◆鋼製　◆1981年　◆以前は2両編成でしたが、2000形の中間車を組み込んで、現在は3両編成で運行されています。座席も、当初は転換クロスシートでしたが、4人掛けボックスシートに変わっています。

早川鉄橋をわたる3000形＋2000形

金太郎塗装車がんばる
モハ2形
◆電車（直流）　◆1両　◆鋼製　◆1927年　◆昭和初期の木造車チキ2形の走行機器と、あとからつくった車体を組み合わせた電車です。小田急ロマンスカーSE車の塗装を再現した「金太郎塗装」の車両もあります。

毎年6月のアジサイの時期になると、箱根登山鉄道ではあじさい電車を運転します。夜になるとライトアップのポイントがあり、ちがったふんいきを味わうことができます。

発見 スイッチバック

塔ノ沢〜宮ノ下間の5kmの標高差は283mもあります。この急な坂を電車はスイッチバックを3回行って上っていきます。ここには、アプト式以外の鉄道ではもっとも急な80‰の坂があります。

▲ジグザグの線路

箱根登山鉄道といえば、やっぱりこの電車

モハ1形

◆電車（直流） ◆2両 ◆鋼製 ◆1919年 ◆開業

当初から使われていた木造車両のチキ1形を改造した電車で、箱根登山鉄道を象徴する車両。以前は両運転台の車両でしたが、現在は片運転台となり2両編成で運行しています。

大型車体＆2両編成でたくさんの人を乗せる

箱根登山ケーブルカー

◆ケーブルカー ◆2両 ◆1995年 ◆スイス製のケーブルカーで、箱根を訪れる大勢の観光客を乗せるために、国内では比較的大型な車両です。大きな窓が特徴で、車体は小田急ロマンスカー HiSE車をイメージしています。

豆ちしき　金太郎塗装は、モハ2形108号車のように前面をカーブのついたV字に塗り分ける塗装のことです。

◆動力 ◆愛称やおもな運用 ◆基本編成 ◆最高速度（時速） ◆車体の材質 ◆運用開始 ◆特徴

関東地方

あこがれのロマンスカーで箱根、江の島へ
小田急電鉄
- 正式名称　小田急電鉄株式会社
- 営業キロ　120.5km
- おもな区間
  小田原線：新宿～小田原、
  江ノ島線：相模大野～片瀬江ノ島ほか
- 軌間　1067mm
- 電化方式　直流
- 特徴　東京と小田原や江の島を結ぶ大手私鉄のひとつです。箱根や江の島への観光路線として人気が高く、展望車をそなえたロマンスカーは、全国の私鉄でも1、2位を争う豪華な列車です。

地下鉄をかけぬける青いロマンスカー
60000形
◆電車（直流） ◆MSE ◆4・6両 ◆110km ◆アルミニウム ◆2008年 ◆地下鉄を走るロマンスカーとして登場。平日はビジネス特急として活躍し、週末になると北千住から地下鉄を経由して箱根湯本まで走り抜ける観光特急に変身。「あさぎり」にも使用。

展望車が復活した小田急のフラッグシップトレイン
50000形
◆電車（直流） ◆VSE ◆10両 ◆110km ◆アルミニウム ◆2005年 ◆7代目ロマンスカー。前方の景色を存分に楽しめる展望席や、なめらかな乗り心地と美しさを両立する連接台車など、小田急ロマンスカーの伝統が復活。おもに特急「はこね」で使用。

通勤通学にも活用されるホームライナーロマンスカー
30000形
◆電車（直流） ◆EXE ◆4・6・10両 ◆110km ◆鋼製 ◆1996年 ◆小田急沿線の通勤客の要望にこたえて登場したロマンスカー。伝統の展望席をやめてシンプルな設備となった一方、10両編成に588席をそなえ、多くの人が座れるようになりました。

ロマンスカーの歴史と伝統を伝えるクラシックトレイン
7000形
◆電車（直流） ◆LSE ◆11両 ◆110km ◆鋼製 ◆1980年 ◆ロマンスカーとしてはじめて展望席を設けたNSEの後継車両。登場から35年以上が経過した今も現役で、カラーも復元されるなど、小田急ロマンスカーの伝統を伝えています。

伝統の小田急アイボリーを見られる最後の電車
8000形
◆電車（直流） ◆4・6両 ◆100km ◆鋼製 ◆1982年 ◆アイボリーにブルーのラインをまとった小田急伝統のカラーを残す最後の電車。車両前面には黒が使われ、都会的なイメージ。さまざまな用途に使える電車として設計され、現在も活躍中です。

中央線快速電車などの親せきにあたる万能車両
4000形
◆電車（直流） ◆10両 ◆110km ◆ステンレス ◆2007年 ◆東京メトロ千代田線を通って、JR東日本常磐線まで直通できる車両として、JR東日本のE233系をベースに設計されました。中間に運転台のない10両固定編成となっています。

小田急でもっともたくさんの車両が活躍中
3000形
◆電車（直流） ◆6・8・10両 ◆100km ◆ステンレス ◆2001年 ◆バリアフリーや省エネ、コスト削減などを重視して設計された車両で、小田急ではもっとも多く活躍しています。10年以上にわたって製造されたため、時期によって細かなちがいも多くあります。

乗り降りしやすい、各駅停車専用のステンレス車
2000形
◆電車（直流） ◆8両 ◆100km ◆ステンレス ◆1995年 ◆8両編成の各駅停車専用車両。扉の幅はワイドな1.6m。車体はステンレス製ですが、表面の反射をおさえた仕上げになっています。行き先表示板がすべてLEDになったのもこの車両から。

豆ちしき　小田急の初代ロマンスカーとされるのは3000形SE車。1957年に運転がはじまりました。

小田急50000形

今一番カッコイイケーブルカーはここ！
大山観光電鉄
- ●略称　大山ケーブルカー
- ●正式名称　大山観光電鉄株式会社
- ●営業キロ　0.8km
- ●おもな区間　大山ケーブル〜阿夫利神社
- ●軌間　1067mm
- ●特徴　大山へのハイキング客に人気のケーブルカーで、高低差は278m。2015年に設備更新工事を行い、開業以来50年ぶりに車両をリニューアルしました。

いちばん便利な扉を研究してきた初のステンレス車
1000形
◆電車（直流）　◆4・6・8・10両　◆100km　◆ステンレス　◆1988年　◆小田急ではじめてのステンレス車両。混雑時に乗り降りしやすいよう扉の幅を1.3mから2mに広げましたが、開け閉めに時間がかかることから後に1.6mに変わりました。

景色がよく見えるよう架線を撤去！最新鋭ケーブルカー
101・102
◆ケーブルカー　◆1両　◆鋼製　◆2015年　◆丹沢山地の大山に登るケーブルカー。2015年にリニューアルし、ロマンスカーMSE、VSEなどのデザイナーによる新型車両を導入。架線を撤去して、車内の電源はバッテリーを使うようになりました。

週末には観光客がつめかける
江ノ島電鉄
- ●略称　江ノ電
- ●正式名称　江ノ島電鉄株式会社
- ●営業キロ　10.0km
- ●おもな区間　藤沢〜鎌倉
- ●軌間　1067mm
- ●電化方式　直流
- ●特徴　江の島や湘南海岸、鎌倉など、湘南の観光地を結ぶ私鉄です。路面電車のように道路を走る区間もあって人気が高く、週末になると乗り切れないほどの観光客が列をつくります。

湘南海岸を行く観光鉄道
1000形
◆電車（直流）　◆2車体3台車　◆45km　◆鋼製　◆1979年　◆江ノ島〜腰越間には路面電車のように道路を走る区間もありますが、法律上は「鉄道」。車両は2両編成で、混雑時は4両で運行されます。

江ノ島電鉄

豆ちしき　大山ケーブルカーのリニューアル時には、車両はヘリコプターで運びました。

◆動力 ◆愛称やおもな運用 ◆基本編成 ◆最高速度（時速） ◆車体の材質 ◆運用開始 ◆特徴

関東地方

・京急電鉄

時速120km、快特の激走を体験しよう！
京浜急行電鉄
- 略称　京急
- 正式名称　京浜急行電鉄株式会社
- 営業キロ　87.0km
- おもな区間
  本線：泉岳寺～浦賀、
  久里浜線：堀ノ内～三崎口ほか
- 軌間　1435mm
- 電化方式　直流
- 特徴　品川と神奈川県の三浦半島を結ぶ私鉄です。最初は路面電車として開業した鉄道ですが、今は品川～横浜間で時速120km運転を行い、並走するJR東海道線と激しく争っています。

品川〜横浜間を時速120kmでかけ抜ける京急のエース
2100形
◆電車（直流）　◆8両　◆130km　◆アルミニウム　◆1998年　◆2扉、転換クロスシートを備えた、京急のエース。快特に使用され、朝晩には座席定員制のウィング号にも使われています。1編成だけブルーに塗装した「ブルースカイトレイン」があります。

車両基地

歌にもなったドレミファインバーターを聞きに行こう
新1000形
◆電車（直流）　◆4・6・8両　◆130km　◆アルミニウム、ステンレス　◆2002年　◆2100形を3扉・ロングシートに改めた京急の主力車両。初期に生産された編成は、動き出す時に音階を奏でる通称ドレミファインバーターを搭載していますがもうすぐ姿を消す予定です。

2100形に主役をゆずった京急のお父さん的存在
2000形
◆電車（直流）　◆4・8両　◆130km　◆鋼製　◆1982年　◆快特用として登場した車両で、2扉、4人がけボックスシートを備えていましたが、2100形登場後3扉、ロングシートに改造されました。現在は「快特」のほか、羽田空港へ向かうエアポート急行などで活躍。

東京都と神奈川県の県境となっている多摩川をわたる電車

1980年代を象徴する直線的なスタイル
1500形
◆電車（直流）　◆4・6・8両　◆130km　◆鋼製、アルミニウム　◆1985年　◆地下鉄、京成、北総鉄道への乗り入れから「快特」「普通」と、あらゆる役割をこなす万能車両。車体の材質だったり、最新のVVVF制御を取り入れたりと製造時期によってちがいがあります。

長い間京急を走り続けた加速力がすぐれた電車
800形
◆電車（直流）　◆6両　◆100km　◆鋼製　◆1978年　◆京急の現役車両としては最も古い形式。18mという短めの車体ながら4扉を装備しています。最近は廃車が進んでいますが、高い加速力を活かして品川～浦賀間の普通列車などで活躍中。

通勤、観光、快特、普通となんでもこなせるすごい電車
600形
◆電車（直流）　◆4・8両　◆130km　◆アルミニウム　◆1994年　◆2100形、1000形へとつながる現在の京急のデザインを確立した電車。現在はほぼロングシートで、車端部のみセミクロスシート。1編成だけ青い「KEIKYU BLUE SKY TRAIN」があります。

豆ちしき　京急のウィング号は座席定員制の列車。長距離を乗車する旅客用なので、横浜駅も通過します。

京急の赤以外の車両

京急には、青と黄色の車両もあります。

新1000形の「イエローハッピートレイン」と2100形の「京急ブルースカイトレイン」

京急のいくつかの駅では、駅員がホームの少し高いところから安全を確認しながらアナウンスしています。

豆ちしき　エアポート快特は、品川と羽田空港国際線ターミナルの間はノンストップ。

◆動力　◆愛称やおもな運用　◆基本編成　◆最高速度（時速）　◆車体の材質　◆運用開始　◆特徴

関東地方

車両図鑑（JR以外の車両）

JRや東急への乗り入れももうすぐ
相模鉄道

- ●略称　相鉄
- ●正式名称　相模鉄道株式会社
- ●営業キロ　35.9km
- ●おもな区間
  本線：横浜〜海老名、
  いずみ野線：二俣川〜湘南台
- ●軌間　1067mm
- ●電化方式　直流
- ●特徴　沿線人口の増加によって1990年から大手私鉄の仲間入りをした鉄道です。横浜を中心に2路線があり、相鉄本線西谷駅から分岐して、JRや東急東横線に乗り入れる工事が進んでいます。

中央線快速電車の兄弟にあたる電車
11000系

- ◆電車（直流）　◆10両　◆100km　◆ステンレス　◆2009年　◆JRや東急との直通運転を行うために開発された電車で、JR東日本のE233系をベースに設計されました。先頭部のカーブを活かしたスタイルは、事故が起きた時に乗務員を守るクラッシャブル構造。

顔はちがうが、山手線とは親せき関係にあたる
10000系

- ◆電車（直流）　◆8・10両　◆100km　◆ステンレス　◆2002年　◆JR東日本のE231系を相鉄向けにアレンジした車両。基本的な性能はE231系と同じですが、車体の幅は2cm短いようです。列車情報管理装置を設置して、車両の動きをすべてデータにして蓄積。

相模鉄道が独自に開発した最後の車両
9000系

- ◆電車（直流）　◆10両　◆100km　◆アルミニウム　◆1993年　◆相模鉄道が独自に設計・開発した最後の車両。基本的なデザインや装備は8000系と同じですが、8000系までの車両は日立製作所が製造し、9000系は東急車輛が製造しています。

120両が在籍する相模鉄道のエース
8000系

- ◆電車（直流）　◆10両　◆100km　◆アルミニウム　◆1990年　◆車体幅がそれまでの車両よりも広くなりました。一部の車両では、相模鉄道としてははじめてクロスシートを本格的に採用。パンタグラフは、当初はひし形でしたが、現在はシングルアーム。

2両から10両までさまざまな形で活躍を続ける
7000系

- ◆電車（直流）　◆8・10両　◆100km　◆アルミニウム　◆1975年　◆長い間相鉄の主力車両でした。標識灯が高いところにある車両前面は「相鉄顔」として親しまれましたが、リニューアル車は黒を使った顔に変わりました。最近は廃車も始まっています。

相模鉄道の施設を守るお医者さん
モヤ700形

- ◆電車（直流）　◆2両　◆2005年改造　◆7000系4両を改造した検査車両。架線の検査や自動列車停止装置の点検、ゆれの検査などを行います。事故の救援に使われる、大型ジャッキ・ジブクレーンも装備しています。

道路のすぐ上を駆け抜ける楽しいモノレール
湘南モノレール

- ●正式名称　湘南モノレール株式会社
- ●営業キロ　6.6km
- ●おもな区間　大船〜湘南江の島
- ●電化方式　直流
- ●特徴　モノレールの社会実験をかねて、三菱重工が建設した懸垂式モノレールです。坂に強い懸垂式の利点を活かし、アップダウンをくりかえしながら丘陵地帯の住宅地を走っています。

丘陵地帯を駆け抜ける大迫力の空中散歩
5000系

- ◆モノレール　◆3両　◆75km　◆アルミニウム　◆2004年　◆4代目にあたる車両。三浦半島の丘陵地帯を通り、大船と江の島を結んでいます。懸垂式モノレールとしては比較的地面に近いところを走り、ワイドウインドウを通して迫力ある車窓風景が楽しめます。

豆ちしき　相鉄9000系のリニューアル車は、ネイビーブルーの車体に、ボックスシートは革張り。

横浜に集まる鉄道をていねいにつなぐ
横浜市交通局

- 略称　横浜市営地下鉄
- 正式名称　横浜市交通局
- 営業キロ　53.4km
- おもな区間
　ブルーライン：湘南台〜あざみ野、
　グリーンライン：日吉〜中山
- 軌間　1435mm
- 電化方式　直流
- 特徴　港町・横浜と内陸の住宅地を結ぶ地下鉄です。とくにブルーラインは、東急田園都市線、東横線、東海道新幹線、小田急江ノ島線などを結び、横浜の大動脈の役割をはたしています。

車両によって細かくちがうブルーラインの車両
3000形
◆電車（直流）　◆ブルーライン　◆6両　◆80km　◆ステンレス　◆1992年　◆ロングシートが基本ですが、1次製造車には運転席の後ろにクロスシートがあります。2次製造車は案内表示器にニュースを表示、3・4次製造車はバリアフリー対応が進んでいます。写真は2次車。

リニア駆動の小型地下鉄としては国内最速
10000形
◆電車（直流）　◆グリーンライン　◆4両　◆80km　◆アルミニウム　◆2008年　◆丘陵地帯を走るグリーンラインは急勾配や急カーブが多いため、小型のリニアモーター駆動が採用されました。最高時速80kmは、鉄輪式リニアモーター路線としては国内最速。

東横線と一体となってみなとみらいや中華街へ
横浜高速鉄道

- 略称　みなとみらい線
- 正式名称　横浜高速鉄道株式会社
- 営業キロ　4.1km（みなとみらい線）
- おもな区間　横浜〜元町・中華街
- 軌間　1067mm
- 電化方式　直流
- 特徴　みなとみらい線は、最初はJR横浜線と直通する計画でしたが、東急東横線との直通に変更して建設され、横浜と元町・中華街を結んでいます。みなとみらい地区への観光に欠かせない路線となりました。

東急こどもの国線の専用電車
Y000系
◆電車（直流）　◆2両　◆65km　◆ステンレス　◆1999年　◆横浜高速鉄道が線路などの設備を保有している、東急こどもの国線用の電車。設計は東急3000系電車とほぼ同じで、運行も東急電鉄が行います。ブルーとイエローのラインは横浜高速鉄道のカラー。

みなとみらいの海と都会をイメージ
Y500系
◆電車（直流）　◆8両　◆110km　◆ステンレス　◆2004年　◆みなとみらい線の電車で、東京メトロ副都心線を通って東武東上線、西武池袋線に乗り入れ。東急5000系とほぼ同じ車両で、横浜の海を表すネイビーブルーと、都会を表すイエローのデザイン。

海沿いを走り車窓がきれいな新交通システム
横浜シーサイドライン

- 正式名称　株式会社横浜シーサイドライン
- 営業キロ　10.6km
- おもな区間　新杉田〜金沢八景
- 電化方式　直流
- 特徴　海を埋め立てて住宅がつくられた横浜市の金沢地区へのアクセス路線として建設されました。市大医学部〜金沢八景間は海沿いを走り、美しい車窓風景を楽しめます。

無人運転のときは運転席にも座れる！
2000形
◆新交通システム　◆5両　◆60km　◆ステンレス　◆2011年　◆デザインは美術大学の先生が手がけたもので、横浜の海の波や、水面のきらめき、船の帆などを7色の三角形で表現。車内にはクロスシートとロングシートがあり、無人運転時には運転席にも座れます。

横浜シーサイドライン

◆動力 ◆愛称やおもな運用 ◆基本編成 ◆最高速度（時速） ◆車体の材質 ◆運用開始 ◆特徴

関東地方

おしゃれな住宅地をつなぐ私鉄
東急電鉄
- 正式名称　東京急行電鉄株式会社
- 営業キロ　104.9km（こどもの国線含む）
- おもな区間
  東横線：渋谷〜横浜、
  田園都市線：渋谷〜中央林間ほか
- 軌間　1067mm、1372mm
- 電化方式　直流
- 特徴　東京南部と神奈川県を結ぶ大手私鉄です。戦時中には一時小田急や京王などを合併して「大東急」となりました。田園調布や自由が丘などを走り、大手私鉄で第2位の乗客数をほこります。

「玉電」の伝統を守る路面電車
300系
◆電車（直流）◆世田谷線 ◆2両 ◆40km ◆セミステンレス ◆1999年 ◆路面電車ながら全線専用軌道で道路の上を走ることはありません。10本ある編成ごとにカラーがちがい、301Fは世田谷線の先祖である玉川電鉄のカラーを復刻しています。

東急カラーを復刻した80年代の代表選手
1000系
◆電車（直流）◆池上線、多摩川線 ◆3両 ◆110km ◆ステンレス ◆1988年 ◆東横線の東京メトロ日比谷線直通用電車として誕生しました。1017編成は、昔の東急カラーが復刻され、外観だけでなく車内も茶色いシートを使うなどなつかしいふんいき。

新しい試みを盛りこんだ田園都市線用車両
2000系
◆電車（直流）◆田園都市線 ◆10両 ◆110km ◆ステンレス ◆1992年 ◆東京メトロ半蔵門線への乗り入れのための設備を追加した電車。7人がけのロングシートを3人分と4人分に仕切ったり、車椅子スペースを設けたりしたのは、東急ではこの形式がはじめて。

ホームドアや自動運転に対応したハイテク電車
3000系
◆電車（直流）◆目黒線 ◆6両 ◆110km ◆ステンレス ◆1999年 ◆目黒線専用車両で、東京メトロ南北線、埼玉高速鉄道に直通します。ホームドアに対応し、正確な位置に停止する「TASC（定位置停止支援装置）」を装備しています。

現在の東急電鉄の主役として幅広く活躍
5000系・5050系・5080系
◆電車（直流）◆田園都市線、東横線、目黒線 ◆6・8・10両 ◆110km ◆ステンレス ◆2002年 ◆東急電鉄の標準車両で、5000系はおもに田園都市線、5050系は東横線、5080系は目黒線。外観のちがいは車体上部の帯の色くらいです。JR東日本のE231系がベース。

斬新なデザインが目を引く大井町線急行電車
6000系
◆電車（直流）◆大井町線 ◆6両 ◆110km ◆ステンレス ◆2008年 ◆大井町線の急行専用車両として登場。車両自体は5000系がベースですが、流線型を思わせるとがった先頭部など、スピード感あふれるデザインが人気。田園都市線に乗り入れます。

丸いデザインがかわいい池上線・多摩川線車両
7000系
◆電車（直流）◆池上線、多摩川線 ◆3両 ◆85km ◆ステンレス ◆2007年 ◆5000系がベースですが、曲線を活かしたデザインです。池上・多摩川線用のATS（自動列車停止装置）のほか、回送運転のために田園都市線・大井町線の保安装置も搭載。

最新の設備で生まれ変わったステンレス車両
7700系
◆電車（直流）◆池上線、多摩川線 ◆3両 ◆85km ◆ステンレス ◆1987年 ◆東横線で使われていた旧7000系を改造し、省エネ性能に優れたVVVFインバーター制御装置を取り付けた車両。池上線・多摩川線で使われています。

豆ちしき　池上線と多摩川線の一部の列車は、蒲田駅でスイッチバックして直通運転をします。

1000系 リバイバル塗装車

5050系4000番台 ヒカリエ号

1000系 1500番台

5080系

田園都市線といえばこの電車
8500系
- ◆電車（直流） ◆田園都市線 ◆10両 ◆110km
- ◇ステンレス ◇1975年 ◆長年にわたり、田園都市線の主役として活躍してきた車両。渋谷〜二子玉川間が「新玉川線」として開業した時から走り続けています。昔ながらの丸い標識灯は今では貴重。

コンピューターの計算によって誕生した軽量車
8590系
- ◆電車（直流） ◆田園都市線 ◆10両 ◆110km
- ◇ステンレス ◇1988年 ◆車体の強度はそのままに24％の軽量化を果たした、日本初の軽量ステンレス車。東横線とみなとみらい線の直通運転を見越して製造されましたが、現在は田園都市線を走っています。

他社に先がけてVVVFを採用した電車
9000系
- ◆電車（直流） ◆大井町線 ◆5両 ◆110km
- ◇ステンレス ◇1986年 ◆省エネで、さらになめらかな乗り心地を実現するVVVFインバーター制御装置を、東急電鉄として初めて取り入れた電車。現在はオレンジの帯をつけて、大井町線大井町〜溝の口間などで活躍中。

豆ちしき　1000系リバイバル塗装車の車内は木目調。つり革は木製です。

関東地方

通勤電車のお手本ともいうべき便利な路線網
京王電鉄
- ●正式名称　京王電鉄株式会社
- ●営業キロ　84.7km
- ●おもな区間
  京王線：新宿〜京王八王子、
  相模原線：調布〜橋本ほか
- ●軌間　1372mm、1067mm
- ●電化方式　直流
- ●特徴　東京西部を代表する大手私鉄です。最初は路面電車と同じ軌道として開業したため、線路幅は、井の頭線をのぞいて、都電と同じ1372mmです。戦後大きく発展し、都営地下鉄に乗り入れています。

通勤電車の標準的な姿を突き詰めた車両
9000系
- ◆電車（直流）　◆8・10両　◆110km　◆ステンレス　◆2001年　◆最新式のVVVFインバーター制御装置とともに、いっそう省エネ性能が上がった京王電鉄の最新車両。前面の帯の色が太くなりました。座席はロングシートですが、一人分ずつ分かれています。

25年が過ぎても古くならないすぐれたデザイン
8000系
- ◆電車（直流）　◆8・10両　◆110km　◆ステンレス　◆1992年　◆京王電鉄としてはじめてVVVFインバーター制御装置を搭載した電車。ほかの形式と連結することはできないので、8両編成は主に各駅停車を中心に使われています。

さまざまな長さで走る京王の古株電車
7000系
- ◆電車（直流）　◆2・4・6・8・10両　◆110km　◆ステンレス　◆1984年　◆それまで鋼製だった京王電鉄の電車で、はじめてステンレス車体を使った形式。当初は昔ながらの界磁チョッパ制御車両でしたが、その後VVVFインバーター制御に改造されました。

井の頭線専用のレインボーカラー
1000系
- ◆電車（直流）　◆5両　◆90km　◆ステンレス　◆1995年　◆JR在来線と同じ狭軌を採用している井の頭線の専用車両。運転席周りとサイドの帯には、編成ごとにブルーグリーン、バイオレット、オレンジベージュなど7種類の色が使われています。

山上の子どもも利用する生活路線ケーブルカー
御岳登山鉄道
- ●略称　御岳ケーブル
- ●正式名称　御岳登山鉄道株式会社
- ●営業キロ　1.0km
- ●おもな区間　滝本〜御岳山
- ●軌間　1049mm
- ●特徴　京王グループに属している、御岳山に登るケーブルカー。もっとも急なところで25度の坂を上り、頂上からは大展望台へのリフトに接続しています。山上の住民の生活路線でもあります。

アイボリーホワイト（左）とサーモンピンク（右）の1000系

地元の足でもある京王グループのケーブルカー
ケーブルカー
- ◆ケーブルカー　◆武蔵・御嶽　◆1両　◆2008年　◆全長12m、傾斜22度、定員115人のケーブルカー。パンタグラフを装備していますが、動力用ではなく車内の照明用。観光・登山だけでなく通勤・通学にも利用されています。

▶多摩ニュータウン（東京都多摩市）を走る京王電鉄の電車

日本で一番急な坂を上る大迫力のケーブルカー
高尾登山電鉄

- 略称　高尾山ケーブル
- 正式名称　高尾登山電鉄株式会社
- 営業キロ　1.0km
- おもな区間　清滝〜高尾山
- 軌間　1067mm
- 特徴　608‰、31度という日本で最も勾配が急なケーブルカー。高尾山登山の足として親しまれており、隣接してリフトも運行されています。

高尾山を上る日本一坂が急なケーブルカー
ケーブルカー

- ◆ケーブルカー ◆あおば・もみじ ◆1両
- ◆2008年 ◆高尾山の山頂近くまで上ることができ、もっとも急なところは31度あり、日本でいちばん急な坂を上るケーブルカーです。「あおば」と「もみじ」の2両が交互に運行しており、定員は135人。

貨物線から観光路線に
りんかい線

- 略称　りんかい線
- 正式名称　東京臨海高速鉄道株式会社
- 営業キロ　12.2km
- おもな区間　大崎〜新木場
- 軌間　1067mm
- 電化方式　直流
- 特徴　国鉄時代に建設が始まっていた京葉貨物線の施設を活用した路線で、JR埼京線から直通運転を行っています。ゆりかもめと並び、お台場など臨海地区へのアクセス路線となっています。

東京西部を走る各路線を串刺しするようにつなぐ
多摩都市モノレール

- 略称　多摩モノレール
- 正式名称　多摩都市モノレール株式会社
- 営業キロ　16.0km
- おもな区間　多摩センター〜上北台
- 電化方式　直流
- 特徴　多摩地区に広がる広大な住宅地を南北に結ぶ跨座式モノレール。モノレールとしては長い4両編成で運航されており、西武拝島線、JR中央線、京王電鉄、小田急電鉄と接続しています。

東京西部の足としてすっかり定着
1000系

- ◆モノレール ◆4両 ◆65km ◆アルミ合金
- ◆1998年 ◆跨座式モノレール。多摩都市モノレールが開業した時から活躍している車両です。自動列車運転装置を備えていますが、完全な自動運転は行われず、運転士が乗務しています。

209系をベースにしたりんかい線の主役
70-000形

- ◆電車（直流） ◆10両 ◆110km ◆ステンレス
- ◆1996年 ◆りんかい線の専用車両で、大崎駅からJRに乗り入れます。当初は4両編成。JR東日本の209系をベースに設計されており、一部の車両はJR東日本に売却されて209系3100番台となりました。

豆ちしき　京王電鉄の「王」は八王子の王。

◆動力　◆愛称やおもな運用　◆基本編成　◆最高速度（時速）　◆車体の材質　◆運用開始　◆特徴

関東地方

さまざまな電車が走る首都東京
東京都交通局
- 略称　都電、都営地下鉄、日暮里・舎人ライナー、上野モノレール
- 正式名称　東京都交通局
- 営業キロ　12.2km（都電）、109.0km（地下鉄）、9.7km（舎人ライナー）、0.3km（モノレール）
- おもな区間　荒川線（都電）、浅草線、新宿線ほか（地下鉄）、舎人ライナー、モノレール
- 軌間　1372mm（都電）、1435mm、1372mm、1067mm（地下鉄）
- 電化方式　直流
- 特徴　荒川線は、東京都電でただひとつ残った路線。都営地下鉄は、さまざまな私鉄に乗り入れるため、4路線に3種類の線路幅があります。上野モノレールは、日本で最初のモノレールです。

京急・京成と直通運転する浅草線の主役
5300形
◆電車（直流）　◆浅草線　◆8両　◆70km　◆アルミ　◆1991年　◆浅草線用の車両で、線路幅は新幹線と同じ1435mm。丸味の強いフォルムをベースに、前面に大きな傾斜を持たせています。車内も座席横の仕切板やにぎり棒に丸みがあり、やさしいふんいき。

都営地下鉄で唯一の狭軌路線を走る
6300形
◆電車（直流）　◆三田線　◆6両　◆80km　◆ステンレス　◆1993年　◆三田線用の車両で、線路幅はJR在来線と同じ1067mm。東急目黒線と直通運転を行っています。車体のラインは、三田線のラインカラーのブルーと、東京都交通局のイメージカラーの赤。

JRの電車をベースに開発された電車
10-300形
◆電車（直流）　◆新宿線　◆8・10両　◆75km　◆ステンレス　◆2005年　◆新宿線の専用車両で、線路幅は京王電鉄と同じ1372mm。JR東日本のE231系やE233系をベースに設計された電車のひとつで、京王電鉄に乗り入れます。前面のデザインなどを変えた車両も。

東京の地下深くを走るもう一つの環状線
12-600形
◆電車（直流）　◆大江戸線　◆8両　◆70km　◆アルミ　◆2012年　◆大江戸線の専用車両で、線路幅は新幹線と同じ1435mm。リニアモーター駆動によるミニ地下鉄で、他の路線にくらべ車体、トンネルとも一回り小さくなっています。

都電荒川線の最新形車両
8900形
◆電車（直流）　◆荒川線　◆1両　◆40km　◆2015年　◆直線的なすっきりとしたデザインで、オレンジ、ブルー、ローズピンク、イエローの4色があります。車内のシートに、都電荒川線のマスコットである「とあらん」がデザインされています。

1957年開業の日本初のモノレールの4代目
40形
◆モノレール　◆上野動物園モノレール　◆2両　◆15km　◆アルミ合金　◆2001年　◆上野動物園の東園と西園を結ぶ、わずか300mの懸垂式モノレール。40形は4代目の車両で、車内中央にベンチが置かれ、背中合わせに座る珍しいタイプ。乗車時間は90秒ほど。

軽くなってたくさんの人が乗れるようになった
330形
◆新交通システム　◆日暮里・舎人ライナー　◆5両　◆60km　◆アルミ合金　◆2015年　◆日暮里・舎人ライナーの最新車両。車体が大幅に軽くなったので、ロングシートとなりました。扉も、両開きになっています。

レトロなふんいきがかわいい
9000形
◆電車（直流）　◆荒川線　◆1両　◆40km　◆鋼製　◆2007年　◆荒川線のレトロ調電車。明治から昭和初期にかけての東京市電をイメージしており、車内は木目調でまとめられ、手すりも昔の真ちゅう風。座席の布も大正ロマンを感じさせるデザイン。

豆ちしき　都営地下鉄最初の路線は浅草線。当時は1号線と呼ばれていました。

▲レインボーブリッジの下の階にゆりかもめの走路があります。レインボーブリッジを渡るため、汐留側ではループをほぼ2周して高さをかせぎます。

臨海地区のスポットをていねいにたどる
ゆりかもめ
- 正式名称　株式会社ゆりかもめ
- 営業キロ　14.7km
- おもな区間　新橋〜豊洲
- 電化方式　交流
- 特徴　お台場をはじめ、臨海副都心をぐるりと一周する新交通システム。レインボーブリッジを渡り、フジテレビ、東京ビッグサイト、船の科学館など観光地へのアクセス路線としても人気です。

レインボーブリッジを渡ってお台場へ
7300系
- ◆新交通システム　◆ゆりかもめ　◆6両
- ◆60km　◆アルミ合金　◆2014年　◆7000系がクロスシートだったのに対しオールロングシートとなりました。白い車体が目印で、2020年頃までにすべての車両が7300系になる予定。

発見　無人運転
ゆりかもめはＡＴＯによる無人自動運転をしているので、先頭部にも座席があり、眺望を楽しむことができます。

▲ゆりかもめの先頭部

豆ちしき　ゆりかもめの駅の音声案内は声優さんが務めています。

◆動力　◆愛称やおもな運用　◆基本編成　◆最高速度（時速）　◆車体の材質　◆運用開始　◆特徴

関東地方

都心の交通を一身に背負う、巨大地下鉄網
東京メトロ
- ●略称　東京メトロ
- ●正式名称　東京地下鉄株式会社
- ●営業キロ　195.1km
- ●おもな区間
  - 銀座線：渋谷〜浅草、
  - 日比谷線：北千住〜中目黒ほか
- ●軌間　1067mm、1435mm
- ●電化方式　直流
- ●特徴　「東洋初の地下鉄」として開業した銀座線をはじめ、都心に9路線を持つ地下鉄です。7社と相互直通運転を行い、1日の利用客は700万人をこえるなど、日本一多くの人が利用している私鉄です。

銀座線の開業当時の電車をイメージ
1000系
◆電車（直流）　◆銀座線　◆6両　◆65km　◆アルミ合金　◆2012年　◆東洋初の地下鉄、銀座線の主力車両。開業当時の車両をイメージしたデザインで、座席幅など、さまざまな改良を実施しています。レールに沿ってスムーズに動く操舵台車を採用。

丸ノ内線の専用車両として活躍
02系
◆電車（直流）　◆丸ノ内線　◆3・6両　◆75km　◆アルミ合金　◆1988年　◆架線がなく、3本目のレールから電気を取る第三軌条方式。車体は銀色が主体ですが、銀座線とまちがえないよう、車体上部にも赤いラインが入っています。

5つのドアでラッシュに対応する日比谷線用車両
03系
◆電車（直流）　◆日比谷線　◆8両　◆80km　◆アルミニウム　◆1988年　◆かつてトンネル全体を冷やしていた日比谷線で、はじめて冷房がついた車両。一部の車両は5扉車。急カーブが多く全長は18mです。

日比谷線のスタンダードに
13000系
◆電車（直流）　◆日比谷線　◆7両　◆80km　◆アルミニウム合金　◆2017年　◆日比谷線の新型車両です。直通運転している東武鉄道と新型車両の規格を長さ20m、4扉車にそろえました。各車両にフリースペースを設け、乗り心地もよくなっています。

すべてのドアがワイドサイズの東西線用車両
15000系
◆電車（直流）　◆東西線　◆10両　◆100km　◆アルミ合金　◆2010年　◆05系を改良した新型車両。車両の形は05系とよく似ていますが、前照灯などのデザインが変わり、やさしい顔つきになりました。首都圏でも有数の混雑路線で、すべての扉が幅1.8mのワイドドア。

東京を南北に縦断する千代田線の新世代車両
16000系
◆電車（直流）　◆千代田線　◆10両　◆80km　◆アルミ合金　◆2010年　◆急カーブが多く駅間が短い東京メトロの特徴に合わせて性能を高めた、千代田線の新型車両。車体上部にも帯が入っています。扉の上のモニターは、次の駅名のほかに階段の位置なども表示。

丸くてかわいい有楽町線・副都心線用車両
10000系
◆電車（直流）　◆有楽町線、副都心線　◆10両　◆80km　◆アルミ合金　◆2006年　◆東武線、西武線、東急線、みなとみらい線と直通運転します。天井は高く、明るく開放的。丸みをおびたデザインは女性にも人気です。

東京の地下鉄の一時代を築いた電車
7000系
◆電車（直流）　◆有楽町線、副都心線　◆8・10両　◆80km　◆アルミ合金　◆1974年　◆有楽町線の開業当時から走り続けてきた電車。副都心線の開業に合わせて、ホームドアやATO（自動列車運転装置）に対応する改造が行われ、副都心線ではワンマン運転。

豆ちしき　東京メトロでもっとも長いのは東西線（中野〜西船橋）です。

東京モノレール

羽田空港へすべるように走る跨座式モノレール
東京モノレール

- ●正式名称　東京モノレール株式会社
- ●営業キロ　17.8km
- ●おもな区間　モノレール浜松町〜羽田空港第2ビル
- ●電化方式　直流
- ●特徴　1964年の東京オリンピックの開幕直前に開業した、日本初の本格的なモノレールです。現在は、JR東日本グループの一員となり、都心と羽田空港を直結しています。車窓から見える飛行機も見物です。

半蔵門線の全通と同時に登場
08系

◆電車(直流) ◆半蔵門線 ◆10両 ◆80km ◆アルミニウム ◆2003年 ◆半蔵門線が東武伊勢崎線、日光線と直通運転を開始した時にデビュー。東西線の05系をベースとしています。先頭部は、先代8000系のイメージを残しつつ、新しいデザインが取り入れられました。

羽田空港へのアクセスを担う最新車両
10000形

◆モノレール ◆6両 ◆80km ◆アルミ合金 ◆2014年 ◆2000形をベースとし、「スマートモノレール」をコンセプトに設計された跨座式モノレール。シートは車窓風景がよく見えるように配置され、クロスシートの間隔は1000形よりも約20％広くなっています。

ボタンを押すだけで走るハイテク電車
9000系

◆電車(直流) ◆南北線 ◆6両 ◆80km ◆アルミ合金 ◆1991年 ◆東京メトロではじめて本格的なホームドアとATO(自動列車運転装置)が導入されました。通常は、運転席にある2つのボタンを同時に押せば、次の駅まで正確に運転してくれます。写真は5次車

▲東京メトロ上野検車区　銀座線の車両基地。地下もあります。

> 豆ちしき　東京モノレールは快速列車を運転していて、昭和島駅で各駅停車を追い抜くことが多いです。

◆動力 ◆愛称やおもな運用 ◆基本編成 ◆最高速度(時速) ◆車体の材質 ◆運用開始 ◆特徴

関東地方

見てみよう
・京成スカイライナー

最速の空港アクセス鉄道として大躍進
京成電鉄
- 正式名称　京成電鉄株式会社
- 営業キロ　152.3km
- おもな区間
  本線：京成上野～成田空港ほか
- 軌間　1435mm
- 電化方式　直流
- 特徴　東京から成田山にお参りする人のための鉄道として計画されたのがルーツ。今では成田空港へのアクセス鉄道となり、都営地下鉄や京浜急行への直通電車も運行されています。

国内最速！時速160kmで成田空港へ一直線
AE形
◆電車(直流)　◆スカイライナー　◆8両
◆160km　◆アルミニウム　◆2010年　◆在来線としては国内最速の時速160km運転を行う、京成スカイライナー用の電車。ファッションデザイナーの山本寛斎氏がプロデュース。さっそうとした風をイメージしています。

空港アクセス列車として外国人にも人気
3000形・3050形
◆電車(直流)　◆8両　◆120km　◆ステンレス
◆2003年　◆京浜急行、北総鉄道などに乗り入れ、羽田空港～成田空港間を結ぶ「アクセス特急」を中心に活躍。3050形は塗装デザインがちがい、前面に飛行機のイラストが描かれるなど空港アクセス列車をアピール。

初代スカイライナーの部品を流用
3400形
◆電車(直流)　◆8両　◆110km　◆鋼製　◆1993年　◆初代スカイライナー、旧AE車の部品を使い、新造車体と組み合わせた電車。3700形初期タイプとほぼ同じデザインで、貫通扉に列車種別を示す字幕があります。「特急」を中心とした優等列車に使用。

京成初のステンレス電車
3500形
◆電車(直流)　◆4・6両　◆110km　◆ステンレス　◆1972年　◆京成初のステンレス車で、おもに普通列車に使用。90年代からリニューアル工事が行われ、前照灯が四角くなるなどイメージが変わりましたが、1編成だけはデビュー時の姿を残しています。

30年以上走り続ける京成のベストセラー
3600形
◆電車(直流)　◆6・8両　◆120km　◆ステンレス　◆1982年　◆京成初のオールステンレス車。今も特急などで使われています。1編成だけある6両編成の車両は、VVVFインバーター制御に改造。都営線には乗り入れますが、京急線は走れません。

幅広い路線を走れる万能選手
3700形
◆電車(直流)　◆8両　◆120km　◆ステンレス
◆1991年　◆成田スカイアクセス線の開業とともに誕生したVVVFインバーター制御の主力車両。京成線内では「特急」、京急では「エアポート快特」などとして活躍しています。北総鉄道7300形は全く同じ仕様。

日本一のミニ鉄道は空港のすぐとなり
芝山鉄道
- 正式名称　芝山鉄道株式会社
- 営業キロ　2.2km
- おもな区間　東成田～芝山千代田
- 軌間　1435mm
- 電化方式　直流
- 特徴　成田空港建設で不便になる住民のためにつくられた鉄道です。全長2.2kmと日本でいちばん短い鉄道路線ですが、全列車が京成電鉄から直通しています。

日本一短い芝山鉄道でがんばる
3500形
◆電車(直流)　◆4両　◆110km　◆ステンレス
◆2013年導入　◆芝山鉄道の車両は京成電鉄から借りています。写真は京成3500系の未更新車です。

豆ちしき　京成のスカイライナーは在来線では国内最速。日暮里～成田空港を36分で結びます。

成田スカイアクセス線の一部としてスカイライナーが走る
北総鉄道
- 正式名称　北総鉄道株式会社
- 営業キロ　32.3km
- おもな区間　京成高砂〜印旛日本医大
- 軌間　1435mm
- 電化方式　直流
- 特徴　千葉県北部の新しい住宅地にくらす人のために建設された路線で、現在は特急スカイライナーが時速160kmでかけぬける京成成田スカイアクセス線の一部となっています。

成田エクスプレスとスカイライナー

飛行機の翼をイメージしたマークがかっこいい
7500形
- 電車（直流）
- 8両
- 120km
- ステンレス
- 2006年
- 京成電鉄3000形電車とほぼ同じ車両で、京成電鉄、都営浅草線、京浜急行など数多くの路線に乗り入れます。車体には北総鉄道のカラーであるブルーの帯が入り、飛行機の翼をイメージしたアクセントも。

軍事演習のためにカーブを増やした路線
新京成電鉄
- 正式名称　新京成電鉄株式会社
- 営業キロ　26.5km
- おもな区間　京成津田沼〜松戸
- 軌間　1435mm
- 電化方式　直流
- 特徴　戦前に陸軍鉄道連隊が建設した演習用鉄道がルーツの路線で、訓練用にさまざまなカーブがつくられたためジグザグに走っています。1960年代から住宅地が増え、乗客が急増しました。

カーブの多い新京成を走る新型車
N800形
- 電車（直流）
- 6両
- 85km
- ステンレス
- 2005年
- 新京成電鉄の最新車両で、京成電鉄3000形とほぼ同じ車両。カラーは2種類あり、ステンレスボディに栗色のラインと白のラインが入っているのが旧塗装。新しいカラーのピンクは新京成のカラー。

時代とともに進化してきた電車
8800形
- 電車（直流）
- 6・8両
- 85km
- 鋼製
- 1986年
- 8000形にかわる車両として登場した新京成の主力車両。VVVFインバーター制御をいち早く採用。

豆ちしき　新京成電鉄の一部の列車は京成千葉線に乗り入れています。

◆動力 ◆愛称やおもな運用 ◆基本編成 ◆最高速度(時速) ◆車体の材質 ◆運用開始 ◆特徴

関東地方

車両図鑑(JR以外の車両)

スマイルトレインが快走する、都会派私鉄
西武鉄道
- 正式名称　西武鉄道株式会社
- 営業キロ　176.6km
- おもな区間
  池袋線：池袋～吾野、
  新宿線：西武新宿～本川越ほか
- 軌間　1067mm
- 電化方式　直流
- 特徴　東京西部と埼玉県を結ぶ大手私鉄です。武蔵野鉄道、川越鉄道などさまざまな鉄道が合併をくりかえした鉄道で、戦後は西武グループの高い経営力によって急速に発展しました。

レオマークをつけて走る新交通システム
8500系
◆新交通システム ◆レオライナー ◆4両 ◆50km ◆鋼製 ◆1985年 ◆山口線の車両。コンクリート案内軌条式の新交通システムで、「おとぎ列車」からリニューアルした時から走り続けています。西武園と西武球場前を結んでいますが、通勤、通学客も多い路線。

観光、通勤に大活躍のニューレッドアロー
10000系
◆電車(直流) ◆ニューレッドアロー ◆7両 ◆105km ◆鋼製 ◆1993年 ◆二代目レッドアロー号。シート間隔が広くなり、乗り心地もアップ。山岳地帯を走るため、強力なモーターと抑速ブレーキを搭載。観光特急としても、ホームライナーとしても人気です。

たまごをイメージしたかわいい電車
30000系
◆電車(直流) ◆2・8・10両 ◆105km ◆アルミ合金 ◆2008年 ◆たまごをモチーフにした丸い顔が人気の「スマイルトレイン」。アルミダブルスキン構造や、ぎりぎりまで幅を広げた車体など、快適な車両。優先席にハートマークをつけるなど新しいデザインも。

環境にやさしい21世紀の標準電車
20000系
◆電車(直流) ◆8・10両 ◆105km ◆アルミ合金 ◆2000年 ◆「環境と人にやさしい」をテーマに開発された、次世代車両製造システム「A-Train」の車両。大幅に軽くなるなど省エネ効果が高く、リサイクルまで考えられています。

使える部品を活用して最新車両に
9000系
◆電車(直流) ◆10両 ◆105km ◆鋼製 ◆1993年 ◆2000系の車体と101系の走行機器を組み合わせ、車内設備を6000系の水準にまで引き上げた車両。使えるものを活用して最新レベルの乗り心地を実現しました。

有楽町線への乗り入れ対応車
6000系
◆電車(直流) ◆10両 ◆105km ◆ステンレス・アルミ合金 ◆1992年 ◆東京メトロ有楽町線・副都心線への乗り入れに対応。西武ではじめてのステンレス車両でしたが、1996年からはアルミ合金に変更し、さらに軽量化しました。ほぼ池袋線で使用。

西武鉄道のイメージを背負って走り続ける
2000系
◆電車(直流) ◆2・6・8両 ◆105km ◆鋼製 ◆1977年 ◆西武鉄道ではじめて両開き・4扉を採用。1988年には、行先表示器を黒くするなどイメージを一新した新2000系も登場。さまざまな長さの編成に対応し、新宿線系統を中心に活躍中。

秩父鉄道にも乗り入れ
4000系
◆電車(直流) ◆4両 ◆105km ◆鋼製 ◆1988年 ◆秩父線用の電車で、2扉セミクロスシート、トイレも装備など、鉄道の旅を楽しめる車両。秩父鉄道にも乗り入れており、8両編成の列車が横瀬駅で4両ずつに分かれ、それぞれ三峰口と長瀞まで運行。

豆ちしき　抑速ブレーキは、列車を止めるためのものではなく、速度をあるところまで落とすためのブレーキ。

▶レッドアロークラシック
初代レッドアローの塗色を再現した10000系

かつての山岳ランナーが最後の活躍
101系

◆電車(直流) ◆4両 ◆105km ◆鋼製 ◆1969年

◆西武池袋線の開業に合わせて登場した電車で、西武鉄道唯一の現役3扉車。山岳地帯を走るための性能も備えており、どこでも走れる万能選手。現在は多摩川線や多摩湖線などでワンマン対応の電車が運行。

人にやさしい電車
40000系

◆電車(直流) ◆10両 ◆アルミ合金 ◆2017年

◆西武鉄道が新たに開発した車両で、コンセプトは人にやさしい電車。通勤車両なのにトイレが設置され、ベビーカーや車いすのためのパートナーゾーンがあります。車内には空気清浄機も搭載されます。

発見 ロングシート ⇆ クロスシート

40000系の一部の車両は、ロングシートとクロスシートを転換することができます。ラッシュ時はロングシート、休日などはクロスシートといった使い分けができます。

▲ロングシート

◀クロスシート

発見 52席の至福

旅するレストラン「52席の至福」。建築家の隈研吾氏がデザインした車内は、秩父をイメージしたインテリア。有名店のシェフが監修した季節ごとのコース料理を味わえます。

▶「52席の至福」の車両

◀車内

風景にとけこむ新型特急

2018年度に登場予定の新型特急は、今までにない新しいデザインになりそうです。みんながくつろげるリビングのような特急をめざしています。

▲新型特急車両のイメージ

◆動力　◆愛称やおもな運用　◆基本編成　◆最高速度(時速)　◆車体の材質　◆運用開始　◆特徴

関東地方

・東武鉄道

豪華特急「スペーシア」が走る関東最大の私鉄
東武鉄道
- 正式名称　東武鉄道株式会社
- 営業キロ　463.3km
- おもな区間
  伊勢崎線:浅草～伊勢崎
  日光線:東武動物公園～東武日光ほか
- 軌間　1067mm
- 電化方式　直流
- 特徴　近鉄についで多くの路線を持つ、関東の私鉄の雄。特急列車が浅草と日光、鬼怒川温泉などを結んでいます。浅草・押上～東武動物公園間には「東武スカイツリーライン」の愛称があります。

関東の私鉄を代表する特急「スペーシア」
100系
- ◆電車(直流)　◆スペーシア　◆6両　◆120km
- ◆アルミ合金　◆1990年　◆4種類のカラーがあり、先頭部が流線型です。普通車はグリーン車並みのシートで、4人用のコンパートメントも。「けごん」「きぬ」などのほか、一部の列車はJR新宿駅に乗り入れ。

北関東へ一直線のビジネス特急
200型・250型
- ◆電車(直流)　◆りょうもう　◆6両　◆110km
- ◆鋼製　◆1991年　◆特急「りょうもう」用の車両。台車などの機器には、「スペーシア」登場で引退した1700系・1720系の部品も使用しています。ビジネスでの利用が中心で、座席も普通車のみ。

東武の急行列車として長年親しまれた
300型・350型・1800系
- ◆電車(直流)　◆4・6両　◆110km　◆鋼製
- ◆1969年　◆急行時代の「りょうもう」に使われていた車両が1800系。1800系を一部改造して、日光方面の優等列車に使われたのが300型・350型。特急「きりふり」「しもつけ」などに使用されています。

景色をたっぷり楽しめる観光列車
634型
- ◆電車(直流)　◆スカイツリートレイン　◆2両　◆105km　◆鋼製　◆2012年改造　◆6050系を改造して登場した観光列車。窓を天井にまで広げ、イベントスペースやサービスカウンター、前面展望スペースなど、ゆったりとした旅を楽しめます。

座席が変身するTJライナー用車両
50090型
- ◆電車(直流)　◆TJライナー　◆10両　◆105km　◆アルミ合金　◆2005年　◆東上線の座席指定列車「TJライナー」用の車両。ふだんはロングシートだが、TJライナーと快速急行として使用されるときは、座席が90度回転してクロスシートになります。

私鉄界の103系ともいわれる量産車
8000系
- ◆電車(直流)　◆2・4・6両　◆100km　◆鋼製
- ◆1963年　◆全部で712両も製造された電車です。現在はワンマン運転の支線や東上線小川町以遠と越生線で活躍。唯一リニューアルされなかった編成は、登場当時の塗装になっています。

有楽町線への乗り入れに対応
9000型・9050型
- ◆電車(直流)　◆10両　◆100km　◆ステンレス
- ◆1981年　◆東京メトロ有楽町線乗り入れに対応した東上線用の電車。ステンレス製で、左右非対称の前面デザイン。9050型はVVVFインバーター制御など最新の機器を搭載した車両。

東武鉄道で最大勢力を誇るステンレス車
10000型・10030型・10080型
- ◆電車(直流)　◆2・4・6・8・10両　◆100km
- ◆ステンレス　◆1983年　◆10030型は、前面強化プラスチック(FRP)でおおったマイナーチェンジ版で、2006年から野田線でも使われています。10080型は1編成のみでVVVFインバーター制御に対応。

豆ちしき　TJライナーは、東上線の座席定員制の列車です。

▶200・250型

日比谷線に対応し細かくマイナーチェンジ
20000型・20050型・20070型
◆電車（直流）　◆8両　◆100km　◆ステンレス
◆1988年　◆東京メトロ日比谷線に対応するため、通常の車両より約2m短い18m。20050型は日比谷線に合わせて前後の2両が片側5扉となりました。20070型は全車3扉で、扉の上にLEDの車内情報案内表示器を設置。

中央林間まで足をのばすロングランナー
30000系
◆電車（直流）　◆4・6・10両　◆100km　◆ステンレス　◆1996年　◆東京メトロ半蔵門線などへの乗り入れ用として登場。現在は東上線を中心に運用。東武鉄道の車両としてははじめて、マスコン（加速装置）とブレーキが一体化したワンハンドルマスコンを搭載。

東武鉄道の新しい顔として勢力を増やす
50000型・50050型・50070型
◆電車（直流）　◆10両　◆105km　◆アルミ合金　◆2005年　◆50000型は東上線向けに登場した「A-Train」。50050型は伊勢崎線用で、東京メトロ半蔵門線への乗り入れに対応。50070型は先頭車が13cm長くなった、東京メトロ副都心線対応車。写真は50000型。

アーバンパークラインに登場した新型車両
60000系
◆電車（直流）　◆6両　◆100km　◆アルミニウム　◆2013年　◆野田線（東武アーバンパークライン）用の車両。50000型をベースに設計され、それまで使われていた8000系の半分の電力で走るなど環境にやさしい電車です。車内は木目調の壁でおちついた雰囲気。

会津へ向かう長距離列車
6050系
◆電車（直流）　◆2両　◆105km　◆鋼製　◆1985年　◆野岩鉄道の開業と同時に登場した、2・4人がけクロスシートやトイレを備える長距離運転対応電車。浅草から鬼怒川線、野岩鉄道、会津鉄道を経て会津田島まで運行されている、私鉄の最長距離ランナー。

豆ちしき　Fライナーは、東京メトロ副都心線を経由して直通運転する日中の最速列車につけられた愛称です。

◆動力　◆愛称やおもな運用　◆基本編成　◆最高速度（時速）　◆車体の材質　◆運用開始　◆特徴

関東地方

・モノレール

貨物列車と蒸気機関車が走る昭和な鉄道
秩父鉄道
- ●正式名称　秩父鉄道株式会社
- ●営業キロ　71.7km
- ●おもな区間　羽生〜三峰口
- ●軌間　1067mm
- ●電化方式　直流
- ●特徴　秩父で生産されるセメントを輸送するための鉄道で、今では数少ない旅客・貨物の両方を手がける路線となりました。SLパレオエクスプレスが運行されることでも知られています。

初代都営三田線に会える
5000系
- ◆電車（直流）　◆3両　◆85km　◆ステンレス
- ◆1999年導入　◆都営地下鉄三田線が日比谷まで延伸した1972年に製造された、6000形電車を改造した車両です。各駅停車として、3両編成のワンマン運転で運行されています。

最新特急のシートを備えたお得な電車
6000系
- ◆電車（直流）　◆3両　◆85km　◆鋼製　◆2005年導入　◆西武鉄道の101系電車を改造した急行用電車。急行「秩父路号」として運行。西武鉄道10000系ニューレッドアローがデビュー当時に使っていた座席を使用。快適な座り心地です。

東急目黒線、東京メトロ南北線とタッグを組む
埼玉高速鉄道
- ●正式名称　埼玉高速鉄道株式会社
- ●営業キロ　14.6km
- ●おもな区間　赤羽岩淵〜浦和美園
- ●軌間　1067mm
- ●電化方式　直流
- ●特徴　東京メトロ南北線に直通している路線で、終点の浦和美園駅以外は全線地下を走っています。サッカースタジアムの埼玉スタジアム2002へのアクセス路線でもあります。

南北線、目黒線と共通仕様の電車
2000系
- ◆電車（直流）　◆6両　◆80km　◆アルミニウム
- ◆2001年　◆ワンマン運転や2つのボタンを押すだけで運転できるATOに対応しています。車両は東京メトロ9000系をアレンジしたもので、ロングシートは埼玉の桜をイメージしたピンクになっています。

不動産会社がつくった住民のための交通
山万
- ●正式名称　山万株式会社
- ●営業キロ　4.1km
- ●おもな区間　山万ユーカリが丘〜公園
- ●電化方式　直流
- ●特徴　不動産会社が、自社が開発した住宅地を便利にするためにつくった新交通システムです。公園駅から環状線になっており、電車はすべて反時計回りに一周します。

新幹線が通るかわりにつくられた新交通
埼玉新都市交通
- ●通称　ニューシャトル
- ●正式名称　埼玉新都市交通株式会社
- ●営業キロ　12.7km
- ●おもな区間　大宮〜内宿
- ●電化方式　直流
- ●特徴　東北・上越新幹線が建設されたときに、地元の人たちのために建設された新交通システムです。全線が新幹線と並走しており、鉄道博物館のアクセス路線としても知られています。

六角形のユニークな新交通システム
2020系
- ◆新交通システム　◆6両　◆60km　◆アルミ合金
- ◆2015年　◆全線開業以来活躍してきた1050系に代わる最新の車両で、少しでも客室を広くできるよう、車体が六角形をしています。新幹線と並走することを想定してデザインされています。

「こあら」号がユーカリが丘を走る
1000形
- ◆新交通システム　◆3両　◆50km　◆アルミ合金
- ◆1982年　◆路線が通っている住宅地の名前、「ユーカリが丘」にちなんで、ユーカリの葉を主食とする「こあら」号の愛称がついています。先頭部にコアラのイラストステッカーも。車内はすべてロングシートです。

豆ちしき　秩父鉄道はすべての駅が有人駅で、全駅で硬券（厚紙のきっぷ）の入場券などがあります。

▶ディズニーリゾートラインのつり革

©Disney

電車の中は、もう夢と魔法の世界
ディズニーリゾートライン
- 正式名称　株式会社舞浜リゾートライン
- 営業キロ　5.0km
- おもな区間
  リゾートゲートウェイ・ステーション～環状線
- 電化方式　直流
- 特徴　東京ディズニーランドと東京ディズニーシー、そしてJR京葉線の舞浜駅を結ぶ路線です。電車の中はすでに「夢と魔法の国」の一部で、車掌さんは「ガイドキャスト」とよばれます。

©Disney

夢と魔法の国へのアプローチ
10形
◆モノレール　◆リゾートライナー　◆6両
◆50km　◆鋼製　◆2001年　◆窓もミッキーマウスの形をしているなど、夢と魔法の国の一部になったモノレール。車両は6両編成で、ブルー、グリーン、イエロー、パープル、ピーチと編成ごとにカラーがちがいます。

発見　車内もディズニー
窓やつり革もミッキーマウスがモチーフです。シートもグループでも楽しい形になっていて、先頭にも座席があります。

©Disney

▲リゾートライナーの車内

東京と筑波を結ぶ高速鉄道
つくばエクスプレス
- 略称　つくばエクスプレス
- 正式名称　首都圏新都市鉄道株式会社
- 営業キロ　58.3km
- おもな区間　秋葉原～つくば
- 軌間　1067mm
- 電化方式　直流、交流
- 特徴　秋葉原とつくばを結ぶ通勤路線です。全線最高時速130kmをほこり、車内には無線LANも設置されるなど、現代らしいハイテクノロジー満載の路線です。

つくば市へ一直線の俊足ランナー
TX-2000系
◆電車（交直流）　◆つくばエクスプレス　◆6両　◆130km　◆アルミニウム　◆2005年　◆直流電化、交流電化の両方に対応し、全区間を走れる電車です。6両編成のうち3・4号車はセミクロスシート。関東一の俊足通勤電車で、車両番号のプレートは赤。

各駅停車を担当するシンプルな電車
TX-1000系
◆電車（直流）　◆つくばエクスプレス　◆6両　◆130km　◆アルミニウム　◆2005年　◆直流電化だけに対応。車内はすべてロングシート。外観はTX-2000系とほぼ同じですが、交流用の機器がないので守谷～つくば間は走れません。車両番号のプレートは紺色。

千葉市郊外の住宅地をたんねんにまわる
千葉都市モノレール
- 正式名称　千葉都市モノレール株式会社
- 営業キロ　15.2km
- おもな区間
  1号線：千葉みなと～県庁前、
  2号線：千葉～千城台
- 電化方式　直流
- 特徴　全長15.2kmと、レールにぶらさがる懸垂式モノレールとしては、国内最長の路線を持っています。ラッシュ時には、JRに乗りかえて都心へ向かう通勤客で混雑します。

モノレールのイメージを変えるシャープな顔
0形

◆モノレール　◆2両　◆30km　◆アルミ合金　◆2012年　◆新型車両。都市の空をイメージするブルーを基本に、先頭部はシャープなブラックフェイス。車内はロングシートながら、シートと背もたれが一人分ずつ独立しています。懸垂式。

発見　床に窓
0形は乗務員室と客室の仕切りがガラスで、前面の眺望も楽しめます。さらに、乗務員室の床にも窓があり、下の景色も楽しめます。

▲床の窓

豆ちしき　つくばエクスプレスが守谷から先が交流電化なのは、気象庁の地磁気観測所への影響をおさえるため。

◆動力　◆愛称やおもな運用　◆基本編成　◆最高速度(時速)　◆車体の材質　◆運用開始　◆特徴

関東地方

車両図鑑(JR以外の車両)

毎朝大勢のビジネスマンを都心に運ぶ
東葉高速鉄道
- ●正式名称　東葉高速鉄道株式会社
- ●営業キロ　16.2km
- ●おもな区間　西船橋～東葉勝田台
- ●軌間　1067mm
- ●電化方式　直流
- ●特徴　東京メトロ東西線から直通し、新京成と交差して京成電鉄に接続する通勤路線です。都心に直結して便利なため、沿線には住宅地が急速に発展しました。

千葉県のニュータウンから都心へ直行
2000系
- ◆電車(直流)　◆10両　◆100km　◆ステンレス
- ◆2004年　◆東京メトロ東西線と相互直通運転を行う車両で、東西線の05系をもとに設計されました。車体側面には日の出を表す赤、日中を表す白、夕日を表すオレンジという3本の帯が入っています。

ぬれ煎餅も大人気のミニ私鉄
銚子電気鉄道
- ●略称　銚電
- ●正式名称　銚子電気鉄道株式会社
- ●営業キロ　6.4km
- ●おもな区間　銚子～外川
- ●軌間　1067mm
- ●電化方式　直流
- ●特徴　醤油と漁業のまち・銚子を走るミニ私鉄です。とても経営がきびしい路線ですが、ぬれ煎餅を売っていることでも知られ、1日乗車券を買うと、犬吠駅でぬれ煎餅を1枚もらえます。

住宅地をすりぬけるように走るローカル通勤線
流鉄
- ●正式名称　流鉄株式会社
- ●営業キロ　5.7km
- ●おもな区間　馬橋～流山
- ●軌間　1067mm
- ●電化方式　直流
- ●特徴　以前は総武流山電鉄といいましたが、現在は正式名称も流鉄といいます。西武鉄道の車両が走り、常磐線に接続する通勤路線ですが、住宅地を走るのんびりした路線です。

もと西武の電車がトコトコ走る
5000形
- ◆電車(直流)　◆2両　◆55km　◆鋼製　◆2009年導入　◆西武鉄道101系を改造した電車。ワンマン運転に対応し、行先表示器がLEDになりました。車体側面のNラインと、ブラックフェイスが特徴です。編成ごとにカラーがちがい、それぞれ愛称があります。

第三の人生を歩む歴史ある電車
2000形
- ◆電車(直流)　◆2両　◆40km　◆鋼製　◆2010年導入　◆伊予鉄道の800系電車をゆずり受けたものですが、もとは京王の2010系。京王時代からの湘南型とよばれる運転台と、伊予鉄道で改造・取り付けた貫通扉付きの運転台があり、前後で顔つきがちがいます。

首都圏に残る昭和30年代の鉄道風景
小湊鐵道
- ●正式名称　小湊鐵道株式会社
- ●営業キロ　39.1km
- ●おもな区間　五井～上総中野
- ●軌間　1067mm
- ●電化方式　非電化
- ●特徴　東京から1時間程度の通勤圏内にありながら、昭和30年代のディーゼルカーがのんびりと走っているローカル線です。蒸気機関車風のトロッコ列車の運行も始まりました。

東京近郊でがんばる昭和30年代のエンジン
キハ200形
- ◆気動車　◆1両　◆65km　◆鋼製　◆1961年　◆国鉄のキハ20系をベースに製造された主力車両。エンジンや台車なども、昭和30年代の製造時のものを使用しており、今ではとても貴重な存在になりました。車内はすべてロングシートで、トイレもついていません。

夜の飯給駅
小湊鉄道の飯給駅は小さな無人駅ですが、春には桜や菜の花が咲き乱れ、夜にはライトアップされます。

豆ちしき　小湊鉄道は全線単線。海士有木駅は「あまありき」、飯給駅は「いたぶ」と読みます。

いすみ鉄道　国吉〜上総中川間の第二五之町踏切

アイデアいっぱい、観光客をよびこむ第三セクター
いすみ鉄道
- 正式名称　いすみ鉄道株式会社
- 営業キロ　26.8km
- おもな区間　大原〜上総中野
- 軌間　1067mm
- 電化方式　非電化
- 特徴　国鉄木原線を引きついだ第三セクター鉄道です。JRから古いディーゼルカーをゆずり受けて観光列車にしたり、レストラン列車を走らせたりと、アイデアがいっぱいの鉄道です。

観光客をよびこむ、なつかしの気動車
キハ52形（前）、キハ28形（後ろ）
- ◆気動車　◆1両　◆65km　◆鋼製　◆2011年導入
- ◆JR西日本の大糸線で活躍していたキハ52形と、富山にあったキハ28形をゆずり受けたもので、国鉄時代の首都圏色（朱色）と急行色を復元。「観光急行列車」として運行。

国鉄型にそっくりの新型気動車
いすみ350型
- ◆気動車　◆1両　◆65km　◆鋼製　◆2013年
- ◆NDCシリーズの1つですが、外観は国鉄時代のキハ52形をイメージしたもので、本物のキハ52形とならんでも見分けがつかないほどそっくり。さらに国鉄型に似せた、キハ20 1303もデビューしました。

豆ちしき　いすみ鉄道も全線単線。上総中野駅で小湊鉄道と接続しますが、直通列車はありません。

◆動力　◆愛称やおもな運用　◆基本編成　◆最高速度(時速)　◆車体の材質　◆運用開始　◆特徴

関東・東北地方

ひたちなか海浜鉄道
廃止予定から大復活！　路線延伸へ
- ●略称　湊線
- ●正式名称　ひたちなか海浜鉄道株式会社
- ●営業キロ　14.3km
- ●おもな区間　勝田〜阿字ヶ浦
- ●軌間　1067mm
- ●電化方式　非電化
- ●特徴　茨城交通が廃止しようとした湊線を引きついだ第三セクター鉄道です。順調に乗客を増やし、国営ひたち海浜公園への延伸計画も具体化してきています。

車内で演劇が行われたこともある
キハ3710形
◆気動車　◆1両　◆1995年　◆茨城交通時代に発注した車両。形式の「3710」は、「みなと」をもじったもの。以前は茨城交通のカラーでしたが、コンテストで現在のカラーになりました。キハ37100形はブレーキがちがいます。

筑波観光鉄道
関東一の規模をほこるケーブルカー
- ●略称　筑波山ケーブルカー
- ●正式名称　筑波観光鉄道株式会社
- ●営業キロ　1.6km
- ●おもな区間　宮脇〜筑波山頂
- ●軌間　1067mm
- ●特徴　総延長1.6km、高低差495mと関東一の規模をほこる、筑波山のケーブルカーです。途中に1か所トンネルがあり、山頂では360度回転するレストランから眺望を楽しめます。

鹿島臨海鉄道
立派な高架線をさっそうと走るローカル列車
- ●正式名称　鹿島臨海鉄道株式会社
- ●営業キロ　53.0km
- ●おもな区間　鹿島サッカースタジアム〜水戸
- ●軌間　1067mm
- ●電化方式　非電化
- ●特徴　鹿島サッカースタジアムと水戸を結ぶ第三セクター鉄道で、アニメとコラボしたガルパン列車などが人気を集めています。ほかに貨物専門の鹿島臨港線も運行しています。

アニメとのコラボ列車も大人気に
6000形
◆気動車　◆1・2両　◆鋼製　◆1985年　◆開業当時から活躍しているディーゼルカー。車内は転換クロスシートを中心としたセミクロスシート。エンジンなどの機器類は、かつてJR久留里線などで走っていた国鉄キハ37形と同じものを使っています。

筑波山のハイキングには欠かせない存在
筑波山ケーブルカー
◆ケーブルカー　◆1両　◆12km　◆1995年
◆1995年に導入された、三代目のケーブルカーです。2台のケーブルカーが交互に運行しており、緑の車両は「わかば」、赤の車両は「もみじ」の愛称があります。

関東鉄道
つくばエクスプレスと競うディーゼル王国
- ●正式名称　関東鉄道株式会社
- ●営業キロ　55.6km
- ●おもな区間
  常総線：取手〜下館
  竜ヶ崎線：佐貫〜竜ヶ崎
- ●軌間　1067mm
- ●電化方式　非電化
- ●特徴　日本一多くのディーゼルカーを所有する私鉄で、一部複線区間も持つ通勤路線です。つくばエクスプレスが開業していっそう便利になりましたが、東京へ向かう乗客をうばわれて苦戦しています。

常総線の近代化に貢献した名車両
キハ2100形・キハ2300形
◆気動車　◆常総線　◆2両　◆90km　◆1993年
◆関東鉄道で当時30年ぶりに導入された新製車両です。片運転台、オールロングシートという常総線の標準設備ですが、省エネ性能は大幅に向上し、常総線の主力車両として活躍しています。

運転席の位置がちがうカスタム車両
キハ2000形
◆気動車　◆竜ヶ崎線　◆1両　◆90km　◆鋼製
◆1997年　◆常総線のキハ2100形をベースにした、全長4.5kmのミニ路線である竜ヶ崎線用の車両。両運転台タイプのワンマン運転対応車で、竜ヶ崎側の運転台は右側に、佐貫側は左側に設置されています。

豆ちしき　鹿島臨海鉄道の長者ヶ浜潮騒はまなす公園前駅は仮名で22字。最長駅名のひとつです。

▶真岡鐵道

1年を通じて蒸気機関車に出合える路線
真岡鐵道
- 正式名称　真岡鐵道株式会社
- 営業キロ　41.9km
- おもな区間　下館～茂木
- 軌間　1067mm
- 電化方式　非電化
- 特徴　北関東の田園地帯を走る第三セクター路線で、1年を通じて蒸気機関車がひく「SLもおか号」が走っています。真岡駅の巨大な蒸気機関車風駅舎も人気です。

市松模様がかわいいローカル列車
モオカ14形
- 気動車　●1両　●75km　●鋼製　●2002年

◆2002年から9両が製造された主力車両です。富士重工業製で、鮮やかな市松模様が特徴。松浦鉄道MR-600形のベースにもなりました。セミクロスシートの車両とオールロングシートの車両があります。

首都圏と会津をつなぐ大切な鉄道
野岩鉄道
- 正式名称　野岩鉄道株式会社
- 営業キロ　30.7km
- おもな区間　新藤原～会津高原尾瀬口
- 軌間　1067mm
- 電化方式　直流
- 特徴　東武鉄道鬼怒川線と会津鉄道を結び、東京と会津の新しいルートとなった第三セクターです。近年は乗客が減っていますが、東日本大震災の際には、首都圏と東北を結ぶ貴重なルートになりました。

東武鉄道と共通の長距離列車
6050系
- 電車（直流）　●2両　●105km　●鋼製　●1986年

◆東武鉄道6050系と全く同じ電車で、管理も東武鉄道が行っています。2、4人掛けシートがあり、浅草駅まで直通しています。浅草駅や下今市駅では駅弁も販売しており、駅弁を楽しみながら旅ができます。

沿線に温泉がたくさんある観光路線
会津鉄道
- 正式名称　会津鉄道株式会社
- 営業キロ　57.4km
- おもな区間　西若松～会津高原尾瀬口
- 軌間　1067mm
- 電化方式　直流、非電化
- 特徴　国鉄会津線を引きついだ第三セクター路線で、沿線には温泉など観光地がたくさんあります。野岩鉄道とつながり、会津田島～会津高原尾瀬口間が電化されて、浅草から列車が直通するようになりました。

時速100kmも出せる性能を持つ軽快気動車
AT-500形・AT-550形・AT-600形・AT-650形
- 気動車　●2004年　●AT-500形はロングシートで、AT-550形はそのトイレ付き車両。AT-600形は転換クロスシートで、トイレつきのAT-650形とともに「AIZU尾瀬エクスプレス号」として野岩鉄道・東武鉄道に乗り入れています。

4社にまたがって走るロングラン快速
AT-700形・AT-750形
- 気動車　●2010年　●JR東日本と野岩鉄道、東武鉄道に直通する、会津若松～鬼怒川温泉・東武日光間の「AIZUマウントエクスプレス」用の車両。車体には会津地方に伝わる「赤べこ」のキャラクターが描かれています。

◆動力　◆愛称やおもな運用　◆基本編成　◆最高速度（時速）　◆車体の材質　◆運用開始　◆特徴

東北地方

車両図鑑（JR以外の車両）

交流電車が走る東北本線のバイパス路線
阿武隈急行
- ●略称　阿武急
- ●正式名称　阿武隈急行株式会社
- ●営業キロ　54.9km
- ●おもな区間　福島〜槻木
- ●軌間　1067mm
- ●電化方式　交流
- ●特徴　もとは東北本線のバイパスとして建設が始まった路線で、国鉄から引きついだ2年後に全線が開業しました。阿武隈川に沿って走り、福島や仙台の通勤通学輸送に活躍しています。

国鉄時代の面影を残す
8100系
- ◆電車（交流）　◆2両　◆100km　◆1988年　◆JR

九州の713系をベースに製造。第三セクター鉄道用ではめずらしい、交流専用電車です。車内は4人がけボックスシートとロングシートを組み合わせたタイプで、国鉄近郊電車のふんいきを残しています。

福島のまちを走って温泉街へ
福島交通
- ●通称　飯坂電車
- ●正式名称　福島交通株式会社
- ●営業キロ　9.2km
- ●おもな区間　福島〜飯坂温泉
- ●軌間　1067mm
- ●電化方式　直流
- ●特徴　福島から、温泉地として知られる飯坂温泉までの鉄道。全線単線ですが、朝のラッシュ時には15分間隔で運行されています。福島駅では、阿武隈急行と同じホームから発着します。

長年通学客や温泉客を運んできた
7000系
- ◆電車（直流）　◆2・3両　◆60km　◆ステンレス
- ◆1991年導入　◆東急電鉄で活躍していた7000系を改造。もとはすべて中間車だったため、独自の運転台をつけて、2〜3両編成で運転。新たに東急電鉄から1000系が導入されることになり、引退の予定。

空港直行！空港アクセスの便利さでは東北一
仙台空港鉄道
- ●正式名称　仙台空港鉄道株式会社
- ●営業キロ　7.1km
- ●おもな区間　名取〜仙台空港
- ●軌間　1067mm
- ●電化方式　交流
- ●特徴　仙台空港のアクセス鉄道。全列車がJR仙台駅に乗り入れています。空港の利用がとても便利になりました。

東北最大のまち、仙台を支える地下鉄
仙台市交通局
- ●略称　仙台市営地下鉄
- ●正式名称　仙台市交通局
- ●営業キロ　28.7km
- ●おもな区間
  - 南北線：富沢〜泉中央
  - 東西線：荒井〜八木山動物公園
- ●軌間　1067mm
- ●電化方式　直流
- ●特徴　南北線と、リニアモーター式の東西線の2路線がある地下鉄です。南北線の開業によって仙台市は大きく発展し、終点の泉中央周辺は一大住宅地となりました。

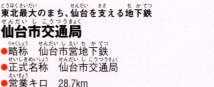

最新のリニア駆動地下鉄が仙台を走る
2000系
- ◆電車（直流）　◆4両　◆70km　◆アルミニウム
- ◆2015年　◆2015年に開業した東西線用の車両。車両とトンネルを小さくできる鉄輪式リニアモーター駆動を採用しています。車両前面の三日月のラインは、仙台を根拠地とした伊達政宗の兜をイメージ。

JRと共通仕様で空港へ直行
SAT721系
- ◆電車（交流）　◆2両　◆110km　◆ステンレス　◆2007年　◆仙台空港鉄道の車両で、設計はJR東日本のE721系とほぼ同じです。ステンレスボディに青と黄色のラインを入れています。車両の管理は、JR東日本が行っています。

豆ちしき　阿武隈急行は、福島と槻木で東北本線と接続していますが、槻木から仙台方面へのみ直通列車があります。

◀秋田内陸縦貫鉄道

サクランボの里を行くのんびりローカル線
山形鉄道
- 正式名称　山形鉄道株式会社
- 営業キロ　30.5km
- おもな区間　赤湯〜荒砥
- 軌間　1067mm
- 電化方式　非電化
- 特徴　山形の田園地帯を走る、国鉄長井線を引きついだ第三セクター鉄道です。宮内駅のウサギ駅長「もっちぃ」が有名。映画「スウィングガールズ」の舞台になったこともあります。

NDCの初期タイプが今もがんばる
YR-880形
◆気動車　◆1両　◆75km　◆1988年　◆全長18m

タイプのNDCシリーズ。エンジンは、最初は250馬力でしたが、現在はよりパワフルな330馬力に交換されました。各車両に、こぶし、桜、あやめなど沿線や日本の花のイラストが描かれています。

秋田のきれいな大自然の中を走る
秋田内陸縦貫鉄道
- 略称　内陸線
- 正式名称　秋田内陸縦貫鉄道株式会社
- 営業キロ　94.2km
- おもな区間　角館〜鷹巣
- 軌間　1067mm
- 電化方式　非電化
- 特徴　国鉄角館線と阿仁合線を引きつぎ、全線開業を果たした第三セクターです。秋田県の美しい風景の中を走り、観光客にも人気です。

あざやかなカラーが印象的
AN8800形
◆気動車　◆1両　◆1988年　◆NDCシリーズの1つで、1両ごとにカラーがちがいます。8808形はイベント列車などで使用されるお座敷車両で、掘ごたつや畳を自由に設置することができます。

列車アテンダントが乗務するまごころ列車
由利高原鉄道
- 略称　ゆりてつ
- 正式名称　由利高原鉄道株式会社
- 営業キロ　23.0km
- おもな区間　羽後本荘〜矢島
- 軌間　1067mm
- 電化方式　非電化
- 特徴　鳥海山のふもとを走る第三セクター鉄道。なつかしいタブレット交換が見られる貴重な鉄道です。終点の矢島駅では、名物売店『まつこの部屋』でまつ子さんが桜茶でおもてなししてくれます。

タブレットとスタフ

由利高原鉄道は、全国でもめずらしくなった、タブレット／スタフ閉塞方式という運行方式が現役です。これは、区間ごとに決められた通票（鉄製のきっぷのようなもの）があり、正しい通票を持った列車だけが出発できるというルールを作ることで、衝突事故を防ぐしくみです。タブレット閉塞は、通票は複数ありますが、使えるのは1区間に1つだけです。

▲タブレットとスタフの交換。下り列車の運転手から駅員にスタフが手渡され、駅員からはタブレットが渡されます。

あざやかなカラーリングのおもてなし列車
YR-3000形
◆気動車　◆1両　◆65km　◆鋼製　◆2012年
◆松浦鉄道MR-600形をベースにトイレを追加した最新車両です。緑、赤、青と1両ずつカラーがちがいます。車体には若い女性の絵が描かれていて、愛きょうをこめて、地元の人たちから「おばこ号」と呼ばれています。

豆ちしき　スタフは1閉塞区間にひとつしかありません。

◆動力　◆愛称やおもな運用　◆基本編成　◆最高速度（時速）　◆車体の材質　◆運用開始　◆特徴

東北地方

弘前の町を盛り上げる北国の電車
弘南鉄道
- 正式名称　弘南鉄道株式会社
- 営業キロ　30.7km
- おもな区間
  弘南線：弘前〜黒石、
  大鰐線：中央弘前〜大鰐
- 軌間　1067mm
- 電化方式　直流
- 特徴　弘前を中心に2つの路線を運営している通勤通学電車です。東急電鉄の昔の車両を使っています。国鉄黒石線を引き受けて運行していた時期もありました。

2タイプの顔が走る弘南鉄道の主力
7000系
- ◆電車（直流）　◆2両　◆ステンレス　◆1988年
- ◆東急電鉄7000系電車を地方鉄道としてはじめてゆずり受けた車両。先頭車両なので東急時代の面影がありますが、追加で導入された7100形や7010形などは中間車を改造したタイプで、独自のスタイル。

発見　ラッセル車
青森県はとても雪の多いところです。弘南鉄道では、冬になるとラッセル車が大活躍します。

▲キ105形ラッセル車

震災を乗り越えて全線復活！
三陸鉄道
- 略称　さんてつ
- 正式名称　三陸鉄道株式会社
- 営業キロ　107.6km
- おもな区間
  北リアス線：久慈〜宮古、
  南リアス線：釜石〜盛
- 軌間　1067mm
- 電化方式　非電化
- 特徴　国鉄ローカル線から転換された第三セクター鉄道の第1号として有名。三陸海岸沿いをトンネルでつらぬく、高速なローカル線です。東日本大震災で大きな被害を受けましたが、全線が復活しました。

復興のシンボルとして贈られた車両
キハ36-700形
- ◆気動車　◆1両　◆95km　◆2013年　◆東日本大震災で大きな被害を受けた三陸鉄道が、中東のクウェート国の支援を受けて新しく導入したNDCシリーズの車両で、三陸鉄道でははじめてバリアフリーに対応しています。

あの手この手で黒字を出す元気な電車
IGRいわて銀河鉄道
- 正式名称　IGRいわて銀河鉄道株式会社
- 営業キロ　82.0km
- おもな区間　盛岡〜目時
- 軌間　1067mm
- 電化方式　交流
- 特徴　東北新幹線盛岡〜八戸間が開業した時に発足した第三セクター路線です。鉄道だけでなく、不動産会社や家事代行サービスもするなど、多角的な経営で地域に密着しています。

青函トンネルのすぐそばまで降りられる！
青函トンネル竜飛斜坑線
- 略称　竜飛斜坑ケーブル
- 正式名称
  一般財団法人青函トンネル記念館
- 営業キロ　0.8km
- おもな区間
  青函トンネル記念館〜体験坑道
- 軌間　914mm
- 特徴　青函トンネル記念館の中にある、日本最北のケーブルカーです。青函トンネルの建設時に作業員の移動などのためにできた乗りもの。現在は、体験坑道を見学することができます。

地下にもぐるケーブルカー
竜飛斜坑ケーブル
- ◆ケーブルカー　◆もぐら号　◆1両　◆1988年
- ◆もとは青函トンネルをつくる人や物資を運ぶためのケーブルカー。体験坑道駅は海面下140mにあり、日本でいちばん低いところにある駅です。

JRと共通仕様で、もと東北本線を走る
IGR7000系
- ◆電車（交流）　◆2両　◆ステンレス　◆2002年
- ◆JR東日本の701系をもとに、IGRいわて銀河鉄道がスタートした時に製造された電車。その後JRから購入した車両もあります。岩手の夜空と星をイメージした、青と黄のラインが入っています。

豆ちしき　三陸鉄道北リアス線では、冬にはお座敷車両を用いたこたつ列車が運転されることがあります。

吹雪の中を走る津軽21形

森から生まれたモーリーと一緒に旅しよう
青い森鉄道
- 正式名称　青い森鉄道株式会社
- 営業キロ　121.9km
- おもな区間　目時～青森
- 軌間　1067mm
- 電化方式　交流
- 特徴　東北新幹線の開業によってJRから分離された東北本線のうち、青森県内の区間を担当する鉄道で、大湊線から直通する列車も走っています。

旧型客車の列車が今も走る
津軽鉄道
- 正式名称　津軽鉄道株式会社
- 営業キロ　20.7km
- おもな区間　津軽五所川原～津軽中里
- 軌間　1067mm
- 電化方式　非電化
- 特徴　津軽半島の中央を走る、日本最北の私鉄です。旧型客車を使ったストーブ列車が有名で、タブレット閉塞など、昔の鉄道の姿をよく残しています。

ストーブ列車とも連結される「走れメロス号」
津軽21形
- 気動車　●1両　●60km　●1996年　◆NDCシリーズのひとつ。イエローのボディにグリーンのラインが入り、沿線出身の作家、太宰治の作品にちなんで「走れメロス号」の愛称があります。ストーブ列車にも、客車とともに一般向け車両として連結。

 するめも焼ける！
車内には石炭だるまストーブが2台設置されています。真夏のストーブ列車が運転されることもあります。

イメージキャラクターモーリーが大人気
701系・703系
- 電車（交流）　●2両　●110km　●ステンレス
- 2002年　●青い森鉄道の発足時に、JR東日本の701系電車をゆずり受けました。青い森鉄道のカラーである水色に、イメージキャラクターのモーリーがえがかれています。E721系を元に新造した703系も登場。

昔の汽車旅を今に伝える観光列車
ストーブ列車
- 機関車＋客車　●鋼製　●1947年　●昭和20年代に国鉄で製造された客車に、石炭ストーブを設置した列車。豪雪地帯ならではの設備でしたが、現在は観光列車として運行、ストーブで焼いたするめいかなどを食べられます。ストーブはかなりの熱気です。

▲車内のストーブ

豆ちしき　津軽鉄道では9月ごろ、駅員が育てた鈴虫のかごを置いた「鈴虫列車」も運転されます。

◆動力　◆愛称やおもな運用　◆基本編成　◆最高速度（時速）　◆車体の材質　◆運用開始　◆特徴

北海道地方

車両図鑑（JR以外の車両）

環状線となった最北の路面電車
札幌市交通局
- ●略称　札幌市営地下鉄、札幌市電
- ●正式名称　札幌市交通局
- ●営業キロ　48.0km（地下鉄）、8.9km（路面）
- ●おもな区間
  南北線：麻生〜真駒内、東西線：宮の沢〜新さっぽろ、東豊線：栄町〜福住（地下鉄）すすきの〜環状線（路面）
- ●軌間　1067mm（路面）
- ●電化方式　直流
- ●特徴　日本初の、ゴムタイヤを使った地下鉄で、現在は南北線、東西線、東豊線の3路線があります。路面電車は日本最北。2015年12月に西4丁目〜すすきのの間が延伸し、ループ運転になりました。

最新技術を投入したゴムタイヤ地下鉄
9000形
- ◆電車（直流）　◆東豊線　◆4両　◆70km　◆アルミ合金　◆2015年　◆東豊線の新型車両。札幌市営地下鉄の特徴であるゴムタイヤのほか、ATO（自動列車運転装置）など最新の設備を搭載しています。白のボディにスカイブルーのラインです。

津軽海峡がきれいな第三セクター鉄道
道南いさりび鉄道
- ●正式名称　道南いさりび鉄道株式会社
- ●営業キロ　37.8km
- ●おもな区間　五稜郭〜木古内
- ●軌間　1067mm
- ●電化方式　交流
- ●特徴　北海道新幹線の開業によって、JRから分離した第三セクター鉄道で、津軽海峡や函館山の景観を楽しめます。交流電化されていますが、旅客列車はディーゼルカーを使用します。

札幌市街を南北に走る独自の地下鉄システム
5000形
- ◆電車（直流）　◆南北線　◆6両　◆70km　◆アルミ合金　◆1995年　◆南北線の車両です。鉄のレールではなく、ゴムタイヤで走る地下鉄で、静かで乗り心地がよいと人気です。北国の電車だけあって、冷房装置はついていません。

富山ライトレールと同じデザイナーによる車両
A1200形
- ◆電車（直流）、路面電車　◆ポラリス　◆3車体2台車　◆40km　◆鋼製　◆2013年　◆札幌市電初の超低床電車。白と黒を中心とした落ち着いたデザインで、窓際に北海道産の木材を使っています。札幌市電としてははじめて冷房も装備しました。

普通列車にも観光列車にもなる二刀流車両
キハ40形
- ◆気動車　◆ながまれ号　◆1両　◆95km　◆鋼製　◆2016年導入　◆JR北海道のキハ40形をゆずり受け改装。「地域情報発信列車」として定期列車でも使用します。イベントやツアーに利用するときは、道南杉を使ったテーブルを設置して臨時列車として運行されます。

 発見　ゴムタイヤの地下鉄

札幌市の地下鉄はゴムタイヤを使った中央案内軌条方式を採用しています。静かで乗り心地がよいほか、加速や減速もよいなどの特徴があります。写真は9000形の台車です。

ササラ電車

札幌と函館の路面電車では、雪が積もると除雪にササラ電車が活躍します。札幌市には4両のササラ電車があり、ひと冬に約7000km走ります。

▶除雪するササラ電車

豆ちしき　札幌市の地下鉄は、3路線とも中央案内軌条方式です。

178

函館市電9600形

北海道新幹線カラーの電車が走る！
函館市企業局交通部

- 略称　函館市電
- 正式名称　函館市企業局交通部
- 営業キロ　10.9km
- おもな区間
　谷地頭～湯の川、
　函館どつく前～湯の川
- 軌間　1372mm
- 電化方式　直流
- 特徴　1897（明治30）年に馬車鉄道として開通した、北海道最初の路面電車です。十字街停留場で二手に分かれ、湯の川～函館どつく前間と湯の川～谷地頭間の2系統があります。

▲ササラ
竹製のブラシを回転させて雪をかきます。

函館市内に北海道新幹線が登場？
9600形

◆電車（直流）、路面電車　◆らっくる号　◆2車体2台車　◆40km　◆鋼製　◆2007年　◆函館市電

の超低床電車です。なかでも9602号車は、車体が北海道新幹線H5系に似た塗装となっており、函館市内を走るかわいい新幹線風電車として親しまれています。

> **豆ちしき**　函館市の9600形は冬のイメージのスノーホワイトに、夕暮れのイメージのイブニングブルーパープルを窓まわりにあしらっています。

179

くらべてみよう 車内シート

シートには、よく見ると、いろいろなものがあります。ここではその一部をならべてみました。どんなちがいがあるでしょうか。

都営上野モノレール40形

ロングシート

東武東上線50000系

JR西日本キハ126系の優先席

埼玉新都市交通2020系ニューシャトル

只見線キハ40系

沖縄ゆいレール

クロスシート

京成AE形 / JR九州883系 / JR四国7000系
JR九州817系 / JR東海キハ85系 / 阪急6300系京とれいん

セミクロスシート

福井鉄道F1000形 / JR東日本E531系

グリーン車

N700系 / E4系

グランクラス

はやぶさ グランクラス

ライブ LIVE 情報

ご当地名物!「駅弁」大集合

鉄道の旅をより楽しくしてくれる駅弁。ここでは、日本各地の名物駅弁をご紹介。食べたい駅弁のある駅まで列車で行くのも、また楽しいですよ。

※お弁当の中身は変わることがあります。

ドクターイエロー弁当
新神戸駅（山陽新幹線）
ドクターイエローの愛称で知られる検査型車両の駅弁です。

ひっぱりだこ飯
新神戸駅（山陽新幹線）
たこつぼ風の陶器の容器が有名。たこやあなご、季節の野菜をとじこめたお得な駅弁です。

ますのすし
富山駅（新幹線ほか）
ほどよくあぶらの乗ったサクラマスを使った押し寿司。いろどりもきれいです。

夢の超特急 0系新幹線弁当
新神戸駅（山陽新幹線）
初代新幹線「0系」の形を再現したプラスチック容器で中身はお子様ランチ風です。（写真は前のお弁当です。現在は変わっています。）

あなごめし
宮島口駅（山陽本線）
あなごを特製ダレで焼いたかば焼きがぎっしり。味のなじむ冷めたころが食べごろです。

しゃもじかきめし
広島駅（山陽新幹線）
かき飯、煮かき、かきフライなど、かき三昧できるお弁当。10月〜翌3月までの限定販売。

越前かにめし 福井駅（北陸本線）
珍味のセイコガニの卵巣やみその混ぜご飯に、ズワイガニの身がしきつめてあります。

桃太郎の祭ずし
岡山駅（山陽新幹線ほか）
冠婚葬祭などにふるまわれる岡山の郷土料理"ばら寿司"のお弁当です。桃の形の容器入り。

かしわめし
折尾駅（鹿児島本線）
特製だしでたいた鶏（かしわ）めしに、鶏肉、錦糸卵、きざみのりをのせた三色弁当。

栗めし
人吉駅（鹿児島本線）
栗の形の容器がかわいい駅弁。かんぴょう入りの混ぜご飯が、栗の甘さを引き立てます。

九州新幹線 さくら辨當
博多駅（九州新幹線ほか）
九州新幹線の全通を記念して発売されました。N700系 S・R編成の形をした容器に、かしわ飯やエビフライがつまっています。

柿の葉寿し 吉野口駅（和歌山線ほか）
酢飯にしめさばをのせ、柿の葉っぱで包んだ関西ではおなじみの郷土料理です。

おたる「海の輝き」
小樽駅（函館本線）
酢めしの上にウニをはじめ、イクラ、トビコなど小樽名物を散りばめたぜいたくな駅弁。

かきめし弁当
厚岸駅（根室本線）
1917年に創業した老舗がつくる名物駅弁。甘辛くたかれたかきのうまみがたっぷりです。

いかめし
森駅（函館本線）
生イカの中にうるち米ともち米をまぜた生米を入れ、甘辛のたれで炊いた人気の味です。

こまちランチ
秋田駅（秋田新幹線ほか）
真っ赤な「こまち」の中には、エビフライにそぼろご飯、ゼリーとうれしいお子様ランチ。

だるま弁当
高崎駅（上越新幹線ほか）
貯金箱になる容器が有名。豊富な山の幸を普茶料理（精進料理）風に調理しています。

いちご弁当
宮古駅（山田線ほか）
ウニとアワビを磯汁にした郷土料理"いちご煮"が由来。ウニそぼろは濃厚な味わいです。

E5系はやぶさ弁当
八戸駅（東北新幹線ほか）
E5系はやぶさ型のパッケージにメニューはオムレツやエビフライなどで人気です。

チキン弁当 東京駅
チキンライスにチキンのから揚げと、チキンづくしの定番洋食ランチです。JR東京駅名物です。

牛肉どまん中
山形駅（奥羽本線ほか）
山形県産米「どまんなか」に牛そぼろと牛肉煮をのせた牛丼風のお弁当です。

極撰 炭火焼き 牛たん弁当
仙台駅（東北新幹線ほか）
ひもを引くと温まる加熱式容器入り。特製塩ダレにつけ込んだ肉厚の牛たんが絶品です。

シウマイ弁当 横浜駅（東海道本線）
冷めてもおいしい「昔ながらのシウマイ」に卵焼きなど充実したメニューが好評。

日本一高いお弁当!?

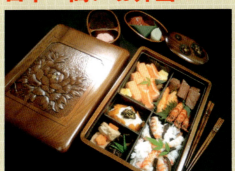 

15万円のお弁当には、日光彫り・うるし塗り・金粉入りの器とはしがついています。予約制で器ができ次第随時販売されます。右側のお弁当にも日光の食材がいっぱいで豪華です。

（左）日光埋蔵金弁当／15万円、（右）日光埋蔵金弁当／1550円（2016年10月現在）

車両図鑑（機関車など）

車両図鑑
（機関車など）

　この章では、おもにJRの機関車（電気機関車、ディーゼル機関車、蒸気機関車など）や貨車などを紹介しています。

EF510形
　EF510形でレッドサンダーと呼ばれるのは0番台。日本海側の貨物輸送に活躍しています。

◆動力　◆愛称　◆最高速度（時速）　◆出力　◆運用開始　◆特徴

電気機関車など

EF65形の後継機
EF210形
- ◆直流電気　◆ECO-POWER 桃太郎　◆110km
- ◆3390kW　◆1996年　◆比較的平坦な東海道、山陽本線のコンテナ輸送向けに製造されました。岡山に多く配置されたので、桃太郎の愛称がつけられました。

北斗星やカシオペアも牽引
EF510形
- ◆交直両用電気　◆ECO-POWER レッドサンダー　◆110km　◆3390kW　◆2002年　◆EF81形にかわる機関車として開発され、電化方式が複雑な日本海側を中心に活躍。車体の色は当初は赤、その後青もつくられました。

山でもハイパワー
EH200形
- ◆直流電気　◆ECO-POWER ブルーサンダー
- ◆110km　◆4520kW　◆2001年　◆山岳区間でも使用できるハイパワーな機関車として開発されました。2車体連結の大型機関車で、中央本線を中心に活躍しています。

久々の2車体連結機
EH500形
- ◆交直両用電気　◆ECO-POWER 金太郎
- ◆110km　◆4000kW　◆1998年　◆交直両用のハイパワー電気機関車。現在は青森から九州まで活躍の場を広げています。側面には愛称の金太郎のイラストが描かれています。

青函トンネルはおまかせ
EH800形
- ◆交流電気　◆110km　◆4000kW　◆2014年　◆青函トンネルが新幹線仕様となり、今までの機関車が走れなくなったため、EH500形をベースに開発された機関車です。

入れ換えのスペシャリスト
HD300形
- ◆電気式ディーゼル・バッテリー　◆110km
- ◆320kW　◆2011年　◆貨物駅の入れ換え作業用の機関車で、ディーゼルエンジンは発電機を動かすために使われます。モーターで走るので静かで、エコな機関車です。

EF210形

日本の地下鉄唯一の電気機関車
東京都交通局E5000形
- ◆直流電気　◆760kW　◆2005年　◆東京都交通局の地下鉄用電気機関車。大江戸線の車両を浅草線経由で車両検修場へ回送するためにつくられました。

もっとも多くつくられた電気機関車
ＥＦ65形
◆直流電気 ◆110km ◆2550kW ◆1965年 ◆貨物列車用として開発されましたが、高速走行性能がすぐれていたので、一時は東京から九州方面へ向かうブルートレインの牽引にも使われました。

パワーは２台連結車並み
ＥＦ66形
◆直流電気 ◆110km ◆3900kW ◆1968年 ◆高速貨物専用機関車として開発されましたが、ＥＦ65形の後をつぎ、ブルートレインも牽引しました。現在も貨物列車に用いられています。写真は唯一の国鉄色。

外観をイメージチェンジ
ＥＦ66形 100番台
◆直流電気 ◆110km ◆3900kW ◆1989年 ◆ＪＲになってから製造されました。前面の窓が大型化し、傾斜も大きくなっています。運転席に冷房装置もつけられました。

かつての交流用電気機関車のエース
ＥＤ75形
◆交流電気 ◆100km ◆1900kW ◆1963年 ◆常磐線用に開発されましたが、北海道や九州など交流電化区間では広く用いられました。貨物以外に、寝台特急なども牽引しました。

元祖青函トンネル用機関車
ＥＤ79形
◆交流電気 ◆110km ◆1900kW ◆1986年 ◆青函トンネル用にＥＤ75形を改造して製造されました。1989年からは新造もされました。北斗星やトワイライトエクスプレスも牽引した機関車です。

昭和のオールマイティー機関車
ＥＦ81形
◆交直両用電気 ◆110km ◆2550kW（直流）、2370kW（交流） ◆1968年 ◆電化区間ならどこでも走れる機関車として開発されました。関門トンネル用やトワイライトエクスプレス用など、特別仕様の車両もありました。

60年以上たってもまだまだ現役
ＥＤ45形
◆直流電気 ◆1954年 ◆三岐鉄道三岐線でセメント輸送のための貨物列車を、2両で牽引しています。写真の機関車は黒部ダム建設に使用された後、三岐鉄道にやってきました。

電気機関車のニューフェイス
名古屋鉄道 EL120形
◆直流電気 ◆100km（単独） ◆760kW ◆2015年 ◆名古屋鉄道では一般の貨物はあつかっていませんが、保線作業や電車の回送などに使用されています。ミュージックホーンも装備しています。写真の左からEL120形、デキ400形、デキ600形、EL120形。

豆ちしき ＥＦ65形は約15年間で309両がつくられました。

車両図鑑（機関車など）

◆動力　◆愛称　◆最高速度（時速）　◆出力（PS：馬力）　◆運用開始　◆特徴

ディーゼル機関車・蒸気機関車

・機関車

ななつ星以外は北海道
DF200形
◆電気式ディーゼル　◆ECO-POWER レッドベア　◆110km　◆1920kW　◆1992年　◆北海道での輸送力強化のために開発されたディーゼル機関車。ＪＲ九州も、ななつ星in九州用に改装した機関車を導入しました。

四国をのぞく全国で活躍してきた
DD51形
◆液体式ディーゼル　◆95km　◆2000ps　◆1962年　◆蒸気機関車にかわる幹線用機関車として開発されました。非電化区間ではカシオペアなど特急も牽引しました。現在は引退が進んでおり、おもに貨物列車用です。

700両以上がつくられた
DE10形
◆液体式ディーゼル　◆85km　◆1250ps　◆1966年　◆非幹線用に開発された中型のディーゼル機関車。現在では貨物列車や入れ替え用のほか、トロッコ列車などにも使用されています。

◀室蘭本線のS字カーブを走るDF200形

除雪以外でも活躍
DE15形
◆液体式ディーゼル　◆85km　◆1250ps　◆1967年　◆ローカル線の除雪用としてつくられました。ラッセルヘッドを連結して使用されます。トロッコ列車などにも使われ、奥出雲おろち号用は専用色。

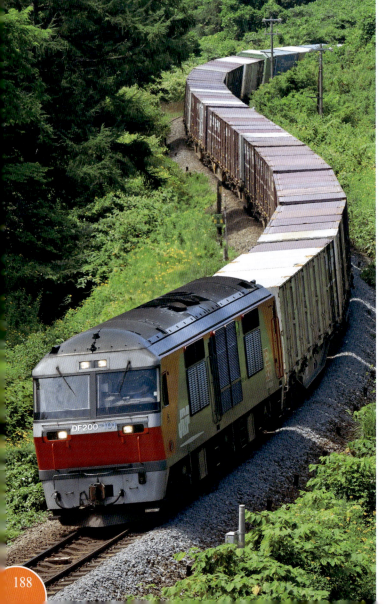

▼ラッセルヘッドをつけて除雪作業をするDE15形

◆動力 ◆軸配置 ◆愛称 ◆最高速度(時速) ◆運用開始 ◆特徴

最古の動態保存機関車
8620形 SL人吉
◆蒸気 ◆1C ◆ハチロク ◆95km
◆1914年 ◆大正時代からつくられたテンダー式蒸気機関車。当初は東海道線などに配置されました。現在は肥薩線のSL人吉で活躍しています。

C10形最後の1両
C10形 SL急行
◆蒸気 ◆1C2 ◆95km ◆1930年 ◆大井川鉄道で活躍するタンク式蒸気機関車。タンク式ではやや大型で、当初は東京や大阪など大都市の近郊区間に配置されました。

C11形 SL冬の湿原　この機関車は東武鉄道で復活する予定です。

毎日SLが見られる大井川鉄道
C11形 SL急行
◆蒸気 ◆1C2 ◆85km ◆1932年 ◆C10形を軽量化したタンク式蒸気機関車。写真は大井川鉄道のもの。このC11 227は、1976年から走っている、復活したSLの草分けです。

ときにはジェームス
C56形 SL急行
◆蒸気 ◆1C ◆ポニー ◆75km ◆1935年 ◆小型のテンダー式蒸気機関車。この車両は一度タイへ渡り、日本にもどって大井川鉄道に来たものです。

冬の湿原の風物詩
C11形 SL冬の湿原
◆蒸気 ◆1C2 ◆85km ◆1932年 ◆冬の釧網本線を走る列車。最後尾に補助機としてDE15形がつくこともあります。釧路湿原ではタンチョウやエゾシカが見られることも。

豆ちしき 8620形は、大正時代につくられはじめましたが、使いやすい機関車で、約700両がつくられました。

◆動力　◆軸配置　◆愛称　◆最高速度（時速）　◆運用開始　◆特徴

蒸気機関車

車両図鑑（機関車など）

各地へ出張も多い
C11形 もおか
◆蒸気　◆1C2　◆85km　◆1932年　◆真岡鐵道のもおか号を牽引するSLのひとつ。もうひとつのC12形と重連で運転することもあります。

もおか号の主力機
C12形 もおか
◆蒸気　◆1C1　◆75km　◆1932年　◆小型のタンク式蒸気機関車。もともと除煙板（デフレクター）はありません。国内で動態保存されているのはこの車両のみ。中国などにも転出しました。

都心からいちばん近くで見られるSL
C58形 SLパレオエクスプレス
◆蒸気　◆1C1　◆85km　◆1938年　◆ローカル線向けにつくられた中型のテンダー式蒸気機関車。パレオエクスプレスは、秩父鉄道の熊谷～三峰口間を走ります。

2011年からなかま入り
C61形 SLみなかみ
◆蒸気　◆2C2　◆100km　◆1947年　◆地方幹線向けの大型テンダー式蒸気機関車。旅客用で特急、急行に使用されました。SLみなかみは上越線の高崎～水上間を走ります。

C61形との重連が見られることも
D51形 SLみなかみ
◆蒸気　◆1D1　◆85km　◆1935年　◆貨物用として設計されたテンダー式蒸気機関車。日本でもっとも多くつくられた機関車で、その数は1000両以上。デゴイチの名で親しまれていました。

ディーゼルカーの力も借りて
C58形 SL銀河
◆蒸気　◆1C1　◆85km　◆1938年　◆客貨両用の蒸気機関車。SL銀河は釜石線を走る列車で、急な坂もあるので、客車として動力を持つキハ141形が使われています。

C57形 SLばんえつ物語

走り続けて30年以上
C57形 SLやまぐち
◆蒸気 ◆2C1 ◆100km
◆1937年 ◆C55形を改良してつくられた旅客用テンダー式蒸気機関車。1979年から走りはじめたSLやまぐち号は、国鉄で最初に復活したSL列車です。

展望車も連結
C57形 SLばんえつ物語
◆蒸気 ◆2C1 ◆100km
◆1937年 ◆旅客用のC57形は、おもに特急や急行に使われていました。ばんえつ物語は新潟～会津若松を、12系客車を牽引して走ります。

琵琶湖に沿って走るSL列車
C56形 北びわこ
◆蒸気 ◆1C2 ◆ポニー ◆75km ◆1935年 ◆北びわこ号は米原～木ノ本間を走ります。C56形は、C12形をもとにつくられた蒸気機関車です。

C11形の運転室

D51形の運転室の内部

C57形の動輪

◆動力 ◆所属 ◆おもな運用 ◆基本編成 ◆最高速度（時速） ◆車体の材質 ◆運用開始 ◆特徴

貨物列車・貨車

貨物列車は、機関車が貨車を牽引するものがほとんどですが、右のスーパーレールカーゴのように電車形式でコンテナを運ぶものもあります。JRで貨物をあつかっているのはJR貨物（JR貨物鉄道）で、ほかの民間鉄道でも貨物をあつかうところがあります。

▼秩父鉄道の貨物列車
秩父鉄道には、セメントの原料の石灰石を運ぶ貨物列車が走っています。

かくれた高速列車
M250系 スーパーレールカーゴ
◆電車（直流） ◆JR貨物 ◆東海道本線 ◆16両 ◆130km ◆ステンレス ◆2002年 ◆電車タイプの貨物列車で、両端の2両ずつが電動車。東京貨物ターミナルと安治川口（桜島線：大阪府）を約6時間で結ぶ高速列車です。佐川急便による貸し切り輸送で、貨物はすべてコンテナ。

タンク車
タキ1200形
◆記号はタ。石油やセメントなど液体や粉状のものを運ぶための貨車です。

ホッパ車
ホキ2000形
◆記号はホ。石炭以外の鉱石、セメントや穀物など粒状のものを運びます。

コンテナ車
コキ50000形
◆記号はコ。コンテナをのせて運ぶための貨車です。コキ50000形は37トン分のコンテナを運べます。

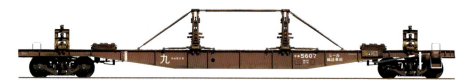

長物車
チキ5500形
◆記号はチ。材木やレールなど、細長い物を運びます。

豆ちしき　JR貨物が所有している貨車のほとんどはコンテナ車です。

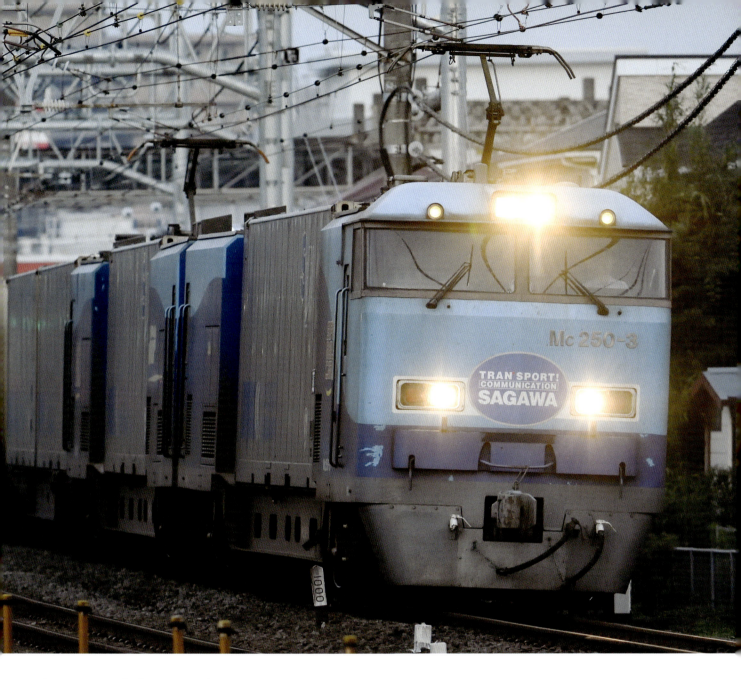

有蓋車
ワム8000形
◆記号はワ。屋根付きの箱状の貨車。雨にぬれてはいけない物を運びます。

無蓋車
トキ25000形
◆記号はト。屋根のない貨車。雨にぬれても問題ない物を運びます。

車掌車
ヨ8000形
◆記号はヨ。かつてはほとんどの貨物列車の最後尾に連結されていました。

貨車の記号

最初の文字（コキのコなど）は貨車の種類を表します。次の文字（コキのキなど）は積める貨物の重さを表します。これにはム、ラ、サ、キの4文字があり、文字なしが13トン以下、ムは14～16トン、キがいちばん重く、25トン以上積めるものについています。例えばコキはコンテナ車で、25トン以上積める貨車になります。

豆ちしき　札幌～福岡間の貨物列車があります。2000km以上を札幌発の列車は36時間かけて走ります。

LIVE情報 いろいろな鉄道のなかま

ここでは、鉄道事業法に基づく鉄道のなかまのほかに、線路の跡地を利用したBRTや、鉄道のように利用できる施設などを紹介します。

ロープウェイ、リフト

ロープウェイやリフトも鉄道事業法で管理される輸送機関です。空中にはったロープから下げたゴンドラやいすで、人や物を運びます。

新穂高第2ロープウェイ

新穂高温泉と西穂高を結ぶロープウェイ。第2ロープウェイのゴンドラは2階建てで、定員121名。

シギラリフト

宮古島にあるリフトで、鉄道事業法においては最南端の鉄道のなかま。全長283m。

BRT

バス・ラピッド・トランジットの略で、日本語ではバス高速輸送機関といいます。バス専用道や専用レーンを設けたりすることで、高速で正確に輸送することができます。ブラジルで誕生したシステムで、今後の輸送機関として注目されています。

JR東日本 大船渡線
東日本大震災で大きな被害を受けたJR東日本の大船渡線や気仙沼線は、線路や駅の跡地をバス専用道として利用し、BRTとして再出発しました。

森林鉄道

かつては山から切り出した木を運ぶために、多くの森林鉄道がつくられましたが、今ではほとんどが姿を消しました。

安房森林軌道（屋久島森林鉄道）
屋久島にある森林鉄道で、現在でも切り株を運んだり、森林の管理、点検などに使われています。

いろいろな鉄道

事業としての鉄道ではなくても、一般の人が利用できるものもあります。

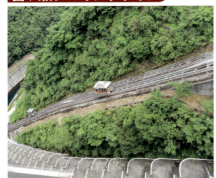

宮ヶ瀬ダムインクライン
神奈川県の宮ヶ瀬ダム建設のためにつくられたケーブルカーで、一般の人も利用できます。

湯ノ口温泉トロッコ列車
元は三重県熊野市にあった紀州鉱山の鉱山鉄道でした。現在は一部の区間が保存され、温泉客を運んでいます。

あすかパークレール
東京都北区の飛鳥山公園内にあるスロープカー。車両の愛称はアスカルゴで、16人乗り。無料で利用できます。

LIVE情報 世界の鉄道❶ 高速鉄道

日本の新幹線のような最高速度が時速200km以上の高速列車は、世界のいろいろな地域で活躍しています。特にヨーロッパでは、国と国とを結ぶ鉄道として重要な役割を果たしています。

イギリスとヨーロッパ大陸を結ぶ
ユーロスター（イギリス、フランス、ベルギー）

最高速度　時速300km

1994年に開通しました。イギリスとヨーロッパ大陸を行き来する国際的な高速列車で、ドーバー海峡を約50kmの海底トンネル（ユーロトンネル）で結んでいます。

ヨーロッパを代表する高速鉄道
TGV（フランス）

最高速度　時速320km

開通した1981年に当時世界最速の時速260kmを記録しました。フランス国内だけでなく、となりのベルギー、ドイツ、イタリア、スペインなどを行き来することができます。

韓国国内を高速移動！
KTX（大韓民国）

最高速度　時速305km

2004年に開通した韓国高速鉄道。ソウルから釜山まで約2時間半、空港にもつながる便利な列車です。フランスの高速鉄道TGVの技術を取り入れた車両が走っています。

2010年に開通したばかりの高速鉄道
CRH（中華人民共和国）

最高速度　時速300km

日本のE2系や、ヨーロッパの高速列車を参考に車両が開発されています。愛称は、調和を意味する「和諧号」。首都北京を起点に南京、上海など各大都市をつなぎます。

台湾の「新幹線」！
台湾高速鉄道（台湾）

最高速度　時速300km

日本の新幹線の技術を輸出して作られた2007年開通の高速鉄道です。日本の700系の改良型車両700Tが走ります。時間にも正確で、台北〜高雄間345kmを約1時間半で結びます。

真っ赤な「フェラーリ特急」
イタロ（イタリア）

最高速度　時速300km

2012年にミラノ〜ナポリ間で運行を開始したヨーロッパ初の民間高速鉄道です。有名デザイナーが車体や内装をデザインし、快適な乗り心地や車内サービスのよさも評判です。

AVEはスペイン語で「鳥」
AVE（スペイン）

最高速度　時速300km

1992年に首都マドリードとセビリア間が開通しました。AVEはスペイン語の「鳥」という意味。従来のスペインの鉄道とはちがい、他の国で採用されている標準軌(1435mm)の線路を採用し、フランスTGVとの相互乗り入れが可能になっています。

「赤い矢」という名の高速列車
フレッチャロッサ（イタリア）

最高速度　時速360km

ミラノ〜ナポリなどを結び、すべての列車に食堂車が連結されています。以前は最高時速300kmでしたが、2015年登場の新型車両では最高時速360kmで運転しています。

ドイツ国内からとなりの国まで
ICE（ドイツ）

最高速度　時速300km

1991年に運行開始し、ドイツ国内の主要都市を結ぶだけでなく、フランス、スイス、オーストリア、ベルギー、オランダにも運行する国際線でもあります。国外に行くときは、車内でパスポート確認があります。

ライブ情報 世界の鉄道❷ いろいろな列車

世界にはその国ならではのユニークな鉄道や列車がたくさんあります。ここでは、なかでも注目の、その一部を紹介しましょう。

世界で最も遅い!? 人気の氷河特急
グレッシャーエクスプレス（スイス）

アルプスの二大観光地を結ぶグレッシャーエクスプレスは、美しい山岳風景が楽しめる人気の観光列車。平均時速が35kmのため「世界で最も遅い特急列車」ともいわれます。

大陸を縦断する長距離列車
ザ・ガン（オーストラリア）

広大なオーストラリア大陸の南北約3000kmを2泊3日かけて縦断します。「ザ・ガン」は「ザ・アフガン・エクスプレス」の略です。温帯、草原、砂漠などオーストラリアならではの景色が楽しめます。

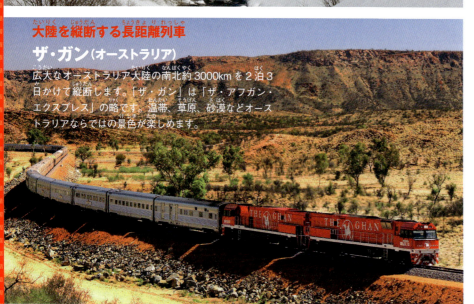

世界一短い ケーブルカー
ウスピニャチャ（クロアチア共和国）

クロアチアの首都ザグレブにあり、世界一短いケーブルカーとして有名です。高低差のある旧市街と新市街との間の66mを約30秒で移動します。地域の人の便利な足として120年以上活躍しています。

世界一の急勾配をいく登山鉄道
ピラトゥス鉄道（スイス）

傾斜度最大480‰という世界一の急勾配を走る電車です。1000m進むと480m上に登る計算です。車内が段差のあるつくりになっていて、平地で見ると車体と窓が斜めになっています。

運行速度が世界最速！
上海トランスラピッド（中華人民共和国）

上海浦東国際空港と竜陽路駅間の2駅、約30kmを7分20秒で結ぶ、磁気浮上式リニアモーターカーです。最高時速は431kmで、営業速度としては世界最速です。

標高5000mを走る天空の列車
青蔵鉄道（中華人民共和国）

西寧から、チベット自治区の拉薩までの全長1956km、標高5072mの世界の鉄道最高地点を通る鉄道です。標高が高いと酸素が薄くなるので、車内では気圧を調整してあります。

世界最長の距離を走る鉄道
シベリア鉄道（ロシアなど）

ロシアの南部を東西に横断し、その全長は9297km。世界一長い鉄道です。人気の列車『ロシア号』はウラジオストクからモスクワまでの9259kmを走りますが、約1週間かかります。

ギネス認定、豪華さ世界一！
ブルートレイン（南アフリカ共和国）

世界一の豪華列車としてギネスブックに登録された寝台列車で、「走る高級ホテル」と呼ばれます。浴槽つきの個室まであり、優雅な食堂で一流の料理を味わうことができます。

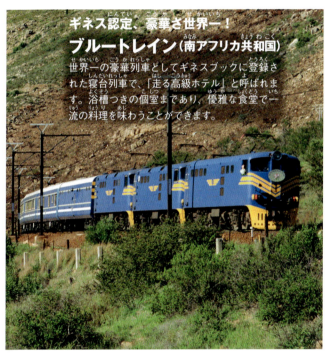

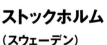
世界の駅

海外には駅に見えないような建物もたくさんあります。有名な地下鉄の駅を紹介します。

ストックホルム（スウェーデン）
ほとんどの駅で芸術家によるアートが施され、「世界一長い美術館」といわれています。

モスクワ（ロシア）
栄華を極めた旧ソ連時代につくられたため、芸術品のような美しさです。観光ツアーもあります。

ロンドン（イギリス）
世界で初めて地下鉄が通ったロンドン。日本ではまだ江戸時代だった150年以上前に作られました。

鉄道のしくみ

・ホームドア

列車を安全で正確に運行する

列車を安全で正確に運行するためには、車両を走らせるのに必要な設備はもちろん、事故をふせぐための工夫が必要です。鉄道会社には、そのためのいろいろなしくみや設備があります。ここでは、列車の運行のしくみを紹介していきます。

京急電鉄の運輸司令所

運輸司令所には、その鉄道会社全線の列車運行状況や、気象情報などの各種情報をリアルタイムに表示できる運行表示盤（大画面モニタ）が設置されています。また、ダイヤに乱れが生じた場合にすばやく正常なダイヤへ戻すための支援機能もあり、安全で安定した運行に努めています。

安全のための装置

・ATS（自動列車停止装置）
電車を自動的に止める装置です。運転士が停止信号を見間違えて進もうとした時などに、電車に信号を送り、自動的に減速・停止させるようになっています。

・ATC（自動列車制御装置）
ATSより進んだ、電車のスピードを細かくコントロールして、ほかの電車との間隔を調節したり、時刻どおりに運転するための装置です。

・ATO（自動列車運転装置）
ATCよりもさらに進んだ、発車から停止までのすべての運転を自動的にできる装置です。無人運転も可能なシステムです。

▲路線に設置されたATS地上子

豆ちしき 運輸司令所は「運転指令所」と呼ばれていたり、漢字表記に「司令」と「指令」があったりと、鉄道会社によって異なります。

駅の安全設備

ふだん利用している駅の中にも、乗客の安全を守るためのさまざまなしくみや設備があります。京急電鉄の追浜駅を例に紹介します。

❶監視カメラ（POTV）
車掌がドアを操作する時、安全の確認をするために使います。

❷非常停止ボタン
ボタンを押すことで、運転士に危険を知らせることができます。また、ボタンの位置を示す表示板を設置していることもあります。

❸列車接近案内表示装置
駅に接近している列車の情報を伝えます。

❹足下灯
ホームと車両の隙間が空いている駅に設置する、足元を照らす自動点滅式の照明です。

❺点状ブロック
目の不自由な人を安全に誘導するために設置します。表面のでこぼこをふむことで情報がわかります。

❻ホームステップ
乗客がホームから落ちてしまった場合に、すばやくホームの上へ避難できるように設置されています。

ホームドア

乗客がホームから落ちたり、列車に接触したりするのをふせぐために、ホームドアが設置されている駅もあります。大きく分けて3種類あり、ドアの位置などによって、その駅にあったホームドアがつかわれています。

可動式：日本ではいちばん多く見られるタイプです。列車の扉の開閉にあわせて、ホームと列車の間をしきるドアが開閉します。

昇降式：ロープや棒が上下するタイプです。かんたんに設置できて、ドアの位置が異なる車両にも対応できます。

フルスクリーンタイプ：ホームを天井までおおうタイプで、完全に天井までおおうものと、天井との間に少し隙間があるものがあります。事故をふせぐ効果は大きいですが、コストが高く構造が複雑で、あとからは設置が難しいホームドアです。

安全に走らせる 運転士・車掌

列車を安全で正確に運行するためには、運転士や車掌といった人々の仕事が欠かせません。ここでは、京急電鉄の運転士と車掌を例に、その仕事を紹介します。

運転士　運転士の仕事

列車を安全・正確に運転し、乗客を目的地まで運ぶのが運転士の仕事です。運転する列車や行き先、各駅の発着時刻がこまかく書かれた行路表を確認し、車掌と連絡をとりあいながら運転します。

▲信号機を、指さし確認する運転士

運転台

運転台は車両によって機器配置にちがいがあります。ここでは京急電鉄1500形の運転台を紹介します。

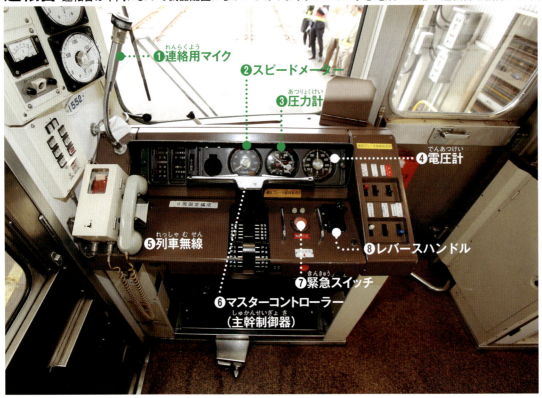

❶連絡用マイク
❷スピードメーター
❸圧力計
❹電圧計
❺列車無線
❻マスターコントローラー（主幹制御器）
❼緊急スイッチ
❽レバースハンドル

▲運転室に入ると、機器状態に異常がないかを指さし確認します。

❶連絡用マイク
車両の最後部に乗っている車掌と連絡をとる時に使います。

❷スピードメーター
車両の現在のスピードをしめします。

❸圧力計
ブレーキをかけたり自動ドアを開閉する空気を溜めておく、空気タンク内の圧力の状態をしめします。

❹電圧計
架線の電圧をしめします。

❺列車無線
運輸司令所と連絡をとる時に使います。

❻マスターコントローラー（主幹制御器）
略して「マスコン」とも呼ばれます。列車を動かしたり、止めたりします。

❼緊急スイッチ
緊急時に押します。非常ブレーキを作動させる、付近の列車に知らせる、などの必要な操作が自動で行われます。

❽レバースハンドル
車両が前後どちらに進むかを切りかえるハンドルです。

豆ちしき　会社にもよりますが、運転士は懐中時計を持っており、正確に運行するため時計の針をあわせてから出発します。

車掌　車掌の仕事

列車を安全・正確に運行するために、運転士と協力し、運転以外の仕事をするのが車掌です。ホームの安全確認や車内放送、ドアの開閉、車両によっては切符の確認など、その内容はさまざまです。

▲車掌は列車の最後部に乗り、列車とホームの安全確認を行います。

▲京急電鉄のマイク。マイクに向かって話すと、駅構内のスピーカーから乗客へ向けて放送されます。

運転士や車掌になるには？

運転士や車掌は鉄道会社の社員です。そのため、運転士や車掌になるには、鉄道会社に入る必要があります。駅員などの仕事をしながら、車掌になるための試験に合格することで車掌になれます。車掌の仕事を経験し、運転士の試験に合格すると、運転士になることができます。

- 鉄道会社に就職
- ↓
- 駅員などの仕事
- ↓
- 車掌の試験・研修
- ↓
- 車掌
- ↓
- 運転士の試験・研修
- ↓
- 運転士

豆ちしき　緊急時には、車掌が非常ブレーキをかけることもあります。

安全に走らせる 信号機

鉄道の信号 ・信号機

道路と同じように、線路にも信号機があります。列車を安全に運行するため、場所によって、いろいろな種類の信号機が設置されています。鉄道の信号機には、ランプの数が2〜6つのものがあり、ランプの色とつき方で意味をしめします。「色灯式信号機」と呼ばれます。

鉄道信号の意味と閉そく

線路では、列車同士がぶつからないように「閉そく」というしくみをつかっています。「閉そく」とは、線路を一定の長さの区間にわけ、ひとつの区間（閉そく区間）にはひとつの列車しか入れないようにするしくみです。区間と区間のさかい目には信号機が置かれ、次の区間に列車がいる時は「停止」信号で列車を止めるなど、状況に応じた意味をしめし、事故をふせぎます。

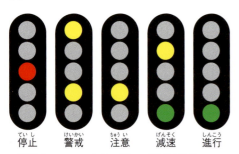

▲信号機がしめす意味の例（5灯式信号機）

停止　警戒　注意　減速　進行

▲色灯式信号機の種類（左から2灯、3灯、4灯、6灯）
ランプの数が多いほど、出せる表示の種類は多くなります。列車がたくさん走っていて閉そく区間が短い路線では、「停止」のほかに「減速」（時速75km以下など）、「注意」（時速45km以下など）のようにこまかく指示するため、ランプの数が多くなっています。

信号の種類

閉そく信号機
ひとつの閉そく区間にひとつの列車しか入らないように調整します。

出発信号機
駅などから列車が出発して良いかをしめします。出発信号機が「進行」をしめすと運転士は「出発、進行」と指さし確認をしながら声を出します。

場内信号機
駅の中などにあり、そこに列車が入ってきて良いかをしめします。

中継信号機
先の信号機が見通しの悪い場所にある場合に、その手前におかれ、先の信号機と同じ意味をしめします。

▲停止　▲進行　▲注意

入換信号機
駅や車両基地などで列車の入れ換えをする際に使われます。列車が入ってきて良いかをしめします。

特殊信号発光機
踏切などに設置され、異常があった時、赤いランプで停止信号をしめし、運転士に知らせます。

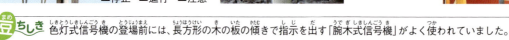
豆ちしき　色灯式信号機の登場前には、長方形の木の板の傾きで指示を出す「腕木式信号機」がよく使われていました。

鉄道標識図鑑

LIVE情報

線路や駅には、安全のために運転士や車掌に必要な情報を伝える、さまざまな標識があります。ここではその一部を紹介します。

速度制限標識
速度が制限される区間を知らせます。上の数字は制限速度を、下の数字は制限区間がどれくらい続くかを表します。この場合は時速75kmの制限がここから109m続くことを意味します。

速度制限標識（分岐用）
分岐器の分岐側を走る列車に、制限速度を知らせます。分岐する側の上下が黒くなっています。この場合は左側に分岐があることを意味します。

速度制限解除標識
速度制限区間が終わる地点を知らせる標識です。

出発反応標識
出発信号機が見えにくい駅のホームなどに設置されます。出発信号機が進行を示すと点灯します。

軌道回路境界位置目標
閉そく信号機の位置を知らせます。駅で列車が停止位置を行き過ぎた場合、最後部の車両がこの標識をこえていなければ、バックできます。

列車停止位置目標
列車を停止させる位置を知らせます。数字は何両編成向けかを表します。数字が書かれていない最長編成用のもの（左下）や、線路の間に設置する下置き式（右下）のものもあります。

列車停止標識
出発信号機が無い駅や線路に設置され、列車が停止できる位置がどこまでかを知らせます。

車両接触限界標識
線路が分岐や交差をする場所にあり、この標識の外側に車体が出ると、他の列車に接触するという位置を知らせます。

車止め標識
線路の終わりを知らせます。車止め（停止位置をこえた列車を止める装置）の近くに設置されます。

距離標
「キロポスト」ともよばれます。その路線のはじまりから100m、500m、1kmごとの距離を示します。はじまりの地点に設置される距離標は「ゼロキロポスト」（右）とよばれます。

曲線標
カーブに設置されます。カーブの半径やカントの高さなどが書かれ、まがり具合を示します。

勾配標
坂などに設置され、その坂の勾配（どれくらい急か）を示します。板が上向きなら上り坂、下向きなら下り坂です。数字は1000m進むと何mの勾配かを示しています。写真は「1000m進むと33.3m上る」という意味です。

架線終端標識
架線がなくなる地点を知らせます。電化区間と非電化区間の境界に設置されます。

安全に走らせる 線路・踏切

線路

列車が走る線路には、安全で正確に運行するための様々なしくみがあります。

道床
線路の土台となる「路盤」の上の層。クッションの役割をします。岩石をくだいたものがしかれている「バラスト軌道」や、コンクリートがしかれている「スラブ軌道」があります。

▲スラブ軌道

枕木
レールの下におかれる部材。レールを下で支える、レールのはばを一定にたもつ、などの役割があります。

レール（軌条）
車輪がのる部分。路線や車両によって、長さや幅がちがうレールが使われます。

▲バラスト軌道

レールのつくり

レールは列車を支えられるよう、丈夫な鋼鉄でつくられています。レールにも種類があり、1mあたりの重さが約50kgのものと約60kgのものがよく使われています。60kgのレールは新幹線用につくられましたが、最近では在来線のレールとしても使われるようになってきました。

▲レールの断面
車輪に直接ふれる頭の部分は、すり減ってしまうため、分厚くつくられています。

レールの長さ

レールには一本の長さが25mの標準的な「定尺レール」、25～200mの「長尺レール」、200m以上ある「ロングレール」があります。ロングレールは、新幹線がレールとレールの継ぎ目を通る際の音やゆれをおさえるために使われるようになり、現在では新幹線以外でも使われることが多くなっています。

▲レールの継ぎ目

カーブの時のようす

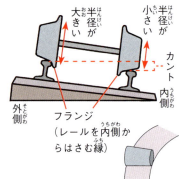

カーブのしくみ

カーブをまがる時には、遠心力がはたらき列車はカーブの外に飛び出そうとします。これをふせぐため、カーブではレールの外側を高くしています。この高さの差を「カント」といいます。また、鉄道の車輪は内側にいくほど直径が大きくなっています。これにより、上と底で直径がちがうコップを転がすと直径の短い方に曲がるように、カーブを曲がれます。

▲レール輸送車。200mのロングレールを一度に32本運ぶことができます。

レールの幅（軌間）

レールとレールの幅を「軌間」といいます。軌間にはいくつか種類があり、鉄道路線によってちがっています。1435mmのレールを「標準軌」といい、それより広い幅を「広軌」狭い幅を「狭軌」といいます。日本ではおもに1067mmの軌間が使われていますが、新幹線などでは安定して走れるように、より幅の広い標準軌が使われます。広軌は日本では使われていません。

- 1676mm　インドやパキスタンなどで使われています。世界でも広い軌間のひとつです。
- 1435mm（標準軌）　新幹線、京浜急行電鉄、阪急電鉄など。世界中でいちばん多く使われています。
- 1372mm　都電荒川線、京王電鉄など
- 1067mm　JR在来線、東武鉄道、南海電鉄など。日本ではこの軌間がいちばん多く使われています。
- 762mm　黒部峡谷鉄道、三岐鉄道北勢線など

豆ちしき　鉄のレールは温度変化で伸縮するため、継ぎ目にすきまをつくり余裕をもたせます。「ガタンゴトン」という音は、この継ぎ目を通る時の音です。

ポイント（分岐器）

ポイント（分岐器）は2つ以上の方向に進路を変えるための装置です。列車は自分で方向を変えることができませんが、ポイントによる線路の切り替えで、安全に正しい方向に進むことができます。

ダイヤモンドクロッシング
2本の線路が交差する分岐器です。

シーサスクロッシング
右から左、左から右をつなぐ2本の線路（わたり線）が×印に交差する分岐器です。

◀片開き分岐器
直線の線路から、カーブしながら左右どちらかにもう1本の線路が分かれます。

▶ダブルスリップスイッチ
両側にわたり線があり、交差する線路の両方に分岐できます。

転轍機
ポイントを切り替える装置です。司令所からの電気信号で動く電気転轍機と、手で操作する手動転轍機がありますが、現在ではほとんどが電気転轍機です。

手動転轍機

電気転轍機

踏切

線路と道路が交差する場所で、道路の利用者と列車、両方の安全を守るために設置されているのが踏切です。踏切には事故をへらすための、いろいろな設備やしくみがあります。

▼第一種踏切　現在は、ほとんどの踏切がこの第一種踏切です。

踏切警報機
踏切を渡ろうとしている歩行者や自動車などに、音やライトの点滅で列車が来ることを知らせる装置です。

自動遮断機
列車が来る際に道路をふさぎ、踏切内に歩行者や自動車などが入れないようにする装置です。

踏切の種類

踏切は設備によって4種類に分けられます。まず、遮断機と警報機が両方ある第一種踏切、第一種踏切に踏切保安係がいて一部の時間帯のみ踏切を操作する第二種踏切、遮断機が無く警報機がある第三種踏切、遮断機も警報機も無い第四種踏切です。現在ではほとんどが第一種踏切で、第二種踏切はありません。

▲第三種踏切
警報機はありますが、遮断機はありません。

▲第四種踏切
警報機も遮断機もありません。

踏切の安全設備

障害物探知装置
踏切の中に障害物がないかを自動で探知する装置です。障害物があった場合には、信号機を赤に切りかえるなどして運転士に知らせます。

非常ボタン
踏切内に人や自動車が立ち入っていたり、異常があった場合に押すことで、運転士に危険を知らせることができるボタンです。

踏切動作反応灯
警報機と遮断機が正常に動いているかどうかを運転士に知らせます。

全方向型踏切警報灯
警報機の正面だけではなく、どの方向からでも点灯しているのが分かるようになっている警報機です。

豆ちしき　踏切の色に黒と黄色が使われているのは、目にとまりやすい警告色だからです。

安全に走らせる 架線・パンタグラフ

架線とパンタグラフ

電車は、架線に流れる電気をパンタグラフから取り入れることで走ります。この方式を「架空電車線方式」といいます。架線は電気が流れているトロリー線と、それを吊るす吊架線やハンガで構成されています。

吊架線
トロリー線がたわまないように、一定の高さに安定させるワイヤーです。

ハンガ
吊架線からトロリー線を吊るす金具です。

トロリー線
電気が流れている電線です。パンタグラフなどの電気を集める装置（集電装置）に電力を供給します。

パンタグラフ
架線から電気を集め電車に取り入れる集電装置です。ばねの力で上下に動き、常に架線と接するようになっています。

架線の張り方

架線をまっすぐに張ると、パンタグラフの一部分だけがすり減ってしまいます。そこで、架線は少しジグザグに張ってあります。また、カーブではパンタグラフから外れないように、架線はこきざみに折れ曲がるように張られています。

架線の方式

トロリー線から電気を取り入れるのは同じですが、場所や電車の種類によって、架線の張られ方はちがいます。場所や電車の種類にあった方式が、それぞれ採用されています。

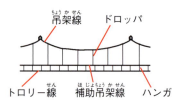

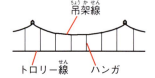

シンプルカテナリ式
もっとも多く採用されている方式です。トロリー線を、ハンガを使って吊架線から吊り下げます。

コンパウンドカテナリ式

トロリー線と吊架線の間に補助用吊架線とドロッパを追加した方式です。パンタグラフが架線から離れにくく、集められる電気の量も多くなるので、高速走行する路線で採用されています。新幹線では、線を太くした「ヘビーコンパウンドカテナリ式」が採用されています。

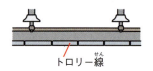

剛体吊架式
トンネルの天井にＴ字型の金属を付け、その下にトロリー線を固定した方式です。架線が切れにくく、吊架線で吊るすためのスペースがなくても良いので、地下鉄で多く採用されています。

パンタグラフの種類

パンタグラフにもいくつかの種類があります。

ひし形
古い車両の多くで使われていた形です。

シングルアーム型
風を受けにくいので風切音が小さく、雪の積もる面積も少ない形です。新型車両のほとんどや新幹線で使われています。

下枠交差型
ひし形パンタグラフの、下の枠を交差させることで上の枠を小さくし、重さを軽くした形です。

変電所

鉄道変電所は架線に電気を送る施設で、電気の流れを制御しています。電車が走る区間には、「交流電化」と「直流電化」がありますが、鉄道変電所では区間にあわせて電気を変換します。交流電化区間では、交流の電気を区間にあわせた電圧に変換するだけです。一方、直流電化区間では、電圧のほか、送られてくる交流の電気を直流に変換しています。

第三軌条方式

架線からではなく、線路の横に、走行用とは別に電気を流したレールをもう一本敷き、集電靴という集電装置で電気を取り入れる方式です。地下鉄などで採用されています。

豆ちしき 最初期の集電装置はトロリーポールという、屋根の上につける棒状のものでした。

時刻表とダイヤグラム

安全で正確に運行するために鉄道員は「ダイヤグラム」を使います。ダイヤグラムは「運行図表」ともよばれ、列車の運行予定が線で表されています。いつどの駅に発着するかや、何時何分ごろにはどこを走っているかなど、列車ごとにこまかく分かるようになっています。運行がダイヤグラム通りにいかなくなることを「ダイヤが乱れる」といいます。

ダイヤグラムを読んでみよう

これは簡略化したダイヤグラムのイメージです。何が分かるでしょうか。

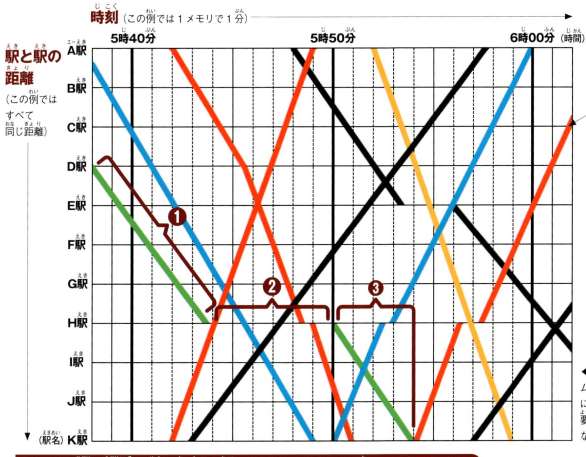

斜め線 列車の運行予定。各時刻ごとの列車の動きを表します。この例では、分かりやすいよう、列車ごとに色分けしています。右上がりの線はK駅からA駅へ向かう列車、右下がりの線はA駅からK駅へ向かう列車です。

◀簡略化したダイヤグラム。実際のダイヤグラムには、列車の番号や、必要に応じて秒単位の記号などが入ります。

いちばん左の緑色の線の列車を例に、ダイヤグラムを読んでみましょう。

❶ 5時38分にD駅を発車し、5時43分にH駅に到着します。
❷ H駅で停車し、反対側から来る赤い線の列車とすれちがいます。5時45分ごろに青い線の列車に追い越されます。5時47分ごろに黒い列車とすれちがい、5時49分ごろに赤い列車に追い越されます。
❸ H駅で追い越されるのを待って、5時50分にH駅を出発、5時54分にK駅に到着します。

時刻表

「ダイヤグラム」から時間に関する部分を抜きだしてつくられるのが、わたしたちも見ることができる時刻表です。時刻表を見ることで、列車の発着時間や、目的の駅まで行くのにどれくらいの時間がかかるか、どの列車に乗ればいいかなどを知ることができます。

京急電鉄の時刻表

整備に関する安全　車両の整備

・車両基地

列車を安全に運行するためには、車両に事故の原因になるような故障や不備があってはいけません。そのため、車両の整備が必要になります。ここでは、京急電鉄の車両基地を例に、どのような車両整備が行われているかを紹介します。

▲京急電鉄の車両基地のひとつ、新町検車区

車両の検査

車両基地で行われる検査には、6日ごとに台車やブレーキ・パンタグラフなどの動作を点検する「列車検査」と、3ヶ月ごとによりくわしく点検する「月検査」があります。車両の検査にはほかにも、車両を分解して部品ごとに検査をする「重要部検査」「全般検査」もありますが、これらは車両基地ではなく、車両工場で行われます。

さまざまな整備

車両基地では、車両のさまざまな設備の検査が行われます。どの検査も、車両を安全に走らせるために、とても重要なものです。

台車
車両を支えながら走行する台車は、とても重要な部分です。ネジのゆるみがないかなどをしっかりと確認します。

車輪
レールと接する車輪は長く走るうちに表面がでこぼこになり、乗り心地が悪くなります。そのため専用の機械で削り、正しい「円」の形に整えます。

パンタグラフ
架線から電気を取り入れるパンタグラフは電車の生命線です。架線と接する部分や上げ下げのバネに異常がないかなどを点検します。

洗車
車体についた汚れなどを、洗車機で洗い落とします。

ブレーキテスト
車両を止めるブレーキは、重要な装置です。点検を終えて車両基地から出る前にも最後の点検をします。

豆ちしき　鉄道会社によっては、車両基地の見学ができるイベントを開催していることがあります。

整備に関する安全 保線作業

列車を安全に運行するためには、線路や架線などの整備が欠かせません。ここでは、安全のために行われている整備について紹介します。

見てみよう・ラッセル車

▲京急電鉄の保線作業のようす

▶雪が積もった時には、人の手で除雪作業をすることもあります。

人による整備

線路の整備

線路は毎日、上を重い列車が走るため、ゆがんだり故障したりします。線路にゆがみや故障があると、乗り心地が悪くなったり、騒音や大きな事故の原因になったりします。それを防ぐためには線路の整備（保線作業）が必要です。保線作業は機械でも行われますが、人の手によっても行われます。線路を歩き、目で見てゆがみや異常がないかを確認し、必要であれば、レールの交換や、バラストや枕木の交換などの整備をします。

京急電鉄の架線整備のようす

架線の整備

電車に電気を送る架線にも、整備が必要です。架線に異常がないか点検し、必要であれば修理を行います。

作業車による整備

マルチプルタイタンパー
線路のゆがみをなおす作業車です。クランプという部分でレールを持ち上げて枕木の下にすきまをつくり、ツールという部分でバラストをつきかため、枕木の下にバラストを入れることでレールの高さを調整します。

レール削正車
列車が通るうちにいたんでしまったレールをけずり、形を整える作業車です。

道床交換車
バラストを整備する作業車です。古くなったバラストを集め、新しいバラストをまきます。

ラッセル車
前面についた排雪板で雪を両側にかきわけて進む除雪用車両です。

検測車
線路や架線、信号などに異常がないか検査をする車両です。

鉄道のしくみ

鉄道橋とトンネル

鉄道橋

列車を渡す橋を、鉄道橋といいます。線路が設置された「橋桁」と、橋桁を支える「橋脚」でできています。河川や海、谷などのほか、道路の上などにもかけられ、いくつかの形式があります。

ガーダー橋
桁橋ともよばれます。橋桁をいくつかの橋脚で支えます。つくるのがかんたんで、良く見られる形式です。

由良川橋梁

斜張橋
橋脚の上にたてた塔からななめにケーブルをはり、橋桁を支える形式です。

第二千曲川橋梁

トラス橋
三角形の金属の骨格（トラス）で橋桁を支える形式です。線路がトラス構造の下にある下路式、中にある中路式、上にある上路式にわかれます。写真の富士川橋梁は下路式です。

富士川橋梁

アーチ橋
橋桁をアーチ構造で支える形式です。おもに渓谷や海峡にかけられ、荷重に強いという特ちょうがあります。

第一只見川橋梁

ラーメン橋
ラーメンとは「骨組み」という意味のドイツ語です。橋桁と橋脚が一体化しており、地震に強い橋です。

惣郷川橋梁

吊り橋
橋脚がなく、塔と塔の間にケーブルをはり、そこからたらしたハンガで橋桁を吊り下げる形式です。鉄道橋にはあまり使われませんが、いちばん長い橋をかけられます。

瀬戸大橋

青函トンネルとH5系新幹線。青函トンネルは本州と北海道を結ぶ海底トンネルです。全長は53.85kmもあり、日本の交通機関用のトンネルとしては最長です。

トンネル

トンネルは都市や山、海底などの下をほってつくられます。そのうち、鉄道を通すためにつくられたトンネルが、鉄道トンネルです。

トンネルの場所

都市トンネル
都市の建物や地下を通るようにほられたトンネルです。地下鉄の多くは都市トンネルの中を走っています。

山岳トンネル
山を貫通するようにしてほられたトンネルです。山の重さに負けないように、じょうぶにつくられています。山が多い日本ではいちばん多いトンネルです。

水底トンネル
海底や川底、湖底の下にほられたトンネルです。海底にほられたものは「海底トンネル」とよばれます。

LIVE情報 これからの鉄道

リニア新幹線だけでなく、地域の事情にあわせた車両も開発されています。
実用化できるかどうかが、試験車などによって日々研究されています。

デュアル・モード・ビークル（DMV）

線路と道路の両方を走ることができる車両です。線路がある区間では、列車として高速かつ時間通りに運行でき、線路がないところではバスとして走れます。

▲線路を走る際は前輪の前部にしまわれている金属車輪（前部ガイド輪）を出し、前輪を持ち上げて浮かせます。

▲道路をバスとして走ることもできます。

ハイブリッド路面電車

架線から集めた電気をバッテリーにためておくことができる路面電車です。架線がないところでも走ることができます。海外では実用化されているところもあります。

フリーゲージトレイン

鉄道の線路の幅は、路線によってちがっています（→p.206）。フリーゲージトレインは車輪の幅を自動的に変えることで、線路の幅がちがう路線に乗り入れることができる車両です。これによって、新幹線の線路（幅1435mm）から在来線の線路（幅1067mm）に、乗り入れることが可能になります。

▼九州新幹線試験用のフリーゲージトレイン車両（3次車）

▲フリーゲージトレインの台車、軌間可変台車。車輪の幅を自動で変えます。

215

地下鉄

大きな都市では、地上を走る路線をあまり増やせないため、地下を走る地下鉄が増えています。ここでは、地下鉄がどのようにつくられるかや、どんな特徴があるかを紹介します。

地下鉄のトンネルと線路

地下鉄が走る地下のトンネルは、現在では多くが「シールド工法」という方法で掘られています。「シールドマシン」という大きな円筒形の機械を使って土をけずりながら掘り進み、掘った部分に「セグメント」という、鉄筋コンクリートなどのブロックを組みあげて壁をつくります。こうしてできあがったトンネルに線路を設置すれば完成です。

シールドマシンによる工事のようす

シールド工法で掘られた地下鉄のトンネル。天井が丸くなるのが特ちょうです。

地下鉄駅の深さ

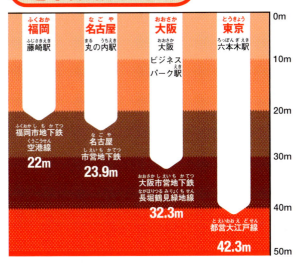

都市の地下を走る地下鉄ですが、その深さは路線や駅によって異なります。新しい路線は、先につくられた路線や施設よりも深いところにつくられるためです。そのため、地下鉄が多い都市ほど、駅の位置が深くなりやすくなっています。日本でいちばん深い駅は東京の地下を走る都営大江戸線の六本木駅で、地下42.3mの深さにあります。

日本一標高の高い地下鉄駅

仙台市地下鉄東西線の八木山動物公園駅は、標高136.4mの位置にある「日本一標高の高い地下鉄駅」です。山の中を通るので、地下鉄ですが、標高が高くなっています。

地下鉄の非常扉

トンネルの中を走る地下鉄は、トンネルの壁と車両の間にスペースがない場所では、故障などで乗客が車両から降りる必要があっても、側面からは出られません。そのため、先頭車両の前面には非常扉があります。りんかい線のようにトンネルを広くつくってある路線では、扉がなくても走ることがあります。

地下鉄の踏切

東京メトロ銀座線には、日本で唯一の地下鉄の踏切があります。場所は地下ではなく、上野駅から地上の車庫に向かう引き込み線上です。車庫に向かう際に地上を通る必要があるため、設置されています。線路内に入った通行人が第三軌条（→P.208）に触れて感電しないよう、線路側にも遮断機があります。

リニア地下鉄

リニアモーターを動力に、車輪とレールを使って走る地下鉄です。平たい形をしたリニアモーターは薄くできるため、床下装置を低くでき、その分トンネルの面積も小さくできます。また、急勾配や急カーブに強いという特ちょうもあります。

福岡市交通局 3000系電車

福岡市営地下鉄七隈線を走ります。

仙台市交通局 2000系電車

仙台市地下鉄東西線の車両で、かなりの急勾配区間を含む路線を走ります。

LIVE情報 鉄道いろいろ日本一

鉄道のなんでもいちばんをご紹介。あっとおどろく日本一もたくさんあります。

日本一速い新幹線
最高時速 320km
E6系、E5系、H5系
（東北新幹線）

日本一速い特急
最高時速 160km
AE形スカイライナー（京成電鉄）

日本一速いモノレール
最高時速 80km
10000形
（東京モノレール）

日本一長い車両編成（新幹線）
404m N700系16両編成（東海道・山陽）ほか

日本一長い車両編成（普通列車）
15両編成 東海道本線ほか

日本一長い鉄道のトンネル
53.85km 青函トンネル
（北海道新幹線・青森県〜北海道）

日本一短い鉄道のトンネル
8.7m 川尻トンネル
（JR呉線）

日本一営業距離が長い私鉄
508.1km 近畿日本鉄道

日本一営業距離が長い跨座式モノレール
28.0km 大阪高速鉄道（大阪モノレール）

日本一営業距離が長い新交通システム
18.4km 広島高速交通

日本一営業距離が長い懸垂式モノレール
15.2km 千葉都市モノレール

日本一長い乗車距離をもつ普通列車
営業キロ 384.7km 岡山〜下関間（JR山陽本線）
● 停車駅は84。約7時間30分かけて走ります。（2016年現在。）

日本一駅間の距離が長い区間 ※新幹線以外
34.3km 新夕張〜占冠間（JR石勝線）

日本一駅間の距離が短い区間
84m 一条橋停留場〜清和学園前停留場間（とさでん交通・後免線）

日本一短い鉄道
778m 青函トンネル竜飛斜坑線

日本一短い駅名
ひらがなで1文字
津（JR紀勢本線ほか）

日本一長い駅名 ひらがなで22文字
長者ヶ浜潮騒はまなす公園前（鹿島臨海鉄道）
南阿蘇水の生まれる里白水高原（南阿蘇鉄道）

日本一長い新幹線の駅名 ひらがなで11文字
黒部宇奈月温泉（北陸新幹線）

LIVE情報 鉄道いろいろ日本一

日本一乗客の定員が多い新幹線
定員1634名 E4系16両編成時（上越新幹線）

日本一利用者数が多い駅
一日あたりのべ人数 約360万人
新宿駅（JR山手線、小田急線ほか）

日本一列車の発着数が多い駅
一日あたり 約4000本
東京駅（JR山手線、東海道新幹線ほか）

日本一乗り入れ鉄道事業者の多い駅
6社 横浜駅（JR東日本、京浜急行電鉄、東京急行電鉄、相模鉄道、横浜高速鉄道、横浜市交通局）

日本一営業日の少ない駅
1年で2日 津島ノ宮駅（JR予讃線）※臨時駅

日本一線路が多い複々線区間
10線
上野駅〜日暮里駅区間
（JR山手線、東北新幹線ほか）

日本一急な線路
勾配90パーミル ※1000m進むと90m上がる
大井川鉄道（静岡県）のアプト式区間

日本一急勾配をのぼるケーブルカー
勾配608パーミル
高尾登山電鉄

日本の東西南北の端にある駅（JR・私鉄）

日本一北にある駅　稚内駅（北海道・JR宗谷本線）

日本一南にある駅　西大山駅（鹿児島県・JR指宿枕崎線）
※モノレールは、赤嶺駅（沖縄都市モノレール）

日本一東にある駅　東根室駅（北海道・JR根室本線）

日本一西にある駅　たびら平戸口駅（長崎県・松浦鉄道）
※モノレールは、那覇空港駅（沖縄都市モノレール）

日本の鉄道でいちばん雪がつもった駅
7m85cm　森宮野原駅（JR飯山線）

日本一高い所にあるJRの駅
標高 1345.67m　野辺山駅（JR小海線）

地上で日本一低い駅
海抜 −0.93m　弥富駅（JR関西本線）

日本一高い所にあるロープウェイの駅
標高 2612m　千畳敷駅（駒ヶ岳ロープウェイ）

鉄道はじめて図鑑

はじめて駅弁が登場した駅はどこ？ 寝台車が登場したのはいつ？ など、鉄道にまつわるものやできごとの「はじめて」をしょうかいします。

1825年 世界初の鉄道開通

今から約180年前、イギリスのスチーブンソンが、イギリスのストックトンとダーリントン間の約40kmで、自作の蒸気機関車ロコモーション号に列車を引かせて走らせました。これが世界最初の鉄道で、このあと鉄道が世界各国で開通しました。

ストックトンとダーリントン間を走るロコモーション号　9月27日に行われた開通式では、600人ほどの乗客を乗せ、平均時速18kmで走りました。

提供:Bridgeman Images/アフロ

1872年 日本の鉄道が開通

1号機関車
イギリスから輸入された日本初の蒸気機関車。現在は、鉄道博物館（埼玉県）で展示されています。

新橋～横浜間の約30kmに、日本で最初の鉄道が開通しました。これを記念して、現在10月14日は「鉄道の日」となっています。

列車は1日9本、1時間ごとに発車し、品川、川崎、鶴見、神奈川の4つの駅に途中停車しました。運賃は、いちばん安い下等で37銭5厘。この金額でお米が約15kg買えたので、今なら6000～10000円ぐらいです。

鉄道博物館

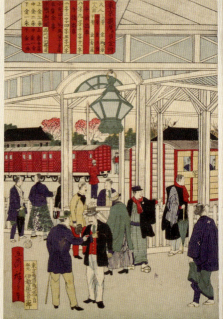

新橋駅に到着した蒸気機関車。1日がかりで歩いた距離を、53分で走りました。

「東京汐留鉄道館蒸汽車待合之図」国立国会図書館

豆ちしき　新橋～横浜間で鉄道が開通する4か月ほど前の5月7日に、品川～横浜間が部分開通し、仮営業をはじめました。

1878年　列車に広告が登場

「鎮嘔丹」という乗り物酔いどめの薬の広告が登場しました。これを記念して、現在5月2日は、「交通広告の日」となっています。

1880年　列車のトイレが登場

北海道を走ったアメリカから輸入された「開拓使号」にトイレが設置されていました。それまで乗客は、列車が停車したときに、駅のトイレなどで用をたしていました。

1885年　駅弁が発売

旅館「白木屋」が、東北本線の宇都宮駅（栃木県）でおにぎり2個とたくあんを包んで売りはじめました。これが、日本で最初の駅弁だったといわれています。かけそば5杯分の値段でしたが、かなり売れたようです。

再現された駅弁。黒ごまをまぶした梅干しおにぎり2個と、たくあんを竹の皮で包んでいました。
松廼家

明治時代の駅弁売りの模型。駅弁を入れた箱を持って、ホームで売っていました。

1894年

月刊の時刻表が登場

東京の庚寅新誌社が、日本初の月刊時刻表『汽車汽船旅行案内』を出版しました。これを記念して、現在、10月5日は「時刻表記念日」となっています。この時刻表は、ヨーロッパを視察して帰国した福沢諭吉のすすめで、イギリスの時刻表をまねてつくられました。

長距離の急行列車が登場

10月、山陽鉄道（現在のJR山陽本線）の神戸（兵庫県）〜広島（広島県）間で、急行列車が走りました。普通列車で9時間40分かかっていた神戸〜広島間を、急行列車は8時間56分で走り、所要時間を44分短縮しました。

1895年　電車が登場

京都電気鉄道が開業し、日本で最初の営業用の電車が京都市内の路面を走りました。4年前に、琵琶湖疎水を利用して日本初の水力発電がはじまり、それを電源としました。徒歩よりも少し速いくらいの、時速10km以下で走り、はじめのうちは、通行人に危険を知らせる「先走り」とよばれる少年が踏切のない電車の先を走って、通行人に注意をうながしました。

日本初の電車　博物館明治村（愛知県）で毎日走っています。
博物館明治村

1899年　食堂車が登場

山陽鉄道（現在のJR山陽本線）が、京都（京都府）〜三田尻（現在の山口県防府市）間の急行列車に食堂車をつないで走らせました。メニューは洋食だけで、「料理2品、パン、コーヒー」といったフルコースのほかに、ハムエッグ、ビフステーキ、カレーライスなどの一品料理がありました。

1900年　寝台車が登場

山陽鉄道が、神戸〜三田尻間の急行列車に寝台車をつないで走らせました。通路の両側に、2段式のベッドが8つ（16人分）並んでいました。

明治時代のたたみの座席1909年につくられた九州鉄道（国鉄以前）の客車の座席です。

豆ちしき　日本初のたたみをしいた車両は、1898年に神戸〜下関（山口県）間を走る列車に登場しました。

鉄道はじめて図鑑

1912年
発車ベルが登場
1月、国鉄(現在のJR)上野駅に発車ベルが設置されました。それまでは、駅員がふえをふいたり、鐘を鳴らして、乗客に発車を知らせていました。

特急列車が登場
6月、国鉄が、新橋(現在の汐留あたり)〜下関(山口県)間に、下り26時間、上り25時間で走る特別急行列車を走らせました。この特急列車は、運賃の高い一等車と二等車だけで編成され、食堂や喫茶室のほかに、特別室や展望車もありました。

1918年
ケーブルカーが登場
奈良県の生駒市鳥居駅前〜宝山寺の間で、生駒鋼索鉄道が日本初の営業用のケーブルカー(現在の近鉄生駒ケーブル)を開通しました。このケーブルカーは、生駒山の中腹にある宝山寺への参詣客のためにつくられました。

現在の近鉄生駒ケーブル
(→123ページ)

開通したころのケーブルカー 沿線には、かごに乗っている人がいます。このころは、中腹にある寺や神社への参拝する人は、かごや馬を利用するのがふつうでした。

1926年
自動ドアが登場
上野(東京市/東京都)〜桜木町(神奈川県)間を走る国鉄の電車に、自動ドアが設置されました。それまでの列車のドアは、駅員がひとつずつ手でしめていましたが、最後部の車掌室でボタンをおすと、全車両のドアがいっせいに開き、しまるようになりました。

日本初の地下鉄車両の模型 前年に登場したばかりの自動ドアがついていました。 地下鉄博物館

1927年
東京市で地下鉄が開通
自動改札機が登場
東京市(現在の東京都)の浅草〜上野間で、日本ではじめての地下鉄が開通しました(現在の銀座線)。このとき、日本初のターンスタイルの自動改札機も導入されました。これは、切符ではなく、硬貨を投入する方式でした。

右にある投入口に10銭白銅貨を投入するとバーが動き、乗客はバーをおして改札を通りました。当時、上野〜浅草間の運賃は10銭の均一料金でした。 地下鉄博物館

1927年
ロープウェイが登場
三重県の矢ノ川峠旅客索道がはじめて乗客を運んだロープウェイです。ゴンドラの定員は2名でした。

愛称とトレインマークが登場
国鉄の、東京〜下関間を走る特急列車に愛称がつけられました。愛称は、一般の人たちから募集し、「富士」と「櫻」が採用されました。このとき、「富士」と「櫻」の最後部にテールマークがとりつけられ、日本初のトレインマークが誕生しました。

鉄道博物館

特急富士のテールマーク 富士山の形をしています。

現存で最古は、1929年にできた奈良の吉野山ロープウェイ

1931年 駅スタンプが登場
国鉄の北陸本線の福井駅で、日本で最初といわれる駅スタンプ（記念スタンプ）が登場しました。郵便の消印を少し大きくしたぐらいのサイズで、スタンプをおすと、観光名所の永平寺と日付がおされました。

1942年
世界初の海底鉄道トンネルが開通
山口県と福岡県をへだてる関門海峡の海底に鉄道トンネルが開通し、本州と九州が鉄道で結ばれました。トンネルの長さは約3.6kmで、単線断面のトンネルが平行して掘られました。

1949年
リクライニングシートが登場
東京〜大阪間を走る国鉄の特急「へいわ」に、リクライニングシートが登場しました。戦後日本を占領していたGHQ（連合国軍最高司令官総司令部）に、「今のシートは体の大きなアメリカ人にはきゅうくつだ」といわれて、リクライニングシートがつくられました。

1957年 モノレールが登場
東京都の上野動物園に、日本ではじめてのモノレールが登場しました。

開業したころの上野動物園モノレール（→158ページ）
毎日新聞社

1958年 2階建て特急電車が登場
近畿日本鉄道が、大阪〜伊勢（三重県）間に、2階建ての特急「ビスタカー」を走らせました。7両編成のうちの2両が2階建て車両で、見はらしのよさが人気でした。

▶3両目と5両目が2階建て車両で、上下に窓がありました。通路の両側に、1人がけと2人がけの回転シートが並んでいました。（→120ページ）　近畿日本鉄道

豆ちしき　特急の愛称の募集で「富士」は1位、「櫻」は3位。2位の「燕」は、翌1930年に、東京〜神戸間を走る特急の愛称になりました。

鉄道はじめて図鑑

毎日新聞社

1964年
新幹線が登場

10月1日、国鉄（現在のJR）が、東京～新大阪（大阪府）間に東海道新幹線を開業しました。新幹線は、当時世界最高の時速210kmを達成しました。その9日後の10月10日に、東京オリンピックが開かれました。

東京駅でおこなわれた東海道新幹線の出発式　一番列車の発車をいわう式です。最初の新幹線の車両は、「0系」（→35ページ）とよばれる先の丸い車両でした。この新幹線は、それまで6時間30分かかっていた東京と大阪の間を4時間で走りました。

オムロン

1967年
切符と定期券の自動改札機が登場

京阪神急行電鉄（現在の阪急電鉄）の北千里駅で、切符（普通乗車券）と定期券（定期乗車券）の自動改札機が導入されました。それまでは、乗客が改札を通るときに、駅員が切符を切ったり、定期券を目でたしかめたりしていました。そのため、乗客の多い駅では改札口が混雑していましたが、自動改札機の登場で混雑が改善されました。

北千里駅に設置された自動改札機　情報をいっしゅんで読み取り、乗車区間の誤った切符や期限切れの定期が挿入されるとレバーがとじました。（通常は開いていました。）

1972年
リニアモーターカーが浮上走行に成功

1962年から、国鉄が「新幹線の次世代の高速鉄道」としてリニアモーターカーの研究をスタートし、1972年にLSM200がはじめて浮上走行に成功しました。

公益財団法人鉄道総合技術研究所

浮上走行に成功したML100　写真は、鉄道100周年記念に公開走行した実験車です。

1973年
振り子式車両の登場

振り子式車両は、カーブのときに内側に車体をかたむけて、スピードを落とさずに安全に走ることができる車両をいいます。国鉄の中央本線で、世界初の振り子式電車が登場しました。

振り子式がとりいれられた特急列車しなの　カーブの多い中央本線でも、高速走行ができるように振り子式が採用されました。

豆ちしき　東海道新幹線は、開通した当時「夢の超特急」とよばれました。

無人運転を行う神戸ポートライナー（→108ページ）

1981年
新交通システムの登場
新交通システムは、専用の軌道を走り、バスと鉄道の中間ほどの人数を輸送する交通システムをいいます。兵庫県の神戸ポートライナーで、はじめて無人運転で走りました。

1982年
「青春18きっぷ」が登場
国鉄が、普通列車と快速列車が1日乗り放題となる「青春18のびのびきっぷ」を発売しました。翌年に「青春18きっぷ」と名前が変わり、現在も春・夏・冬の年3回発売されています。

1985年
2階建て新幹線が登場
東海道新幹線に、2階建て車両をそなえた100系がデビューしました。2階建て車両は16両編成の中に連結され、食堂車やグリーン車として使用されました。

100系新幹線の2階建て車両　リニア・鉄道館（愛知県）で展示されています。

1990年
リニアモーターカーの実用化
大阪市交通局の鶴見緑地線（現在の長堀鶴見緑地線）にリニアモーター式の地下鉄車両が登場しました。このリニアモーターカーは、浮上式ではなく、車体の重さを車輪で支えながら走りました。

2001年
鉄道のICカードが登場
JR東日本が、鉄道のICカード「Suica」を発行しました。ICカードを読取機にタッチするだけで、改札を通れるようになりました。

▲JR東日本のSuica

2007年
ハイブリッド車両が登場
JR東日本の小海線に世界初のディーゼルハイブリッド鉄道車両「キハE200形」が登場しました。これは、軽油で動くエンジンと電気で動くモーターの2つの動力を持つ列車で、走っている状況に合わせて、一番効率のよい走り方をします。

キハE200形　車両に「HYBRID TRAIN」とかかれています。（→85ページ）

豆ちしき　「ハイブリッド」は英語で、「2つのものをかけあわせる」という意味。

LIVE情報 たずねてみたい！保存鉄道・鉄道遺産

今では廃止された鉄道の車両を動かし、観光施設などとして利用している「保存鉄道」や、かつて使われていた橋や駅、施設などの「鉄道遺産」。日本各地にある中から、代表的なものをいくつか紹介します。

保存鉄道

鉄道と北海道の歴史が分かる公園
三笠鉄道村（北海道）
明治時代、北海道にはじめて開通した幌内鉄道ゆかりの場所にあります。北海道を走っていたキハ82形が展示してあるほか、園内を走る蒸気機関車も人気です。

惜しまれつつ廃線になった森林鉄道を保存
赤沢自然休養林・森林鉄道（長野県）
木材を運搬する鉄道として1975年まで使われていた木曽森林鉄道を記念して、森林鉄道記念館がつくられ、観光用に赤沢森林鉄道として公園内を運行しています。

動く車両を見られたらラッキー！
南部縦貫鉄道（青森県）
廃線となった南部縦貫鉄道の七戸駅付近に、当時走っていたレールバスやキハ104気動車が保存されています。現在では、年に1～2回ほど走行イベントや見学会が行われ、貴重なすがたを見せています。

公園でなつかしの列車に乗ろう
なかよし鉄道（石川県）
いしかわ子ども交流センター小松館の公園内で、1977年に廃線になった尾小屋鉄道の車両が「なかよし鉄道」として運行しています。写真は、ディーゼル車のキハ1が473mの線路を走っているところです。

廃線跡を自転車でめぐろう
片上鉄道（岡山県）
岡山県の備前市から出ていた鉱山鉄道です。1991年に廃止された後、沿線はサイクリングコースになっていたり、動態保存された列車が展示運転されたりして、鉄道が走っていた当時の様子を伝えています。

鉄道遺産

まるで古代遺跡のような迫力
タウシュベツ川橋梁（北海道）

かつて旧国鉄士幌線の鉄橋として使われていた、アーチの美しいコンクリート橋です。ダムとして人工の湖・糠平湖がつくられることになり、廃止されました。季節によっては湖に沈み、見えなくなることから「まぼろしの橋」といわれています。近年、だんだんと崩壊が進んでいます。

▲糠平湖の水かさが増える夏ごろから湖底に沈んでいきます。

▲水かさが減る1月ごろから、再びこおった湖にあらわれます。

▲橋の上を走る観光トロッコはすごい迫力です。

水面からの高さはなんと100m以上！
高千穂橋梁、五ヶ瀬川橋梁など（宮崎県・高千穂鉄道）

水害によって廃止になった第三セクター鉄道、高千穂鉄道の施設です。高千穂橋梁は、日本で最も高いところを通る鉄道橋でした。第三五ヶ瀬川橋梁などは土木遺産に認定され、遊歩道になっています。

昭和18年まで使われていた駅が復活!?
マーチエキュート神田万世橋（東京都）

中央線の神田～御茶ノ水間にある旧国鉄万世橋駅の跡です。現在は商業施設として利用され、旧万世橋駅のホームや階段などを見学することができます。

▶カフェから近くを通過する列車を見ることができます。

たくさんの鉄道遺産に出会える！
天竜浜名湖鉄道（静岡県）

天竜川や浜名湖などを通る現役の第三セクター鉄道ですが、沿線には昭和初期の鉄道遺産がたくさんあり、天竜二俣駅では転車台などの見学ができます。

▲転車台

橋の上を歩いて渡ってみよう
碓氷第三橋梁（群馬県）

通称「めがね橋」と呼ばれる有名なれんがの橋です。旧信越本線の横川～軽井沢間で昭和38年まで使用されていました。観光コースになっていて、橋の上を歩くこともできます。国の重要文化財で、世界文化遺産候補として暫定リスト入りしています。

鉄道に関する博物館

日本には、鉄道に関する資料や車両などを展示している博物館がたくさんあります。ここではおもな鉄道に関する博物館を4つ紹介します。おうちの人とホームページなどを確認してから出かけましょう。

鉄道博物館

鉄道博物館は、埼玉県さいたま市にある博物館です。「鉄博」ともよばれています。メイン展示のひとつである「ヒストリーゾーン」では、テーマごとに明治時代から現代までの実物車両36両や模型などが数多く展示されています。

屋外の「パークゾーン」では、自分で運転できる「ミニ運転列車」、新幹線はやてをモデルにした「ミニシャトル」に乗ることができます。

シミュレータホールでは本物のD51形式蒸気機関車の運転台を使って作られた国内唯一の本格的なシミュレータや、実物車両の運転台に座って本物さながらの疑似運転体験ができます。

そのほか、全長75mにもおよぶ「鉄道歴史年表」、走行する東北新幹線などを間近で見ることができる「ビューデッキ」などがあります。

ヒストリーゾーン

C57形蒸気機関車（車号C57 135）／1940（昭和15）年製造

D51シミュレータ

ナハネフ22形式客車（車号 ナハネフ22 1）／1964（昭和39）年製造

21形式新幹線電車（車号 21-25）／1964（昭和39）年製造

鉄道歴史年表

パークゾーン

ミニ運転列車

ミニシャトル

所在地 埼玉県さいたま市大宮区大成町 3-47　☎ 048-651-0088
HP http://www.railway-museum.jp/

リニア・鉄道館

愛知県名古屋市にあるリニア・鉄道館は、東海道新幹線を中心に、在来線から超電導リニアまでの展示を通して、「高速鉄道技術の進歩」を知ることができる博物館です。

世界最高速度を記録した3つの車両をシンボルに、39両の歴代の新幹線、在来線の実物車両が展示されています。

そのほか、"鉄道の24時間"を再現した鉄道ジオラマや、シミュレータを使って、新幹線や在来線の運転操作などを体験できます。ほかにも、超電導リニアや鉄道のしくみを実物や模型で解説しているコーナーなどがあります。

シンボル展示

左：C62形式蒸気機関車（車号 C62 17）／1948（昭和23）年製造
中：955形新幹線試験電車（300X）（車号 955-6）／1994（平成6）年製造
右：超電導リニアMLX01-1（車号 MLX01-1）／1995（平成7）年製造

車両展示

鉄道ジオラマ

新幹線シミュレータ「N700」

超電導リニア展示室

モハ1形式電車（車号 モハ1035）／1922（大正11）年製造

クハ111形式電車（車号 クハ111-1）／1962（昭和37）年製造

922形新幹線電気軌道総合試験車（車号 922-26）／1979（昭和54）年製造

700系723形式新幹線電車（車号 723-9001）／1997（平成9）年製造

所在地 愛知県名古屋市港区金城ふ頭3-2-2 ☎ 052-389-6100
HP http://museum.jr-central.co.jp/

LIVE情報 — 鉄道に関する博物館

京都鉄道博物館

2016（平成28）年4月にグランドオープンした京都鉄道博物館は、SLから新幹線まで53両の実物車両を展示した、国内最大級の鉄道博物館です。

国の重要文化財である扇形車庫と、蒸気機関車がダイナミックに回転しながら向きを変える転車台では、20両の蒸気機関車を間近で見ることができます。また、SLのりばでは、本物の蒸気機関車「SLスチーム号」が毎日運行していて、新製された客車に乗車することができます。さらに、蒸気機関車の点検や修理の作業が見学できるSL第2検修庫があります。

そのほか、体験型の展示コーナーでは、鉄道の歴史や鉄道のしくみなどを、工夫をこらした展示で、わかりやすく紹介しています。

扇形車庫

SLスチーム号

体験展示コーナー — 運転シミュレータ

列車を安全に走らせよう

SL第2検修庫

軌道自転車体験

所在地 京都府京都市下京区観喜寺町　☎ 075-323-7334
HP http://www.kyotorailwaymuseum.jp/

九州鉄道記念館

福岡県北九州市にある九州鉄道記念館は、本館、車両展示場、ミニ鉄道公園の3つのエリアで構成されている博物館です。

本館は1891（明治24）年に旧九州鉄道の本社として建築された赤レンガ造りの建物を使用しています。本館の室内展示では、明治時代の客車や鉄道文化遺産の展示、運転シミュレーター、JR九州を代表する列車の操作ができる模型（九州の鉄道大パノラマ）などがあります。

屋外の車両展示場には、九州で活やくした9台の車両がならびます。また、ミニ鉄道公園は、複線や信号機などを備えた本格的な設備で、本物の列車と同じような運転体験ができます。

本館

明治時代の客車

明治時代の客車（内部）

運転シミュレーター

九州の鉄道大パノラマ

車両展示場

日本国有鉄道　59634号／1922（大正11）年製造

日本国有鉄道　ED72 1号／1961（昭和36）年製造

ミニ鉄道公園

所在地　福岡県北九州市門司区清滝2-3　☎ 093-322-1006
HP http://www.k-rhm.jp/

さくいん INDEX

この本に出てくる車両や用語が、下記のように並んでいます。
車両形式…数字順に並んでいます。(234ページから)
車両の愛称やその他の用語…アイウエオ順に並んでいます。(237ページから)

車両形式

0形(千葉都市モノレール) ─ 169	キハ40形(道南いさりび鉄道) ─ 178	105系 ─ 74
0系(新幹線) ─ 35	キハ40系 ─ 87	107系 ─ 83
L0系 ─ 39	ED45形 ─ 187	キハ110形 ─ 86
Y000系 ─ 153	キハ47形 ─ 47・51・53・77・87	キハ110系 ─ 62
E001系 ─ 56	キロシ47形 ─ 48	キハ112形 ─ 86
KTR001形 ─ 119	キハ48形 ─ 53・62・63・87・89	113系 ─ 70・76
01系(熊本電気鉄道) ─ 96	50系(京都市交通局) ─ 115	115系 ─ 76・83
E1系(新幹線) ─ 35	デハニ50形 ─ 106	115系(しなの鉄道) ─ 142
モハ1形 ─ 147	モハ50形 ─ 103	117系 ─ 76・77
E2系(新幹線) ─ 28	D51形 ─ 190	EL120形 ─ 187
02系(東京メトロ) ─ 160	DD51形 ─ 188	キハ120形 ─ 77
キテツ-2形 ─ 128	キハ52形(いすみ鉄道) ─ 171	121系 ─ 70
モハ2形 ─ 146	キハ54形 ─ 51・71・88	ET122形 ─ 142
E3系(新幹線) ─ 30・32・34	C56形 ─ 189・191	キハ122形 ─ 77
03系(東京メトロ) ─ 160	C57形 ─ 191	123系 ─ 76
イセⅢ形 ─ 124	C58形 ─ 190	125系 ─ 76
E4系(新幹線) ─ 28	C61形 ─ 190	キハ125形 ─ 69
E5系(新幹線) ─ 30・40	EF65形 ─ 187	キハ125形(400番台) ─ 46
H5系(新幹線) ─ 31	66系(大阪市交通局) ─ 115	キハ126形 ─ 77
E6系(新幹線) ─ 33	EF66形 ─ 187	E127系 ─ 84
E7系(新幹線) ─ 29・40	キハ66系 ─ 69	ET127系 ─ 142
W7系(新幹線) ─ 29・40	70系(大阪市交通局) ─ 115	E129系 ─ 84
08系(東京メトロ) ─ 161	キハ71系 ─ 46	キハE130形 ─ 86
10形(ディズニーリゾートライン) ─ 169	キハ72系 ─ 46	キハE131形 ─ 86
10系(京都市交通局) ─ 115	ED75形 ─ 187	キハE132形 ─ 86
C10形 ─ 189	キハ75系 ─ 78	キハ140形 ─ 48
DE10形 ─ 188	77系 ─ 48	キハ143形 ─ 88
アケチ10形 ─ 125	ED79形 ─ 187	キハ147形 ─ 48・69
C11形 ─ 189・190	80系(大阪市交通局) ─ 115	キハ150形 ─ 88
キハ11形 ─ 78	EF81形 ─ 187	キハ183系 ─ 48・64・66
キハ11形(東海交通事業) ─ 133	キハ85系 ─ 56	185系 ─ 57
12系 ─ 53	87系 ─ 55	キハ185系 ─ 47・48・50・51
C12形 ─ 190	わ99形 ─ 145	キハ185系(3100番台) ─ 71
14系 ─ 53	100形(近江鉄道) ─ 129	キハ187系 ─ 52
モオカ14形 ─ 173	100形(とさでん交通) ─ 104	キハ189系 ─ 53
DE15形 ─ 188	100形(リニモ) ─ 133	200型(東武鉄道) ─ 166
21系(大阪市交通局) ─ 114	100系(大阪市交通局) ─ 115	200形(長崎電気軌道) ─ 99
津軽21形 ─ 177	100系(新幹線) ─ 35	200形(福井鉄道) ─ 138
モボ21形 ─ 117	100系(東武鉄道) ─ 166	200系(伊賀鉄道) ─ 125
23系(大阪市交通局) ─ 114	100系(名古屋鉄道) ─ 130	200系(新幹線) ─ 35
24系(大阪市交通局) ─ 115	ASA-100形 ─ 105	200系(名古屋鉄道) ─ 130
25系(大阪市交通局) ─ 115	HK100形 ─ 142	DF200形 ─ 17・188
キハ25形 ─ 14・78	HSOR-100形 ─ 97	EH200形 ─ 186
E26系 ─ 60	MF100形 ─ 119	NT200形 ─ 138
キハ28形(いすみ鉄道) ─ 171	T100形(富山地方鉄道) ─ 140	キハ200形 ─ 69
キハ31形 ─ 69	キハ100形 ─ 86	キハ200形(小湊鉄道) ─ 170
キハ32形 ─ 51・71	キハ100系 ─ 62	キハE200形 ─ 85
40形(東京都交通局) ─ 158	デハ100形 ─ 144	201系 ─ 74
キハ40形 ─ 53・63・71・87・89	101系(西武鉄道) ─ 165	キハ201系 ─ 88
	キハ101形 ─ 86	205系 ─ 74・82・83
	101・102 ─ 149	207系 ─ 75
	103系 ─ 68・74・75	209系 ─ 82・83

EF210形 ─ 16・186	
211形(長崎電気軌道) ─ 99	
211系 ─ 83	
213系 ─ 72・78	
215系 ─ 84	
E217系 ─ 84	
キハ220形 ─ 69	
221系 ─ 72	
223系 ─ 72	
225系 ─ 72・73	
227系 ─ 73	
E231系 ─ 81	
E233系 ─ 80・81	
E235系 ─ 12・80	
250型(東武鉄道) ─ 166	
M250系 ─ 192	
251系 ─ 57	
253系 ─ 58	
255系 ─ 58	
E257系 ─ 57・58	
E259系 ─ 58	
260系(四日市あすなろう鉄道) ─ 124	
キハ261系 ─ 65	
270系(三岐鉄道) ─ 124	
281系 ─ 55	
キハ281系 ─ 65	
283系 ─ 55	
キハ283系 ─ 65	
285系 ─ 52	
287系 ─ 55	
289系 ─ 55	
300形(関西電力) ─ 141	
300型(東武鉄道) ─ 166	
300形(長崎電気軌道) ─ 99	
300系(新幹線) ─ 35	
300系(東京急行電鉄) ─ 154	
300系(名古屋鉄道) ─ 130	
AR300形 ─ 100	
HB-E300系 ─ 15・62	
HD300形 ─ 186	
MRT300形 ─ 107	
NT300形 ─ 138	
ナガラ300形 ─ 125	
EV-E301形 ─ 86	
303系 ─ 68	
305系 ─ 68	
SKR310形 ─ 119	
311系 ─ 78	
313系 ─ 78	
321系 ─ 75	
323系 ─ 75	
330形(東京都交通局) ─ 158	

形式	ページ
350型（東武鉄道）	166
いすみ350型	171
E351系	57
E353系	57
IRT355形	107
373系	56
381系	52
383系	56
400形（平成筑豊鉄道）	101
400系（新幹線）	35
415系	69
485系	61
500系（新幹線）	24
AT-500形（会津鉄道）	173
EH500形	16・186
Y500系	153
E501系	84
510形	66
EF510形	186
521系（IRいしかわ鉄道）	139
521系（JR西日本）	72
521系（あいの風とやま鉄道）	139
E531系	84
AT-550形（会津鉄道）	173
600形（京浜急行電鉄）	150
600形（高松琴平電鉄）	102
600形（西日本鉄道）	100
600系（養老鉄道）	124
AT-600形（会津鉄道）	173
MR-600形	98
TLR0600形	140
610系（伊予鉄道）	103
634型（東武鉄道）	166
650形（広島電鉄）	105
AT-650形（会津鉄道）	173
651系	57・59
E653系	60
E655系	60
E657系	60
681系	54
683系	54
700形（近江鉄道）	129
700形（上毛電気鉄道）	144
700系7000番台（新幹線）	25
700系（新幹線）	24
AT-700形（会津鉄道）	173
KTR700形	119
N700A	26
N700系7000・8000番台（新幹線）	22
N700系（新幹線）	20・26・40
モヤ700	152
701系	84・85
701系（青い森鉄道）	177
703系（青い森鉄道）	177
713系	68
719系	61・84
721系	88
E721系	84
SAT721系	174
731系	88
733系	88
735系	88
AT-750形（会津鉄道）	173
751系	61
783系	44
785系	64
787系	44
789系	64
800形（近江鉄道）	129
800形（京浜急行電鉄）	150
800系（叡山電鉄）	118
800系（京阪電気鉄道）	117
800系（新幹線）	23・40
EH800形	186
N800形（新京成電鉄）	163
0800形（熊本市交通局）	97
801系（三岐鉄道）	124
811系	68
813系	68
815系	68
817系	68
819系	68
YR-880形	175
883系	45
885系	45
900系（叡山電鉄）	118
923形（ドクターイエロー）（新幹線）	38
E926形（イーストアイ）（新幹線）	38
1000形（あおなみ線）	133
1000形（江ノ島電鉄）	149
1000形（小田急電鉄）	149
1000形（北九州モノレール）	101
1000型（神戸新交通）	108
1000形（JR四国）	70
1000形（静岡鉄道）	136
1000形（箱根登山鉄道）	146
1000形（広島電鉄）	105
1000形（水間鉄道）	128
1000形（山万）	168
1000形（ゆいレール）	96
1000系（上田交通）	143
1000系（京王電鉄）	156
1000系（京阪電気鉄道）	117
1000系（多摩都市モノレール）	157
1000系（東京急行電鉄）	154・155
1000系（東京メトロ）	160
1000系（長野電鉄）	143
1000系（名古屋鉄道）	130
1000系（南海電気鉄道）	127
1000系（阪神電気鉄道）	110
1000系（阪神電気鉄道）	113
F1000形	138
MLRV1000形	139
N1000形（名古屋市交通局）	132
T1000形（豊橋鉄道）	133
TX-1000系	169
新1000形（京浜急行電鉄）	150
1001形（阪堺電気軌道）	128
1030系（名古屋鉄道）	130
1090系（熊本市交通局）	97
1200形（JR四国）	70
1200形（高松琴平電鉄）	102
1200系（名古屋鉄道）	130
A1200形（札幌市交通局）	178
タキ1200形	192
1230系（名古屋鉄道）	130
1300形（高松琴平電鉄）	102
1300形（阪急電鉄）	110
1400系（近畿日本鉄道）	122
1500形（京浜急行電鉄）	150
1500形（JR四国）	70
1700系（名古屋鉄道）	130
1700系（能勢電鉄）	111
1800系（東武鉄道）	166
1800形（豊橋鉄道）	133
1800系（名古屋鉄道）	130
1850系（名古屋鉄道）	130
2000形（小田急電鉄）	148
2000形（京阪電気鉄道）	150
2000型（神戸新交通）	108
2000形（銚子電気鉄道）	170
2000形（名古屋市交通局）	132
2000形（箱根登山鉄道）	146
2000形（横浜市シーサイドライン）	153
2000系（愛知環状鉄道）	134
2000系（遠州鉄道）	134
2000系（大阪モノレール）	114
2000系（埼玉高速鉄道）	168
2000系（JR四国）	50
2000系（西武鉄道）	164
2000系（仙台市交通局）	174
2000系（東京急行電鉄）	154
2000系（東葉高速鉄道）	170
2000系（名古屋鉄道）	130
2000系（南海電気鉄道）	127
2000系（福岡市交通局）	100
MT-2000形	98
N2000系（JR四国）	50
TX-2000系	169
キハ2000形（関東鉄道）	172
フラワ2000形	109
ホキ2000形	192
2013系（近畿日本鉄道）	122
2020型（神戸新交通）	108
2020系（埼玉新都市交通）	168
2100形（京浜急行電鉄）	150
2100系3次車（伊豆急行）	136
2100系4次車（伊豆急行）	136
2100系5次車（伊豆急行）	136
2100系（長野電鉄）	143
TH2100形	134
キハ2100形（関東鉄道）	172
GB-2110形	132
2200系（名古屋鉄道）	130
2200系（南海電気鉄道）	127
2270系（和歌山電鉄）	129
2300系（名古屋鉄道）	130
2300系（南海電気鉄道）	127
キハ2300形（関東鉄道）	172
キハ2500形（島原鉄道）	98
2600系（京阪電気鉄道）	117
3000形（小田急電鉄）	148
3000形（京成電鉄）	162
3000形（長崎電気軌道）	99
3000形（箱根登山鉄道）	146
3000形（横浜市交通局）	153
3000系（アルピコ交通）	143
3000系（京阪電気鉄道）	117
3000系（神戸市交通局）	108
3000系（山陽電気鉄道）	108
3000系（東京急行電鉄）	154
3000形（西日本鉄道）	100
3000系（福岡市交通局）	100
A3000形（静岡鉄道）	136
N3000形（名古屋市交通局）	132
NT3000形	106
WT3000形	106
YR-3000形	175
3050形（京成電鉄）	162
3100系（名古屋鉄道）	130
3150系（名古屋鉄道）	131
3200系（近畿日本鉄道）	122
3300系（名古屋鉄道）	131
3400形（京成電鉄）	162
3500形（京成電鉄）	162
3500形（芝山鉄道）	162
3500系（長野電鉄）	143
3500系（名古屋鉄道）	130
HOT3500形	107
3600形（京成電鉄）	162
3700形（京成電鉄）	162
3700系（名古屋鉄道）	130
キハ3710形（ひたちなか海浜鉄道）	172
4000形（小田急電鉄）	148
4000系（西武鉄道）	164
4000系（名古屋鉄道）	131
5000形（筑豊電気鉄道）	101
5000形（流鉄）	170
5000系（伊豆箱根鉄道）	137
5000系（一畑電車）	106
5000系（京阪電気鉄道）	116

項目	ページ
5000系(神戸市交通局)	108
5000形(札幌市交通局)	178
5000系(JR四国)	70
5000系(湘南モノレール)	152
5000系(秩父鉄道)	168
5000系(東京急行電鉄)	154
5000系(名古屋鉄道)	131
E5000形	186
5001形(阪神電気鉄道)	113
5050系(東京急行電鉄)	154
5080系(東京急行電鉄)	154
5100形(広島電鉄)	14・105
5300形(東京都交通局)	158
5300系(名古屋鉄道)	131
5500系(阪神電気鉄道)	113
チキ5500形	192
5700系(名古屋鉄道)	131
5700系(阪神電気鉄道)	112
5800系(近畿日本鉄道)	122
5820系(近畿日本鉄道)	122
6000形(鹿島臨海鉄道)	172
6000形(熊本電気鉄道)	96
6000系(アストラムライン)	105
6000系(上田交通)	143
6000系(京阪電気鉄道)	116
6000系(山陽電気鉄道)	108
6000系(JR四国)	70
6000系(西武鉄道)	164
6000系(秩父鉄道)	168
6000系(東京急行電鉄)	154
6000系(名古屋鉄道)	131
6000系(富士急行)	144
6050形(名古屋市交通局)	132
6050系(東武鉄道)	167
6050系(野岩鉄道)	173
6300形(東京都交通局)	158
6300系(阪急電鉄)	110
6400系(近畿日本鉄道)	122
6500系(神戸電鉄)	112
6500系(名古屋鉄道)	131
6620系(近畿日本鉄道)	122
6800系(名古屋鉄道)	131
6820系(近畿日本鉄道)	122
7000形(小田急電鉄)	148
7000形(岳南電車)	137
7000形(鹿児島市交通局)	96
7000形(上信電鉄)	144
7000形(名古屋市交通局)	132
7000形(伊豆箱根鉄道)	137
7000系(京王電鉄)	156
7000系(弘南鉄道)	176
7000系(相模鉄道)	152
7000系(JR四国)	70
7000系(泉北高速鉄道)	128
7000系(東京急行電鉄)	154
7000系(東京メトロ)	160
7000系(阪急電鉄)	110
7000系(福島交通)	174
7000系(北神急行)	112
7000系(北陸鉄道)	138
HOT7000形	107
IGR7000系(IGRいわて銀河鉄道)	176
MC7000形	139
7020系(近畿日本鉄道)	122
7200系(JR四国)	70
7300系(阪急電鉄)	110
7300系(ゆりかもめ)	15・159
7500形(北総鉄道)	163
7700系(東京急行電鉄)	154
8000形(小田急電鉄)	148
8000形(岳南電車)	137
8000形(立山黒部貫光)	141
8000系(伊豆急行)	136
8000系(京王電鉄)	156
8000系(京阪電気鉄道)	116
8000系(相模鉄道)	152
8000系(JR四国)	50
8000系(東武鉄道)	166
8000系(南海電気鉄道)	127
8000形(西日本鉄道)	100
8000系(阪急電鉄)	110
8000系(阪神電気鉄道)	113
8000系(富士急行)	144
8000系(北陸鉄道)	138
KTR8000形	119
TKT8000形(土佐くろしお鉄道)	104
ヨ8000形	193
ワム8000形	193
8100系(阿武隈急行)	174
8200系(阪急電鉄)	110
8300系(阪急電鉄)	110
8500系(西武鉄道)	164
8500系(東京急行電鉄)	155
8500系(長野電鉄)	143
8500系(富士急行)	144
8590系(東京急行電鉄)	155
8600系(JR四国)	50
8620形	16・189
8800形(新京成電鉄)	163
AN8800形	175
8900形(東京都交通局)	158
9000形(北大阪急行電鉄)	111
9000形(東京都交通局)	158
9000型(東武鉄道)	166
9000系(京王電鉄)	156
9000系(相模鉄道)	152
9000形(札幌市交通局)	178
9000系(西武鉄道)	164
9000系(東京急行電鉄)	155
9000系(東京メトロ)	161
9000系(阪急電鉄)	110
9000系(阪神電気鉄道)	113
9020系(近畿日本鉄道)	122
9050系(東武鉄道)	166
9200形(岡山電気軌道)	107
9300系(阪急電鉄)	110
9300系(阪神電気鉄道)	113
9500形(鹿児島市交通局)	96
9600形(函館市企業局)	179
9640-1S	104
9640-2S	104
9820系(近畿日本鉄道)	122
10000形(東京モノレール)	161
10000型(東武鉄道)	166
10000形(横浜市交通局)	153
10000形(京阪電車)	116
10000系(相模鉄道)	152
10000系(西武鉄道)	164
10000系(東京メトロ)	160
10000系(南海電気鉄道)	126
10030形(富山地方鉄道)	140
10030型(東武鉄道)	166
10080型(東武鉄道)	166
10-300形(東京都交通局)	158
11000系(相模鉄道)	152
11000系(南海電気鉄道)	126
12000系(南海電気鉄道)	126
12200系(近畿日本鉄道)	121
12400系(近畿日本鉄道)	121
12-600形(東京都交通局)	158
13000系(京阪電気鉄道)	116
13000系(東京メトロ)	160
14760形(富山地方鉄道)	140
15000系(東京メトロ)	160
15200系(近畿日本鉄道)	121
15400系(近畿日本鉄道)	121
16000系(大井川鉄道)	135
16000系(東京メトロ)	160
16010形(富山地方鉄道)	140
16010系(近畿日本鉄道)	121
16200系(近畿日本鉄道)	121
16400系(近畿日本鉄道)	120
20000型(東武鉄道)	167
20000系(近畿日本鉄道)	121
20000系(西武鉄道)	164
20050型(東武鉄道)	167
20070型(東武鉄道)	167
21000系(大井川鉄道)	135
21000系(近畿日本鉄道)	120
21020系(近畿日本鉄道)	120
22000系(近畿日本鉄道)	120
22600系(近畿日本鉄道)	120
23000系(近畿日本鉄道)	120
トキ25000形	193
26000系(近畿日本鉄道)	121
30000形(小田急電鉄)	148
30000系(大阪市交通局)	114
30000系(近畿日本鉄道)	120
30000系(西鉄道)	164
30000系(東武鉄道)	167
30000系(南海電気鉄道)	126
31000系(南海電気鉄道)	126
キハ36-700形(三陸鉄道)	176
40000系(西武鉄道)	165
50000形(小田急電鉄)	148
50000型(東武鉄道)	167
50000系(近畿日本鉄道)	120
50000系(南海電気鉄道)	126
コキ50000形	192
50050型(東武鉄道)	167
50070型(東武鉄道)	167
50090型(東武鉄道)	166
60000形(小田急電鉄)	148
60000系(東武鉄道)	167
70-000形	157
わ89-310形	145
ハイモ330-700形	125
AE形	162

列車名、用語など

ア
- アーバンネットワーク — 73
- アーバンライナー — 120
- IRいしかわ鉄道 — 139
- IGRいわて銀河鉄道 — 176
- ICE — 197
- ICカード（アイシーカード） — 90
- 愛知環状鉄道 — 134
- 会津鉄道 — 173
- あいの風とやま鉄道 — 139
- 青い森鉄道 — 177
- あおなみ線 — 133
- 青の交響曲 — 121
- あかぎ — 59
- あかね号 — 129
- 秋田新幹線 — 33
- 秋田内陸縦貫鉄道 — 175
- 明知鉄道 — 125
- 阿佐海岸鉄道 — 104
- 旭山動物園号 — 66
- あさま — 29
- あしずり — 50
- あずさ — 57
- アストラムライン — 105
- あそぼーい！ — 48・49
- 阿武隈急行 — 174
- アプト式 — 135
- AVE — 197
- 甘木鉄道 — 100
- 天橋立ケーブルカー — 110
- 有明 — 44
- アルピコ交通 — 143
- アルファリゾート21 — 136
- 或る列車 — 48・49
- アレグラ — 146

イ
- イーストアイ — 38
- 伊賀鉄道 — 125
- 井川線 — 135
- 生駒ケーブル — 123
- いさぶろう — 48・49
- いしづち — 50
- 伊豆急行 — 136
- 伊豆クレイル — 57
- 伊豆箱根鉄道 — 137
- いすみ鉄道 — 171
- 伊勢志摩ライナー — 120
- 伊勢鉄道 — 124
- イタロ — 197
- いちご電車 — 129
- 一畑電車 — 106
- いなほ — 60
- 井原鉄道 — 107
- 指宿のたまてばこ — 2・47
- 伊予鉄道 — 103
- 伊予灘ものがたり — 51
- いろどり（彩） — 61

ウ
- 上田交通 — 143
- 上野動物園モノレール — 158
- うずしお — 50
- ウスピニャチャ — 198
- 海幸山幸 — 46
- 湖風号 — 129
- うめ星電車 — 129
- 宇和海 — 50
- 運転士 — 202

エ
- 叡山ケーブル — 117
- 叡山電鉄 — 118
- ACE — 120
- ATS — 200
- ATO — 200
- ATC — 200
- A列車で行こう — 48・49
- 駅 — 92・201
- 駅弁 — 182
- SL急行 — 189
- SL銀河 — 190
- SLパレオエクスプレス — 190
- SLばんえつ物語 — 6・191
- SL人吉 — 16・189
- SL冬の湿原 — 189
- SLみなかみ — 190
- SLやまぐち — 191
- えちごトキめき鉄道 — 142
- えちぜん鉄道 — 139
- NDCシリーズ — 69
- 江ノ島電鉄 — 149
- LRT — 139
- 遠州鉄道 — 134

オ
- おいこっと — 62
- 近江鉄道 — 128
- 大井川鉄道 — 135
- 大阪市交通局 — 114
- 大阪モノレール — 114
- 大山観光電鉄 — 149
- 大山ケーブルカー — 149
- 岡山電気軌道 — 107
- 奥出雲おろち — 53
- 小田急電鉄 — 148
- 男山ケーブル — 116
- 踊り子 — 57
- おはようエクスプレス — 54
- オホーツク — 64
- お召し列車 — 60
- おもちゃ電車 — 129
- おやすみエクスプレス — 54
- おれんじ食堂 — 97

カ
- かいおう — 44
- かいじ — 57
- 快速きたみ — 88
- 快速みえ — 78
- ガイドウェイバス — 132
- 海洋堂ホビートレイン — 51
- かがやき — 29
- かぎろひ — 121
- 岳南電車 — 137
- 鹿児島市交通局 — 96
- カシオペア — 60
- 鹿島臨海鉄道 — 172
- 貨車の記号 — 193
- 架線 — 208
- かもめ — 44・45
- 関西電力トンネルトロリーバス — 141
- 貫通扉 — 11
- 関東鉄道 — 172

キ
- 機関車 — 16・17
- 紀州鉄道 — 128
- 北大阪急行電鉄 — 111
- 北九州モノレール — 101
- 北びわこ — 191
- 気動車 — 14
- きぬがわ — 58
- きのさき — 55
- 九州横断特急 — 47
- 九州新幹線 — 22
- 九州鉄道記念館 — 234
- 京都市交通局 — 115
- 京都丹後鉄道 — 119
- 京都鉄道博物館 — 232
- 京とれいん — 110・111
- きらきらうえつ — 61
- きらめき — 44
- きりしま — 44
- 近畿日本鉄道 — 120
- 金太郎 — 186

ク
- 草津 — 59
- くしろ湿原ノロッコ — 66
- 下り列車 — 11
- くま川鉄道 — 97
- 熊本市交通局 — 97
- 熊本電気鉄道 — 96
- 鞍馬寺 — 118
- 鞍馬山ケーブル — 118
- グランクラス — 11・181
- グリーン車 — 11・181
- グリーンムーバーマックス — 105
- グリーンライン — 153
- クリスタルエクスプレス — 66
- グレッシャーエクスプレス — 198
- くろしお — 4・55
- クロスシート — 11・165
- 黒船電車 — 136
- 黒部峡谷鉄道 — 140
- 黒部ケーブルカー — 141

ケ
- 京王電鉄 — 156
- 京成電鉄 — 162
- KTX — 196
- 京阪電気鉄道 — 116
- 京浜急行電鉄 — 150
- 京福電気鉄道 — 117
- ケーブルカー — 18
- 検測車 — 213
- 現美新幹線 — 34

コ
- 公営交通 — 11
- 弘南鉄道 — 176
- こうのとり — 55
- 神戸市交通局 — 108
- 神戸新交通 — 108
- 神戸すまいまちづくり公社 — 109
- 神戸電鉄 — 112
- こうや — 126
- 高野山ケーブル — 127
- 国鉄 — 11
- 越乃Shu*Kura — 63
- 52席の至福 — 165
- こだま — 24・25・26・35
- こまち — 33
- 小湊鉄道 — 170
- コンテナ車 — 192

サ
- 埼玉高速鉄道 — 168
- 埼玉新都市交通 — 168
- 在来線 — 11
- 堺トラム — 128
- 嵯峨野観光鉄道 — 118
- 嵯峨野トロッコ列車 — 118・119
- 相模鉄道 — 152
- 坂本ケーブル — 117
- ザ・ガン — 198
- さくら — 22
- さくら号 — 106
- さくらライナー — 121
- さざなみ — 58
- ササラ電車 — 178
- サザン — 126
- サザン・プレミアム — 126
- 札幌市交通局 — 178
- サニーカー — 121
- 皿倉山ケーブルカー — 101
- サロベツ — 64
- サロンカーなにわ — 53
- サン・モリッツ — 146
- 三岐鉄道 — 124
- サンシャイン — 68
- サンダーバード — 54
- サントラム — 140
- 三複線 — 11
- 山陽新幹線 — 24
- 山陽電気鉄道 — 108
- サンライズ出雲 — 52
- サンライズ瀬戸 — 52
- サンライナー — 77
- 三陸鉄道 — 176

シ
- CRH — 196
- シーサイドライナー — 69
- JR — 11・43
- しおかぜ — 50
- しおさい — 58
- 信楽高原鉄道 — 119
- 四国ケーブル — 102
- 時刻表 — 209
- 静岡鉄道 — 136
- 私鉄 — 11
- しなの鉄道 — 142
- 芝山鉄道 — 162
- ジパング — 61
- シベリア鉄道 — 199
- しまかぜ — 120

237

島原鉄道	98
しまんと	50
しまんトロッコ	51
下灘駅	71
車掌	203
車掌車	193
車体傾斜式車両	11
車両記号	19
車両整備	210
上海トランスラピッド	198
十国峠ケーブル	18・137
ジョイフルトレイン	11
上越新幹線	28
蒸気機関車	16
上信電鉄	144
湘南モノレール	152
湘南ライナー	84
上毛電気鉄道	144
しらさぎ	5・54
しらゆき	60
シリーズ21	122
新あおぞらⅡ	121
新幹線	20
新京成電鉄	163
信号機	204
新交通システム	15
新スナックカー	121
しんぺい	48・49
森林鉄道	195

ス
スイッチバック	11・47・147
スーパーあずさ	57
スーパーいなば	52
スーパーおおぞら	65
スーパーおき	52
スーパーカムイ	64
スーパー宗谷	65
スーパーとかち	65
スーパーはくと	107
スーパービュー踊り子	5・57
スーパー北斗	7・65
スーパーまつかぜ	4・52
スーパーレールカーゴ	192
スカイツリートレイン	166
スカイライナー	162
スカイレール	105
スカイレールサービス	105
すずらん	64
スタフ	175
ストーブ列車	177
スペーシア	166
スワローあかぎ	59

セ
青函トンネル竜飛斜坑線	176
青蔵鉄道	199
西武鉄道	164
雪月花	142
瀬戸内マリンビュー	53
仙台空港鉄道	174
仙台市交通局	174
泉北高速鉄道	128
線路	206

ソ
相互直通運転	11
ソニック	3・45

タ
第三軌条方式	208
第三セクター鉄道	11・97
台車	11
ダイナスター	54
ダイヤグラム	209
台湾高速鉄道	196
高尾登山電鉄	157
高松琴平電気鉄道	102
立山黒部貫光	141
立山ケーブルカー	141
たにがわ	28
ダブルデッカー	11
タブレット	104・175
玉電	154
たま電車	129
多摩都市モノレール	157
樽見鉄道	125
タンク車	192
丹後あおまつ	119
丹後あかまつ	119
タンゴエクスプローラー	119
丹後海陸交通	110
丹後くろまつ	119
タンゴディスカバリー	119
単線	11

チ
地下鉄	216
筑豊電気鉄道	101
智頭急行	107
秩父鉄道	168
千葉都市モノレール	169
銚子電気鉄道	170

ツ
つがる	61
津軽鉄道	177
つくばエクスプレス	169
筑波観光鉄道	172
つどい	122
つばさ	32
つばめ	22・23
つるぎ	29
剣山	50

テ
TGV	196
TJライナー	166
ディーゼルカー(→気動車)	14
ディーゼル機関車	17
ディズニーリゾートライン	169
鉄道遺産	229
鉄道橋	214
鉄道博物館	230
鉄道標識	205
鉄道ホビートレイン	51
デュアル・モード・ビークル(DMV)	215
田園シンフォニー	97
電化	11
電化方式	13
電気機関車	16
天空	127
電車	12
DENCHA	68
転落防止幌	73
天竜浜名湖鉄道	134

ト
東海交通事業	133
東海道新幹線	26
東京急行電鉄	154
東京都交通局	158
東京メトロ	160
東京モノレール	161
東京臨海高速鉄道	157
道床交換車	213
道南いさりび鉄道	178
東武鉄道	166
TOHOKU EMOTION	62
東北新幹線	30
東葉高速鉄道	170
とき	28
ときわ	60
ドクターイエロー	38
とことことトレイン	106
土佐くろしお鉄道	104
とさでん交通	104
富山地方鉄道	140
富山ライトレール	140
豊橋鉄道	133
TRAIN SUITE 四季島	56
とれいゆつばさ	32・34
トロッコ列車(黒部峡谷鉄道)	140
トロッコ列車(平成筑豊鉄道)	101
トロッコ列車(南阿蘇鉄道)	98
トロッコわたらせ渓谷号	145
TWILIGHT EXPRESS 瑞風	55
トンネル	214

ナ
長崎電気軌道	99
長野電鉄	143
ながまれ号	178
長物車	192
長良川鉄道	125
和(なごみ)	60
名古屋ガイドウェイバス	132
名古屋市交通局	132
名古屋鉄道	130
名古屋臨海高速鉄道	133
なすの	30・33・35
ななつ星in九州	48・49
成田エクスプレス	58
ナローゲージ	125
南海電気鉄道	126
南風	4・50

ニ
錦川鉄道	106
西信貴ケーブル	123
西日本鉄道	100
ニセコエクスプレス	66
にちりんシーガイア	44
日光	58

日暮里・舎人ライナー	158
ニュートラム	114・115
ニューレッドアロー	164

ノ
ノースレインボーエクスプレス	66
能勢電鉄	111
のぞみ	24・26・35
能登かがり火	54
のと鉄道	138
上り列車	11

ハ
ハートラム	104
ハイデッカー	11
ハイブリッド気動車	15
ハイブリッド路面電車	215
ハウステンボス	44
はかるくん	123
はくたか	29
函館市企業局	179
はこだてライナー	88
箱根登山ケーブルカー	147
箱根登山鉄道	146
はしだて	55
花嫁のれん	53
パノラマスーパー	130
はまかぜ	53
はやて	30
はやとの風	48・49
はやぶさ	30・31・33
はるか	55
阪堺電気軌道	128
阪急電鉄	110
阪神電気鉄道	112
パンタグラフ	208

ヒ
BRT	195
比叡山鉄道	117
ひかり	24・25・26・35
ヒカリエ号	155
秘境駅	79
肥薩おれんじ鉄道	97
ビスタカー	120
ひたち	60
ひたちなか海浜鉄道	172
被爆電車	105
ひゅうが	44
びゅうコースター風っこ	63
ピラトゥス鉄道	198
広島電鉄	105
びわこエクスプレス	54

フ
福井鉄道	138
福岡市交通局	100
福島交通	174
複線	11
富士急行	144
フジサン特急	144
富士山ビュー	144
踏切	207
富良野・美瑛ノロッコ	66
フリーゲージトレイン	215

ブ
ブルーサンダー	186
フルーティアふくしま	61
ブルートレイン(南アフリカ)	199
ブルーライン	153
フレッチャロッサ	197

ヘ
平成筑豊鉄道	101
平面交差	103
別府ラクテンチケーブル	98
ベルニナ	146
べるもんた	53
編成	11
変電所	208

ホ
ポイント	207
北条鉄道	109
ポートライナー	108
ポートラム	140
ホームエクスプレス阿南	51
ホームドア	201
北越急行	142
北神急行電鉄	112
北総鉄道	163
北斗	64
北陸新幹線	29
北陸鉄道	138
保線	212
保存鉄道	228
北海道新幹線	31
坊ちゃん列車	103
ホッパ車	192
ポラリス	178
ホリデー快速ビューやまなし	84

マ
まいづる	55
松浦鉄道	98
Maxたにがわ	28
Maxとき	28
摩耶ケーブル	109
マリンライナー	70
マルチプルタイタンパー	213
万葉線	139

ミ
水島臨海鉄道	107
みずほ	22
水間鉄道	128
御岳登山鉄道	156
ミッドナイトEXP高松	50
ミッドナイトEXP松山	50
みどり	44
南阿蘇鉄道	98
ミュースカイ	130
妙見の森ケーブル	111

ム
無蓋車	193
むろと	51

メ
めでたいでんしゃ	127

モ
もおか(蒸気機関車)	190
真岡鉄道	173
モーニングEXP高松	50
モーニングEXP松山	50
モノレール	18
桃太郎	186

ヤ
野岩鉄道	173
やくも	52
八栗ケーブル	102
山形新幹線	32
山形鉄道	175
やまびこ	28
やまびこ	30・33・35
山万	168

ユ
ゆいレール	96
有蓋車	193
ユートラムⅡ	96
ユーロスター	196
ゆけむり	143
ゆふ	47
ゆふいんの森	3・46
ゆりかもめ	15・159
由利高原鉄道	175

ヨ
養老鉄道	124
横浜高速鉄道	153
横浜シーサイドライン	153
横浜市交通局	153
四日市あすなろう鉄道	124

ラ
楽	121
らっくる号	179
ラッセル車	176・213
ラピート	126

リ
リゾートあすなろ	62
リゾートうみねこ	63
リゾートエクスプレス「ゆう」	61
リゾートしらかみ(青池)	62
リゾートしらかみ(くまげら)	62
リゾートしらかみ(橅)	6・62
リゾートドルフィン号	136
リゾートビューふるさと	15・62
リゾートみのり	63
リゾートやまどり	61
リゾートライナー	169
リニア・鉄道館	231
リニア中央新幹線	39
リニアモーターカー	39・133
リニモ	133
リフト	194
流鉄	170
りょうもう	166
りんかい線	157
りんかん	126

ル
ループ線	11・47

レ
レール	206
レール削正車	213
レールバス	128
レール輸送車	206
レオライナー	164
レッドウイング	73
レッドサンダー	186
レッドベア	188
連結器	13

ロ
ロープウェイ	194
ろくもん	142
六甲ケーブル	109
六甲ライナー	108
ロマンスカー	5・148
路面電車	14
ロングシート	11・165

ワ
(ワイドビュー)伊那路	56
(ワイドビュー)しなの	56
(ワイドビュー)南紀	56
(ワイドビュー)ひだ	56
(ワイドビュー)ふじかわ	56
若桜鉄道	106
わかしお	58
和歌山電鐵	129
わたらせ渓谷鐵道	145
ワンマン運転	11

後ろ見返し 鉄道クイズに挑戦！のこたえ

1 い：E5系
2 う：足湯
3 あ：磁石
4 い：浦島太郎
5 う：レッドウイング
6 あ：0系新幹線
7 い：沖縄県
8 う：炭水車
9 あ：上からおりてくる座席
10 あ：飛行機
11 い：ゴムタイヤ
12 い：貯金箱

[監修]
海老原美宜男（交通ジャーナリスト）

[構成・執筆]
栗原景

[写真・協力]
跡土技術写真事務所
アイアン・フォトプレス（新幹男・岩堀春夫・上信節夫）
アフロ、アマナ、石川晶
一般財団法人 神戸すまいまちづくり公社
一般財団法人 青函トンネル記念館
近江鉄道株式会社、大山観光電鉄株式会社、岡田登久子
オムロン株式会社、かけやま写真館、株式会社鉄道新聞社
株式会社番匠本店、九州鉄道記念館、京都鉄道博物館
近畿日本鉄道株式会社、栗原景、京浜急行電鉄株式会社、
公益財団法人鉄道総合技術研究所
公益財団法人メトロ文化財団　地下鉄博物館
神戸電鉄株式会社、国立国会図書館、斉藤秀明、札幌市交通局
四国ケーブル株式会社、静岡鉄道株式会社、JTBフォト
shutterstock、西武鉄道株式会社、高崎弁当株式会社
田口精男、田丸直樹、丹後海陸交通株式会社、鉄道博物館
道南いさりび鉄道株式会社、中井精也
南海電気鉄道株式会社
日光鱒鮨本舗、博物館明治村、PIXTA、古川晃之
別府 ラクテンチ、フォトライブラリー、毎日新聞社
舞浜リゾートライン、松廼家
有限会社マシマ レイルウェイ・ピクチャーズ
由利高原鉄道株式会社、吉永陽一、リニア・鉄道館
レイルマンフォトオフィス、六甲山観光株式会社

[図版・イラスト]
アート工房、入澤宣幸、オフィス・イディオム

[カバーデザイン・装丁・レイアウト]
FROG KING STUDIO（近藤琢斗・石黒美和・鈴木健太郎）

[本文レイアウト]
原みどり

[表紙画像レタッチ]
アフロビジョン

[編集協力]
オフィス・イディオム（大沼津代志・多田真理子）
鈴木進吾、手塚よしこ

[校正]
岡田登久子、タクトシステム

[企画編集]
杉田祐樹、鈴木一馬、吉田優子

〈DVD映像制作〉
[出演]
豊岡真澄

[ナレーション]
久野知美

[映像撮影]
村上悠太、山下大祐、レイルマンフォトオフィス
跡土技術写真事務所、上原新次、ジービーエー福岡、
江口裕祐

[音響効果]
角田利雄

[撮影協力]
九州鉄道記念館

[構成]
栗原景

[メニュー画面制作]
村上ゆみ子

[DVD制作]
カセット・エンジニアリング株式会社

[制作協力]
株式会社シグレゴコチ

〈見てみようAR制作〉
[動画撮影]
跡土技術写真事務所、上原新次、斉藤秀明、PIXTA

[撮影協力]
京浜急行電鉄株式会社

[制作協力]
アララ株式会社、株式会社シグレゴコチ

学研の図鑑 LIVE

鉄道

2016年12月20日　初版発行
2020年11月　3日　第7刷発行

発行人　土屋 徹

編集人　土屋 徹

発行所　株式会社　学研プラス
　　　　〒141-8415
　　　　東京都品川区西五反田 2-11-8

印刷所　図書印刷株式会社

NDC 686 240p 29.1cm
©Gakken Plus 2016 Printed in Japan

本書の無断転載、複製、複写（コピー）、翻訳を禁じます。
本書を代行業者等の第三者に依頼してスキャンやデジタル化することは、
たとえ個人や家庭内の利用であっても著作権法上、認められておりません。

お客様へ
●この本に関する各種お問い合わせ先
　本の内容については、下記サイトのお問い合わせフォームよりお願いします。
　　https://gakken-plus.co.jp/contact/
　在庫については　Tel 03-6431-1197（販売部）
　不良品（落丁、乱丁）については　Tel 0570 - 000577
　　学研業務センター　〒354-0045　埼玉県入間郡三芳町上富 279-1
　上記以外のお問い合わせは　Tel 0570-056-710（学研グループ総合案内）
■ 学研の図鑑 LIVE の情報は下記をご覧ください。
　http://zukan.gakken.jp/live/
■ 学研の書籍・雑誌についての新刊情報・詳細情報は下記をご覧ください。
　学研出版サイト　https://hon.gakken.jp
※ 表紙の角が一部とがっていますので、お取り扱いには十分ご注意ください。

鉄道クイズに挑戦！

この図鑑に登場する鉄道のクイズだよ。いくつわかるかな？　（こたえは239ページ）

出発進行！

1 次のうちノーズ（先の部分）がいちばん長い新幹線は？
（ヒントは40ページ）

あ：N700系　　い：E5系　　う：E7系

2 新幹線初の観光列車、E3系とれいゆつばさの車内にあるものは？（ヒントは34ページ）

あ：プール　　い：サウナ　　う：足湯

3 未来の新幹線、リニア中央新幹線は何の力で浮いている？
（ヒントは39ページ）

あ：磁石　　い：水蒸気　　う：風

4 指宿のたまて箱は、何をテーマにした特急？（ヒントは47ページ）

あ：桃太郎　　い：浦島太郎　　う：金太郎

5 先頭車両につばさのようなものがついている、227系の愛称は？
（ヒントは73ページ）

あ：レッドバード
い：レッドコンドル
う：レッドウイング

6 鉄道ホビートレインは、何ににた形をしている？
（ヒントは51ページ）

あ：0系新幹線

い：蒸気機関車

う：魚のカツオ